공감

공감

초판 1쇄 발행 2023년 7월 24일

지은이 진동식
펴낸이 장길수
펴낸곳 지식과감성#
출판등록 제2012-000081호

교정 김지원
디자인 정윤솔
편집 오정은
검수 이주연, 정윤솔
마케팅 정연우

주소 서울시 금천구 벚꽃로298 대륭포스트타워6차 1212호
전화 070-4651-3730~4
팩스 070-4325-7006
이메일 ksbookup@naver.com
홈페이지 www.knsbookup.com

ISBN 979-11-392-1231-0(03810)
값 15,000원

- 이 책의 판권은 지은이에게 있습니다.
- 이 책 내용의 전부 또는 일부를 재사용하려면 반드시 지은이의 서면 동의를 받아야 합니다.
- 잘못된 책은 구입하신 곳에서 바꾸어 드립니다.

지식과감성#
홈페이지 바로가기

공감

진동식 지음

목차

프롤로그　　　　　　　　　　　　　　　　　　　　　8

1.
밝은 미래를 꿈꾸며 공감을 하다

부자가 되는 길은 분명히 있다　　　　　　　　　　12
챗GPT 세상　　　　　　　　　　　　　　　　　　22
배움에는 끝이 없다　　　　　　　　　　　　　　　27
변화해야 생존할 수 있다　　　　　　　　　　　　32
청년 나훈아　　　　　　　　　　　　　　　　　　38
명장을 만나는 행운　　　　　　　　　　　　　　　43
중국에서 만났던 지인을 대전에서 다시 만나다　　47
시간 속의 여행　　　　　　　　　　　　　　　　　52

2.
일상의 생각들을 공감하며

현재의 행복을 생각하다　　　　　　　　　　　　　56
일상이 고맙다　　　　　　　　　　　　　　　　　60
카카오톡 친구　　　　　　　　　　　　　　　　　64
영겁 속의 시간　　　　　　　　　　　　　　　　　68
경주에서 1,000년의 역사를　　　　　　　　　　　72

역사극 <태종 이방원>의 시대적 환경을 보며	75
핫팩이 그리운 계절	78
결혼식 간소화를 생각하며	81
노년 생활을 곁에서 지켜보면서	86
경조사용 친척	90
지하철 속 풍경	94
진짜 꿀과 가짜 꿀	98
까치 설날	102
주공아파트와 영어 이름의 아파트	106
청와대 관람	113

3.
사회생활 속에서의 생각들을 공감하며

지인의 정년퇴직	118
나에게 맞는 옷이란 것은?	123
어디까지가 이웃인가?	126
일터에서 일할 수 있는 행복	130
퇴사한 직원이 찾아온 이유	133
따뜻한 이불 속	136
도시락을 먹으면서	139
출판사에서 연락이 오다	143
불놀이와 부자 성향	146
복을 기원하는 의식	150
내 땅 네 땅의 경계	157

정리와 비정리의 차이는 어디까지인가?	160
외사촌 형과의 전화 통화	165
말을 하는 자와 하지 않는 자의 차이	169
아침에 보는 흑백 영화	174

4.
삶이 힘들 때의 생각들을 공감하며

삶과 죽음의 기준이 뭘까?	178
오늘을 산다는 것은?	182
고락상평(苦樂常平)	185
'방하착' 하시게	188
등대와 관제탑	191
화가 난다는 것은	194
지금 나의 계절은 어디쯤일까?	198
극한 체험	201
북극 한파	206
부모와 자식	211
예전에는 미처 몰랐네	215
질풍노도의 시기는 때가 없다	218
현대 의학과 민간요법	222
내 몸의 주인은 누구인가?	231
지인으로부터 오미크론 확진 소식을 듣다	235

5.
자연에서 배울 수 있는 생각들을 공감하며

비닐하우스와 노지	240
환절기에 일어나는 일들	244
식물도 뿌리가 있는데 하물며 사람이	248
봄과 가을이 공존	251
산토끼와 산모기	254
자연은 남을 가르치려 하지 않는다	259
밝은 희망을 심다	263
심는 자와 베는 자의 차이	266
허무는 사람과 희망을 논하는 사람	270
늦게 피는 꽃은 있어도	273
발코니에 날아온 새를 보면서	276
더운 날 작업을 해야 한다면	279
어머니의 걱정	283
폭우 속의 전화	288
보도블록 사이에서 자라는 풀들을 보면서	291
검은 머리가 파뿌리가 될 때까지	297
참새 밥 줬어?	303
땅콩을 심는 이유	308
추운 겨울의 긴 터널	312

책 속의 브이로그(VLOG)
눈 오는 날 나무 심기	318

에필로그   326

프롤로그

 일상생활을 하면서 여러 가지 상황들을 접할 때가 많다. 그 과정에서 의미가 있고 보다 가치가 있는 삶이 어떤 것인지를 깊이 있게 고민하게 된다. 지혜를 배우는 심정으로 그 상황들을 이해하고 문제점을 소화해 가는 과정 속에서 다양한 생각들을 글로써 표현해 본다. 솔직담백하게 있는 그대로의 현재 상태를 표현하면서 또 다른 마음의 저편에서 평온함을 느낄 때가 있다. 사계절을 지내면서 그 속에서의 일상들이 행복감의 원천임을 알고 그 느낌을 공유하고자 한다. 생활 속에서 흩어진 마음들을 엮어내는 작업을 하여 공감이라는 연결 고리를 가지고 독자님들에게 전하고자 책으로 출간하게 되었다. 독자 여러분들이 이 책을 읽으면서 머릿속이 정리가 되고 가벼워지는 기분이 들었으면 하는 바람을 가져 본다. 같은 세대의 분들뿐만이 아니라 미래 세대를 여는 젊은 층에게도 세상을 보는 시각과 살아가는 과정에서 여러 갈등이 생길 때 공감 또는 해결하는 과정들을 통해 미력하게나마 도움이 되길 바란다. '나도 이런 적이 있었는데 이렇게 생각을 할 수도 있구나' 혹은 '나는 다르게 생각할 수도 있는 것을 저자는 해결점을 다른 곳에서 찾고 있구나' 등 여러 가지 느낌을 받을 것으로 생각한다. 동시대를 살아가면서 서로의 느낌과 공감하는 형태가 다를 수 있고 걸어가는 과정은 서로 다를 수 있다. 하지만 공감을 통하여 동일한 목적지를 향하는 마음으로 보다 밝은 사회를 지향하였으면 한다.

각 챕터별 구성으로는 첫 번째 챕터로 〈밝은 미래를 꿈꾸며 공감을 하다〉는 본 책의 결론 부분이 먼저 나온 것으로 볼 수 있는데, 미래를 꿈꾸면서 현재를 견고하게 하는 의미로의 공감을 하면서 화두를 던지는 것으로 하였다. 두 번째 챕터인 〈일상의 생각들을 공감하며〉는 일상생활을 하면서 겪은 이야기를 소담스럽게 기술함으로써 공감의 영역을 확장해 보는 시도를 하였다. 세 번째 챕터인 〈사회생활 속에서의 생각들을 공감하며〉는 사회생활에서 겪을 수 있는 갈등 상황에 대해서 나름대로 해결점을 찾는 과정에서의 생각들을 기술하였고, 네 번째 챕터인 〈삶이 힘들 때의 생각들을 공감하며〉는 살다 보면 여러 가지 힘든 상황이나 특이한 상황들을 경험하게 되는데 이때의 생각들을 이어 가면서 마음을 정돈하고 극복하는 과정들을 기술하였다. 다섯 번째 챕터인 〈자연에서 배울 수 있는 생각들을 공감하며〉는 자연을 통하여 배울 수 있는 마음의 안정과 자연이 큰 스승임을 다시금 알게 되면서, 울림이 있고 마음의 폭을 넓혀 가고자 하는 생각들을 기술하려고 하였다. 마지막 챕터인 〈책 속의 브이로그(VLOG)〉는 필자의 경험 중에서 자연 속에서 희망을 심는 일의 일부를 간추려서 기술하였다. 원래 브이로그는 비디오와 블로그의 합성어인데, 수채화처럼 지내는 모습을 영상으로 보는 듯하면서 친근감 있고 잔잔한 느낌으로 다가오길 바라는 마음에서 브이로그라는 단어를 사용하여 이렇게 구성을 하였다.

 이 책은 기교보다는 순수한 마음 그 자체에 대해 있는 그대로 공감하며, 강력한 메시지로 이끌거나 누구를 가르치려 들지 않는다. 서두르지 않고 차근차근 현대 사회를 살아가면서 사회의 현상과 일상의 느낌들을 담백하게 표현하고자 하였다. 독자 여러분들이 이 책을 통해 나도 할 수 있다는 자신감을 얻고 정신적으로 좀 더 발전하려고 하는 생각과 마음으로 안정감을 주는 밝은 길이 펼쳐지기를 바라 본다. 아울러 사회를 바라보는 다양한 시각과 생각의 폭도 다양해지고 단계별로 스스로 성장하기를 기대해 본다. 하나의 작은 시작으로 공감하며 시대적인 공통점을 발견하면서 서로에게 위로가 되고 서로에게 디딤돌이 되는 책이 되었으면 한다. 생각과 생각의 차이가 초기엔 클 수 있지만 종국에는 점점 그 간격이 좁혀져서 큰 시대의 소명으로 발전이 되기를 소망해 본다. 읽으면서 다른 사람의 일상 브이로그를 보는 듯할 수도 있을 것이다.

 집필하는 동안 전문적이고 학술적인 내용은 배제하였고 필자의 생각을 잘 녹여 내기 위해 일상에서 사용하는 용어를 주로 사용하였다. 동시대를 살아가는 많은 분들에게 사소한 작은 이야기가 소통의 창구가 되고 토론의 장이 되기를 바란다. 이 책을 통하여 유연하게 생각하며 대처하는 힘이 샘솟기를 바라고 한편으로는 선한 생각들을 이어 가는 교량이 되고 살아가는 과정에서 여유를 가져 보길 염원하면서 이야기를 시작해 보고자 한다.

01
밝은 미래를 꿈꾸며 공감을 하다

부자가 되는 길은
분명히 있다

정부 주도로 경제를 부흥시키고자 1960년~1970년 경제 개발 5개년 계획을 세워 경제 성장 방식을 택하게 되었다. 이때부터 1990년대 IMF 금융 위기가 발생하면서 경제 분야는 정부 주도에서 민간 주도로 바뀌게 되었다. 한국 전쟁 이후에 피폐해진 국토를 복원하여 경제를 활성화하기 위한 것이었다. 그만큼 민생이 다급하였던 것이고 가난했던 시기에 우리도 잘살아 보자는 구호를 외치며 초가지붕을 슬레이트로 바꾸고 가시나무 울타리를 콘크리트 벽돌로 바꾸는 작업을 한창 하게 되었다. 도시에서는 공장을 지어서 생산력을 높이고, 농촌에서는 신작로를 개설하고 농지를 개간하며 농사철에는 품앗이를 하며 마을의 공동 작업을 서로 협업하는 시대가 있었다. 지구촌 각 나라의 경제 상황을 보면 선진국과 개발 도상국 그리고 가난한 나라가 있는데, 우리나라는 한국 전쟁을 거치면서 세계에서 가장 못사는 나라 중의 하나였다. 하지만 새마을 운동 등 경제 발전을 모토로 전국 곳곳에서 생산에 매진했고 원조를 받던 나라가 개발 도상국을 거쳐서 선진국의 문턱을 넘고 있는 세계에서 유일무이한 나라가 된 것이다. 실로 한민족의 저력이 아닌가 생각한다. 자본주의와 자유 민주주의를 구호로 하여 열심히 노력한 결과로 보인다. 나라도 부유해지고 개인들의 생활도 그 풍요함은 과거와 비교할 수 없을 정도가 되었다. 지금의 경제 성장률은 한창 성장기의 것과는 비교가 되지 않지만 그동안의 성장을 보면 비약적이라고 할 수 있다.

개인의 입장에서도 잘살기 위한 노력은 당면한 과제라 생각해도 지나치지 않으리라 생각한다. 사람으로 태어나서 부자의 길로 간다는 것은 어떤 사람에게는 쉬운 길이고 어떤 사람에게는 묘연하게도 먼 길일 수 있다. 산 너머의 무지개와 같은 현상일 수 있다. 하지만 곰곰이 생각해 보면 우리 주위에는 성공을 이룬 사람들이 많다.

요즈음 '다이소' 하면 모르는 사람이 없을 정도다. '다이소'는 생활용품 가게로 전국에 매장이 1,500개인데 하루에 100만 명씩 다녀간다는 국민 가게이다. 이 기업을 일군 사람은 《천 원을 경영하라》의 저자 박정부 회장이다. 그는 마흔다섯 살에 창업의 대열에 뛰어든 것이다. 다들 힘들다고 하는 유통업에 성공하여 입지적인 경영을 하며 연 매출 3조 원을 이룬 분으로 유명하다. 보통 부자 또는 기업가라고 하면 큰돈에 대한 이야기를 많이 하는데 그는 단돈 1,000원의 가치를 소중히 하여 경영에 접목한 것이다. 남들이 소홀히 하기 쉬운 부분까지 경영에 세세하게 접목하여 그의 성실함이 늦깎이 창업자의 굴레를 과감히 벗어던지는 계기가 된 것이다. 그의 도전 정신은 어디까지인지 어림잡기도 힘들 정도이다.

최근 유튜브에서 인기를 끌고 있는 기타리스트가 있다.

정성하(Sungha Jung), 1996년생이다. 어쩌면 한국에서 최고의 핑거스타일 기타리스트라고 해도 과언이 아닐 것이다. 정성하는 기타 수업을 본격적으로 받은 것은 아니었다. 어린 시절, 아버지의 기타 치는 모습을 보면서 장난감 기타를 가지고 흉내를 내었다고 한다. 이렇게 재미있어하는 아들을 보고 아버지는 정성하가 초등학교 저학년 시절에 기타를 사 주었다고 한다. 초기에는 클래식 기타를 치기 시작하였지만 이후에 핑거스타일로 바꾸었다고 한다. 유튜브에서 기타 연주하는 모습을 올리기 시작했는데 그때가 2006년도라고 하니 10살 때부터 그의 천재성은 두각을 나타내기 시작한 것이다. 그 당시는 유튜브가 지금처럼 대중화되지는 않았는데 그의 아버지는 한두 편씩 그가 기타 치는 모습을 올린 것이다. 그때부터 주위에 기타 신동으로 알려지게 되었다. 그가 기타 치는 모습의 조회수가 1억을 넘어서는 기염을 토하기도 하였다. 그는 〈I'm Yours〉나 〈Lucky〉 같은 곡으로 유명한, 1977년 미국 버지니아주에서 출생한 제이슨 므라즈(Jason Mraz)와 같이 공연을 하기도 했다.

지금 그의 유튜브 구독자 수는 700만 명이 넘는다. 국내의 구독자보다는 해외의 구독자가 훨씬 많은 것 같다. 자기가 좋아하는 분야에서 그의 혼을 바친 결과 성공과 함께 엄청나게 많은 좋은 일들이 그의 곁에 머무를 것으로 생각한다. 이제 그의 연주 실력은 거의 타의 추종을 불허할 정도가 된 것이다. 몰입감에서 최고의 경지라 해도 과언이 아닐 것 같다.

젊은 층 사이에서 인기가 폭발적인 자청(자수성가 청년)은 《역행자》라는 책을 통해서 부자가 되는 길을 간단명료하게 다음과 같이 정리를 한다. 첫째 '다른 사람을 편하게 하는 것', 둘째 '사람들을 행복하게 하는 것'이라고 본인의 경험담과 같이 사업을 진행하면서 느낀 점을 말한다. 가만히 생각해 보면 진리인 것 같다. 우리는 뭔가 즐거움이 있는 곳과 우리를 편리하게 해 주는 것에는 지갑을 기꺼이 열게 된다. 내가 하기 싫은 것을 누군가 해결해 준다면 기꺼이 지출을 하게 되고 해결하는 일의 난이도에 따라 그 보수는 몇백만 원에서 몇천만 원 이상이라도 지불을 하게 된다. 이는 직장 생활을 하면서 매월 일정한 월급을 받는 시각과는 천지 차이이다.

    돈을 버는 아이템을 가지고 있거나 시스템을 가지고 있으면 본인이 추가적인 시간을 투자하지 않아도 그 시스템에 의해 내가 잠을 자고 있는 동안에도 일을 하여 나의 통장으로 돈이 들어오게 되는 것이다. 《부의 추월차선》의 저자인 엠제이 드마코는 "돈 버는 시스템을 갖추거나 아이템을 가져라"라고 말한다. 그래야 돈이 지속적으로 들어오게 되는 것이다. 지금 시대의 시각으로 보면 발명가가 발명품을 개발하여 그 발명품을 사용하는 사람으로부터 로열티를 지속적으로 받는 것, 그리고 작사 작곡 또는 노래를 만들어 저작권을 유지하는 것, 아니면 베스트셀러가 된 책의 저자도 계속적인 인세를 받음으로써 지속 가능한 수입을 발생시킨다.
    최근 유행하고 있는 유튜버도 예외는 아니다. 구독자가 백만을 넘으면 구글로부터 들어오는 금액이 월 천만 원 이상이 될 수도 있다고 하는데, 이는 콘텐츠를 운영하는 방식과 광고를 이용하는 방법 등에 약간의 차이가 있다. 회사에서 월급을 받는 개념과는 다른 것이다. 주식 방송으로 시작하여 부동산 방송까지 전문성을 띄기 시작하였던 '신사임당'도 구독자 183만 명을 보유하게 되었다. 신사임당은 한국경제TV PD 출신으로 2018년부터 유튜버 활동을 시작했던 사람이다. 그는 유명한 경제학자나 주식 또는 부동산 전문가들을 초빙하여 성공한 경우라고 그 비결을 말한다. 직장 생활을 할 때는 180만 원의 월급이었지만 유튜버를 하여 월 억대의 수익을 올린 입지적인 인물이다. 이는 과거의 본인 상황을 그대로 인식하여 부자의 길로 가는 로드 맵을 지속적이고 집중적으로 연구한 결과일 것으로 보인다. 직장인은 매월 월급의 굴레에서 벗어나지 못하여 30년 후에 병든 몸과 빚에 허덕이는 조금은 극단적인 모습으로 표현되기도 한다. 일반인들은 이런 굴레에서 벗어날 용기조차 가지기 힘이 드는데 신사임당은 정말 대단하다고 이야기할 수 있다.

여기서 사고의 고착에 대해 이야기하고 싶다. 내가 계속적으로 들어 온 바에 의하면, 대학을 졸업하고 대기업 또는 유망 기업에 취직을 하면 연봉이 얼마라고 말하면서 신분증을 목에 두르고 지하철을 꾸역꾸역 타고, 때가 되면 차를 바꾸고 광고에 자주 출연하는 비싼 옷과 취미 생활로 골프를 폼 나게 치면서 주위의 부러움 속에 어깨에 힘깨나 주면서 지내다가 이 생활이 지속이 될 것으로 굳게 믿게 된다. 하지만 경제의 흐름과 본인이 속해 있는 회사의 흥망성쇠는 아무도 모른다. 잘나갈 때 예기치 못한 위험에 대한 대비보다 현실의 생활에 만족하여 지내다가 억대의 빚을 지기도 한다. 항상 미래를 준비하며 살 수는 없지만 현실에 대한 약간의 희생이 필요할 것으로 보인다. 반대로 너무 미래만 생각하고 지금의 행복을 미루기만 한다면 이것 또한 위험한 발상 내지는 욕심이 아닌가 싶다. 어쩌면 욕망을 너무 누르기만 하다가 나중에 폭발하는 상황이 생기기 마련이다.

극과 극의 중간에서 개인의 가치관에 따라 접점을 찾을 필요가 있다. 분명한 것은 세월은 지나가고 나이가 들면 몸의 여러 곳에서 이상 신호를 보낸다는 것이다. 젊은 시절에는 '욜로족'으로 불리며 나름 멋진 삶을 보내는 사람도 있다. 이는 긍정적인 면과 부정적인 면이 있다. 너무 달리기만 하면 쉽게 찾아오는 '번아웃'은 어떻게 하나? "나는 이런 것 모른다", "지금 나의 형편으로는 이렇게 흥청망청할 수는 없어"라고 생각할 수도 있다. 어떤 상황이든 중간에, 가끔은 아주 가끔은 쉼표가 필요하지 않을까 싶다. 시간적인 측면에서 보면 젊은 날은 짧고 나이가 든 이후의 시간이 훨씬 더 길다. 돈을 버는 시간이 그만큼 짧다는 이야기다. 그러면 돈을 버는 시간을 늘리면 되지 않는가? 하지만 이는 생각만큼 쉽지 않다. 산업은 사람을 대신한 AI가 일 처리를 하는, 이른바 대기업들이 많은 자본을 축적해 가는 부익부 빈익빈의 시대로 점점 앞당겨질 것이다. 그러면 젊은 시절부터 남들보다 빠르게 노후를 준비하는 모습이 현명할 수도 있다. 이 또한 개인 간의 차이가 있겠지만 가능한 한 빠르게 노후를 준비한다면 훗날에 더 위안이 되지 않을까 조심스럽게 생각해 본다.

사업을 하는 경우와 직장 생활을 하는 경우는 어쩌면 근본적으로 부자로 가는 길이 다르다. 사업을 하는 경우는 극과 극이 존재한다. 잘되는 경우는 아주 앞서가지만 못되는 경우엔 오히려 반지하에서 사는 경우도 많으니 사업에 선뜻 나서기에는 많은 망설임이 생길 것이다. 하지만 부를 향한 열망이 강하면 망설임 없이 도전하는 사람도 많다. 그 시간을 본인의 미래를 개척하는 데 사용하는 멋진 용기에 박수를 보내어 본다.

어떤 아이디어를 가지고 어떤 추진력을 가지고 실행하는지에 따라 성패가 달려 있을 수도 있다. 그래서 인생은 알 수가 없다는 것이다. 부자의 길에 과감하게 실행하여 잘되면 좋고, 실패를 한다고 해도 그만큼 교훈을 얻게 되는 것이다. 이는 사람에 따라 다시 일어날 수 있는 시기와 저마다 가진 용기도 다르기에 가능하면 젊은 시기에 시작하면 수월할 것이다. 이는 장단점이 있다. 젊은 시기엔 용기는 있으나 자본이 부족하고 나이가 든 이후엔 자본은 어느 정도 되나 용기와 실패를 했을 때 다시 일어나는 힘이 부족할 수 있다. 이것에 대한 정답은 없다. 하지만 각자의 영역에서 최선의 선택을 한다면 시도해 보는 것도 좋다.

다음으로 해 볼 수 있는 것은 월급을 받는 경우이다. 매달 들어오는 돈으로 생활은 그럭저럭 되지만 미래를 위해 투자할 자금을 마련한다는 것은 보통의 의지로는 쉽지 않은 것이 사실이다. 하지만 휴일이나 평일의 저녁 빈 시간에 아르바이트를 하는 등 열심히 자본을 모으는 젊은이들도 많다. 처음엔 작지만 몇 년을 모으다 보면 약간의 투자를 할 수 있는 자본이 모인다. 그 돈으로 과감히 투자하여 몇 년 후에는 같이 입사한 동료보다 몇 배의 자본을 축적할 수도 있다. 이는 다니는 직장의 상황에 따라 다르겠지만 일을 하는 틈새와 틈새 속에서, 아니면 휴일을 보내는 동안에 투자 공부를 하고 자금을 모은다면 해 볼 만한 일이라 생각한다. 이 또한 많은 재테크 서적에서 나온 이야기지만, 실제로 그 책을 읽는 사람 중에서 거의 10% 아니 1% 정도만 실행을 하는지도 모른다. 그래서 남들이 가지 않은 길을 가기에 그 가치는 몇 년 후에 빛을 발하게 되는 것이다. 이 경우의 전제는 강한 의지를 가지고 가능하면 지출을 줄이면서 근로 소득 이외의 소득을 창출하는 나름의 시스템을 가지는 것이다. 생을 살면서 언제가 한번은 궁핍한 생활을 할 수도 있지만 미래를 위해 노력하는 젊은이가 있다면 박수를 보내고 싶다.

SNS나 공중파 방송의 많은 부분에서 소비를 부추긴다. 멋진 차를 선전하고 모델들이 나와서 멋스러운 치장으로 소비자를 유혹할 때 많은 사람들은 편리한 신용 카드를 사용하여 구매하게 된다. 한 번 두 번 하다 보면 수입에 비해 지출이 더 많은 경우도 발생하는데 이는 극히 지양해야 할 중요한 문제이다. 잠깐 달콤한 사탕의 유혹을 이기지 못하고 유혹에 빠진다면 헤어 나오기 힘든 상황으로 갈 수 있다. "굳세어라 금순아"가 아니라 "굳세어라 젊은 청춘아"라고 외치고 싶다. 그대들의 젊음은 잠시 머물다가 금방 지나간다. 이 대목에서 필자의 지인은 월급을 받는 일을 선택하였지만 최대한 지출을 줄이고 자본금을 늘리는 데 주력하였다. 알뜰하게 모은 자본금으로 투자를 하는 것이다. 그 투자한 곳에서 호박이 넝쿨 채로 수입이 들어오는 것까지는 아니더라도 최소한 생활을 할 수 있는 노후 준비는 되리라 기대하는 것이다. "노세 노세 젊어서 노세"보다는 "젊은 날은 잠깐이다"라는 말에 비중을 두었으면 한다.

하지만 지치지 않도록 가끔은 쉼을 위하여 자신에게 선물을 준비한다면 어려운 터널을 건너는 것이 한결 힘이 되고 가벼운 걸음이 되지 않을까 생각해 본다. 기성세대들이 다소 굳은 사고방식을 가지고 있다면 약간의 유연성을 가질 필요가 있고, 젊은이들이 훨씬 더 유연한 사고방식을 가졌다면 과감하게 해낼 수 있는 용기를 가지고 도전해 보는 것이 어떤가 생각한다.

이즈음에서 강조하고 싶은 것은, 희망과 용기를 가질 수 있는 첫 번째 덕목을 꼽으라면 주저함 없이 독서라고 말할 것이다. 왜냐하면 나보다 앞선 사람들이 온 정신을 집중하고 지식을 총동원하여 집필한 책을 읽으면 적은 금액으로도 그 저자의 지식과 마음가짐을 배울 수 있기 때문이다. 동서고금을 불문하고 그 시대의 뛰어난 사람들의 생각과 지식은 그 책 속에 고스란히 녹아 있다. 사업을 하든 투자를 하든 많은 아이디어는 책을 통하여 얻을 수 있기 때문에 적은 금액으로 큰 수익을 낼 수 있는 최선의 방법이 아닐까 생각한다. "고민이 있는데 어떻게 하나요?", "부자가 되고 싶은데 뭘 하면 되나요?"라는 질문을 했을 때 책을 가까이하라는 답변을 천 번을 해도 지나친 것이 아니라 생각한다. 이는 과거 시대를 거쳐 간 많은 사람이 그렇게 하였고 필자를 포함한 이 시대를 사는 많은 사람들이 행한 방법이기 때문이다. 젊은 분들이 이 책을 읽게 된다면 누군가의 손목을 잡고 서점이나 도서관으로 바로 향하라고 말하고 싶고, 나이가 있으신 분이 이 책을 읽으신다면 감히 도서관으로 가시라고 권하고 싶다. 비단 책은 경제 부자의 길뿐만 아니라 마음의 부자도 될 수 있고 편안한 삶을 추구하는 사람들에게도 등대와 같은 안내자가 될 것이다.

요즈음에는 SNS가 발전하여 책을 멀리한다고 한다. 일상생활에서도 스마트폰 속에 수많은 정보가 있어서 유용한 지식을 쌓기도 한다. 이처럼 많은 사람들은 눈이 즐겁거나 귀가 즐거운 장면들을 선택적으로 스마트폰을 통해 보고 듣고 있다. 그러나 책을 통해 돈의 부자 그리고 마음의 부자의 길을 걷는다면 더 의미가 있을 것이다. 독자 여러분들이 책을 더욱 가까이한다면 여러분들이 하고자 하는 목표에 훨씬 빨리 도달할 것으로 확신한다. 어두운 새벽이 지나고 곧 아침 해를 기다리는 멋진 모습을 기대해 본다.

챗GPT 세상

이제 "정보화가 세상의 중심이 될 것이다"라는 이야기는 어쩌면 진부한 것이 되어 버린 것이 아닌가 생각한다. 무엇이든지 인터넷에 검색하면 바로 뉴스든 지식이든 척척 글 또는 이미지로 띄워 준다. 사전을 찾을 필요도 없고 번역기를 돌릴 필요도 없이 외국말은 바로 한국말로 번역해 준다. 세상의 변화는 이제 턱밑에까지 와서 더 이상 따라가지 못하면 도태되기 십상이다. 변화의 속도는 점점 가속화되어 가고 있다. 2016년 알파고와 바둑계의 거장 이세돌과의 세기의 대결이 있었다. 처음엔 어떻게 기계가 머리싸움에서 사람을 이길 수가 있는가? 하는 의문을 가지게 되었는데 알파고는 이세돌을 이겼고, 이제는 기계가 사람을 이길 수 있다고 인정하는 것이 전혀 낯설지 않다.

최근 챗GPT가 의과 대학 시험에서 우수한 결과를 냈다고 한다. 몇 마디 말만 넣으면 사람이 쓴 것 못지않게 멋진 시가 나오고 소설이 나온다. 세계 경제 전망에 대해서 사람보다 나은 전망을 내놓는다. 궁금한 마음에 스마트폰 앱에서 챗GPT를 검색해 보았다. 'Native'라는 앱을 다운로드

받았다. 몇 가지 질문을 해 보았다. 먼저 기후 변화에 대한 의견을 물어봤는데 답변은 예상 밖이었다. 기초적인 자료에서부터 시작하여 의견까지 내세우고 있는 것에 놀라움이 생겼다.

"기후 변화에 따라 기온이 상승하는 속도는 복잡하고 가변적인 과정입니다. 하지만 기후 변화에 관한 정부 간 협의체(IPCC)에 따르면 지구 기온은 이미 산업화 이전보다 섭씨 1도(화씨 1.8도)가량 상승했으며, 상당한 배출량 감축이 이루어지지 않는다면 계속해서 빠르게 상승할 것으로 예상됩니다."

이것이 챗GPT의 한글로 된 답변이다. 도저히 믿어지지 않았다. 여전히 의심이 생겨서 IPCC에 대해서 네이버를 통해 찾아보았다. 결과를 확인하자 정확한 것인지 확인하려는 나의 의심이 오히려 부끄럽게 느껴졌다.

만약 자료가 없다면 추가적으로 더 자세한 질문을 요구하기도 한다. 이것도 어쩌면 미리 정해진 답변이겠지만 기존 검색 방법의 관점에서 보면 획기적이면서도 한편으로는 소름이 끼쳤다. 매스컴에서는 기존의 검색 방법보다는 획기적일 것이라는 전망을 내어놓고 전혀 다른 새로운 세상이 열릴 것이라고 한다.

의과 대학을 졸업하기 위해서는 몇 년간의 학습을 해야 하지만 챗GPT에서는 단 몇 초만 주어지면 원하는 답을 얻을 수 있다. 또 마이크로소프트사가 300여 점의 작품에 대해 딥 러닝을 하여 만든 작품과, 자화상으로 유명한 렘브란트의 자화상들을 비교하면 어느 쪽이 기계가 그린 것인지 전혀 구분되지 않는다고 한다. 독창적인 글에서 그림까지 그 영역은 점점 확대되고 있다. 심지어 법률 지식을 러닝하게 되면 어쩌면 변호사보다 더 나은 법률 지식을 갖추게 될 수도 있다고 한다.

이제 독창적인 영역에서 사람의 역할은 어디까지가 될 것인지 의문이 든다. 사람이 가지고 있는 감정과 행복감까지 모두 러닝을 하게 되면 어쩌면 사람보다 훨씬 훌륭한 신인류가 만들어질지 모른다. 지금과 같은 속도라고 하면 50년 후, 어쩌면 10년, 20년 내에 로봇과 친구가 되고 어쩌면 로봇과 입사 동기가 될지도 모른다. 더 나아가면 술도 먹지 않고 반발도 없고 노조도 없는 로봇에게 자리를 내주어야 할지도 모른다.

현재 반도체 분야에서는 대만과 한국이 세계를 주도하고 있지만 소프트웨어 분야에서는 미국을 따라갈 나라가 없다. 플랫폼의 강국이며 전 세계의 정보를 미국의 소프트웨어로 검색을 하는 실정이라고 해도 과언이 아니다.

《그냥 하지 말라》의 저자 송길영 교수는 변화의 시기에서 다양한 상황에 대해 예를 들면서 생각의 전환이 필요하다고 강조하고 있다. 그가 든 예를 살펴보면 길거리에서 자주 보는 요구르트 아줌마가 타고 다니는 카트는 얼마 전만 해도 손수레였는데 어느새 전기 카트로 바뀌고 전진과 후진 모두 되면서 냉난방 기능까지 갖추게 되었다. 여기에 위치 기반 서비스까지 갖추면 카트가 어디에 있는지 어디로 움직이고 있는지 검색될 것이다. 이를 보고 외국인들은 놀라움을 감추지 못한다고 하는데 머지않아 무인 카트를 길에서 운행할 수도 있다고 한다. 이제까지 운행의 주체는 사람이었는데 기계로 대체되는 셈이다.

고속도로에서 하이패스가 도입된 지는 몇 년이 지났다. 고속으로 달리는 톨게이트에서 속도를 그다지 낮추지 않고도 차량이 지나가면 통행료가 지불되는 방식이다. 초기엔 일부분의 차량만 이용했는데 지금은 하이패스를 이용하는 사람이 더 많은 것 같다. 톨게이트에서 통행료를 수납하는 사람은 거의 보이지 않고 카메라만 설치되어 있는 것으로 보인다.

어쩌면 의료계에서도 기계가 사람을 진찰하고 수술까지 진행하게 될 수도 있을 것이다. 물론 지금도 정밀 수술일 때에는 기계를 이용하고 있지만 사람이 기계를 제어하는 것으로 봐야 할 것이다. 그러나 앞으로는 제어하는 주체가 기계가 될 수도 있다. 몇 년을 공부한 의사 전문의보다 임상 데이터를 더 많이 가지고 있는 기계가 수술을 집도하는 시대가 도래된다고 하면 의사의 역할도 애매해질 것이다. 기업의 입장에서 보면 기계는 불평도 하지 않고 업무 능률도 뛰어나고 전기나 배터리만 제공한다면 밤을 새워도 야근 수당을 주지 않아도 되는 것이다. 그래서 기계를 더 선호할 수 있지 않을까 생각한다. 직업의 주체는 사람이 되어야 하는데 많은 산업 분야에서 기계가 사람을 대체한다면 사람의 역할은 무엇이 되어야 하는지, 사회적인 합의가 이루어지는 것인지 의문이다. 플랫폼이 운송업과 여행업 등을 주도하고 그 외의 산업에서도 주와 부로 나누어지면 그에 비례해서 경제 상황도 재편될 것으로 보인다. 이는 이미 진행되고 있고 앞으로 더 진행될 것이다.

온라인의 등장으로 오프라인이 밀리고 기계에 사람이 밀리면서 창의력조차 기계에 밀리게 되었다. 어쩌면 사람의 감성도 기계에 밀릴지 모른다. 그런 날이 도래한다면 사람의 존엄성 같은 최고의 가치를 지킬 수 있다고 보장하기는 힘들지도 모르겠다. 너무나 빠른 속도로 바뀌는 기술력으로 인해 적응해 가는 사람들은 극히 혼란을 겪게 될 수도 있다. 변화의 흐름에 늦게 적응을 해도 일자리를 유지하는 방법은 현재로선 한 나라의 정부 아래서 일하는 것 이외에는 없는 것 같다. 개인의 입장에서는 고용이 보장되는 셈인데 사기업의 경우에는 유동적이어서 불안해질 수밖에 없을 것 같다. 기업의 수명이 평균 100년에서 평균 15년으로 줄어들었다는 통계 자료를 보더라도 지속 가능한 직업의 수명은 점점 짧아지는 것으로 보인다. 여기서 한 개인과 사회에서의 선택은 어떻게 해야 하는지 고민이 많이 필요하다. 그렇다고 플랫폼을 소유하기는 쉽지 않고 기계보다도 더 창의적인 일을 찾는 것도 쉽지는 않은 상태에서 사회적으로 더 많은 고민이 필요한 것이 아닌가 생각한다. 어쩌면 이러한 시기는 더 미루어졌으면 하는 기대보다 더 빨리 도래할지도 모른다.

배움에는 끝이 없다

정규 교육에서 배움의 시작은 초등학교부터 시작된다. 초등학교 6년, 중고등학교 6년을 보낸 후에는 대학교 4년을 보내는 사람도, 다른 선택을 하는 사람도 있다. 대학교 4년 이후에도 배움에 목말라서 더 공부하기도 한다. 이는 어떤 부분을 배우느냐에 따라 다양한 결정을 하게 되는 것이 일반적이다. 정규 과정은 정해진 틀 내에서 배우기 때문에, 개개인은 앞으로 추가적인 배움을 가질지 결정하게 된다. 사회에서의 배움은 너무나 다양하다. 하지만 일을 하기 위한 필요조건을 배우게 되는 것이 공통적일 것이다. 하지만 삶의 폭을 넓고 깊이 있게 살기 위해서는 좀 더 다양한 범위의 배움이 필요할 것이다.

시대가 급변하면서 정규 과정에서 배우는 것은 어느새 과거의 학문이 되어 가고 있는 경우가 많다. 아날로그 시대에서의 배움이 그 당시를 살아가는 데 필수 요소가 된 것은 사실이다. 디지털 시대에는 정규 과정 이외의 것을 사회에서 그리고 각자의 영역에서 배우는데, 요구되는 배움의 폭이 넓어지고 그 시기도 점점 짧아지고 있다. 이는 스마트폰의 새로운 모델을 보면 쉽게 이해가 된다. 새로운 모델이 나오고 불과 6개월이 지나지 않아 새로운 모델이 나오면 전의 것은 옛것이 되어 버린다. 끊임없이 신기술로 새로운 상품이 출시되는 디지털 세상에서 기술에 대한 이해가 빠르고 새로운 것을 받아들이는 열정과 호기심을 갖추어 새로운 제품을 남들보다 먼저 구입하는 사람들을 나타내는 말인 '얼리 어답터'가 되라는 이야기는 아니다. 최소한 현재를 살아가며 남들을 선도하지는 못해도 따라가면서 이해는 할 수 있는 정도는 되어야 하지 않을까 생각한다.

코로나19가 2020년 초에 시작했으니 만 3년이 되어 간다. 코로나19 이전에는 오프라인이 대세였다면 이제는 온라인이 대세로 접어들게 되었다. 모여서 회의를 진행하던 것은 공간을 초월하여 온라인상에서 진행을 한다. 초기엔 뭘 이렇게까지 해야 하느냐고 반문했지만 이제는 온라인 회의를 거부하면 낙오자 내지는 꼰대 취급 받기 일쑤이다. 소위 디지털 노마드(첨단 디지털 장비를 갖추고 여러 나라를 다니며 일하는 사람) 시대가 도래하면서 장소에 대한 개념은 선택 사항이 되었고 반드시 출근을 하지 않아도 되는 직종도 생겼다. 이는 세대 간의 차이에 따라 다른 상황이 생긴다. 기성세대에서는 함께 모여서 서로 간의 얼굴을 보고 말하기를 원하는 경우가 있는 반면 젊은 세대에서는 굳이 얼굴을 보는 대면 진행보다는 비대면을 더 선호한다. 비단 이는 나이 차이를 넘어서 적응을 하는 자와 적응을 하지 못하는 자로 구분될 것이다. 각자 평소에 새로운 것을 배우고 시도해 보려는 사람과 새로운 것에 두려움이 있는 사람으로 구분될 수 있다. 이는 어느 것이 좋고 나쁨의 문제는 아닐 것이다. 다만 살기 위해 어느 쪽을 선택하느냐에 달려 있는 것이다.

도전과 혁신 그리고 실천력이 어느 때보다도 요구되는 것이다. 새로운 것을 배우기 위해 열려 있는 마음으로 대해야 하고 내가 모르는 것이 창피한 것이 아니고 다만 접해 보지 못했을 뿐임을 알아야 한다. 그것은 접근하는 상황과 속도에 약간의 차이가 있을 뿐이다. 지금은 지구상에서의 현상에 대해서 배우지만 — 언제쯤일지는 모르지만 — 화성이나 금성 등 또 다른 별에서의 배움이 될지도 모른다고 생각하면, 지금의 배움은 어쩌면 쉬울 수도 있을 것이다.

영화 〈아바타: 물의 길〉 편을 보면 사람의 상상력은 무궁무진하며 자연을 그리면서 인간관계에 대한 세세한 부분까지 다루고 있음을 알 수 있다. 곧 미래에 닥칠 일이 아닌가 생각한다. 물질문명과 어쩌면 고도의 정신 현상까지 연결하는 초연결 사회에서 적응을 하느냐 그렇게 못 하느냐는 생존에서 절대적인 요소가 될 것으로 보인다.

먼 미래가 아니더라도 당장의 편리함과 불편함의 차이에 스마트폰의 사용법도 포함이 된다. 80대의 나이에 유연하게 스마트폰을 사용하시는 분이 있는가 하면 50대에도 스마트폰을 불편해하는 분도 있다. 현재 모르는 것에 대해 두려워 말자. 일단 시도를 해 보자. 하다 보면 알게 된다. 모르면 잘하는 사람에게 물어보면 되지 않은가?

초기에는 스마트폰 글씨가 작아서 젊은 사람에게 글씨를 확대하는 방법에 대해서 물어보는 어르신을 지하철에서 많이 보았는데 지금은 그런 모습을 보기가 쉽지 않다. 그만큼 익숙해졌다는 것이다. 더 많은 기능들이 스마트폰 내에 업데이트되는데 잘 적응하시는 분들이 많은 것이 다행스럽다. 우스갯소리지만, "앞으로는 잘못하면 200살까지 산다"라는 말이 있는데 현재의 예측 가능한 나이보다 훨씬 더 장수할 수도 있다는 말이다. 약간은 우습기도 하고 정신이 번쩍 들게 하는 말이기도 하다.

긴긴 세월 동안 살아가려면 뭔가 좀 더 의미 있고 앞서가면 좋겠지만 잘 따라가면서 부지런히 익히고 배우는 것도 좋다. 많은 사람들이 사회생활을 하면서 지치기도 하겠지만, 젊은 층은 열심히 배우고 퇴직을 바라보는 기성세대는 각자 원하는 분야에 파고들며 배운다면 또 다른 기쁨을 얻을 것이며 더불어 살아가는 사회에 유의미한 작용을 할 것이다. 본인이 선택한 분야를 공부하면 내가 삶의 중심이 되고 남의 시선으로부터 자유로워질 것이다.

이제 삶의 주체는 내가 되어야 한다. 다만 남에게 피해만 입히지 않는다면 어떤 일이든지 무관할 것이다. 다만 그 필요성과 도전 의식을 갖는다는 전제하에서 하는 말이다. 그래야 몸이 제대로 움직이고 정신 또한 흐려지지 않은 상태가 될 것이다.

대우 김우중 회장의 어록 중에 "세상은 넓고 할 일은 많다"라는 말이 있다. 마음만 제대로 먹는다면 배움은 국경을 초월하는 것 같다. 김우중 회장처럼 너무 큰 스케일이 아니더라도 자신이 하고자 하는 분야에서 얼마든지 할 일을 찾고 이루어 가면서 배움을 지속할 수 있을 것이다. 시작부터 너무 먼 원대함을 추구하지 말고 작지만 한 걸음 한 걸음 각자가 생각한 범위 내에서 배운다면 그 끝이 생각했던 것보다 더 원대할지 누가 알겠는가?

변화해야
생존할 수 있다

현대를 살아가는 다양한 물결 가운데 어쩌면 가장 핫한 키워드는 '변화'가 아닌가 싶다. 개인의 일상에서부터 지구촌의 변화까지 하루가 멀다 하고 새로운 변화의 물결이 인다. 앨빈 토플러(Alvin Toffler)는 유명한 미래 학자이며 세계적인 베스트셀러로도 이름이 알려져 있다. 대학 시절 《제3의 물결》이라는 책을 보면서 그의 영향을 받아 미래 사회에 대해 나름 예측하며 학창 시절을 보낸 기억이 난다. 그는 디지털 혁명, 기업 혁명 등 각 분야에서 기술적인 변화의 큰 그림을 그렸다. 그가 예견한 제3의 물결로 정보화 혁명이 있는데, 정보화 시대를 초월하여 AI가 어쩌면 인류의 미래까지 책임지는 시대가 도래한다는 시나리오는 전혀 낯설지가 않다.

일론 머스크 하면 전기 자동차 '테슬라'로 국내에서 많이 알려져 있는데, 그의 기업은 미국 캘리포니아주 호손에 우주 수송 장비 제조 업체인 '스페이스X'라는 회사를 설립하여 우주로까지 가는 수송 비용을 획기적으로 절감하고 화성을 정복하겠다는 원대한 목표를 가지고 있다. 지구상에서의 목표를 훨씬 뛰어넘는, 일반인들은 상상조차 하기 힘든 일들을 구상하고 변화의 중심에 있다고 해도 과언이 아니다.

그동안 자동차 하면 단순히 이동의 수단으로 사용되었는데 2022년 미국의 CES 국제 가전제품 박람회에서 국내 기업인 LG가 출품한 일상생활을 영위할 수 있는 자동차를 전시하여 시선을 끌었다고 한다. 독자 여러분들도 매일매일 사용하시는 스마트폰이 단순히 전화의 기능을 초월한 사실은 오래전의 이야기라는 것을 알 것이다. 잠시라도 스마트폰이 없으면 우울증이 생기고 사회에서 뒤처진다는 의식을 많은 분들이 가질 것이다.

세상은 무서운 속도로 변화하고 있다. 아날로그에서 디지털 노마드 시대를 넘어서고 있는데, 기존의 세대도 베이비 부머 세대부터 시작하여 X세대, Z세대까지 모두를 변화의 중심에 있다. 세대를 불문하고 빠른 변화에 적응하느라 눈코 뜰 새 없이 바쁘다. 한번 놓치면 따라가기 힘든 세상이 된 것이다. 요즈음 동네의 주민 센터에서는 디지털 문맹을 해결하고자 각종 교육을 진행하고 있는데 그중 스마트폰 사용법에 대한 강의도 있다. 심지어 유튜브를 만드는 방법도 강의한다고 한다. 기존의 공영 방송 시대에서 유튜브라는 플랫폼을 이용한 1인 방송 시대로까지 발전하여 자기가 원하는 채널을 선택할 수 있으며 쌍방 의견을 교환하는 시대로까지 발전하게 되었다.

필자에겐 70세를 바라보는 선배가 있는데 은행 업무를 컴퓨터나 스마트폰을 사용하지 않고 은행에 직접 가서 하는 분이시다. 10년 전의 이야기이지만, 그 당시만 해도 인터넷 뱅킹을 몰라도 은행 창구가 많아서 직접 대면으로 일을 처리하기 쉬웠다. 그러나 지금은 은행 창구도 줄어들었으며 은행 업무를 보려면 대기 시간이 길어진 것 또한 사실이다. 조금만 배우면 스마트폰으로 계좌 이체며 조회 업무 및 대출 업무까지 쉽게 할 수가 있는데 익숙한 것에만 적응하다 보니 시대의 흐름에 못 따라가는 것이다. 심지어 태어난 지 몇 개월도 되지 않은 아이에게 태블릿 PC를 주면 화면을 잘 넘기면서 가지고 논다고 한다. 모두들 그 아이가 천재인가라는 착각을 할 정도라고 한다.

필자와 같은 기성세대들은 활자를 볼 때 지면이 편한데 X, Z 세대들은 디지털 화면으로 글자를 보는 것이 편하다고 한다. 글씨를 확대할 수도 있고 모르는 부분이 나오면 바로 검색할 수 있는데 종이로 된 책자는 검색 기능도 없고 확대도 되지 않으며 용량에도 제한이 있으니 불편할 수도 있겠다는 생각이 든다. 그러나 책을 읽어야 깊이 있는 지식을 얻는다고 하는데, 젊은 세대들은 대면을 기피하고 미디어 영상들을 많이 보는데도 기억이 잘 난다고 한다. 필자의 경우도 화면으로 기사를 읽으면 눈으로만 훑는 경우가 많아 모두 읽고 나서도 기억이 잘 나지 않는다. 종이로 된 책을 보면 집중도가 더 높아 기억이 잘 나는데 말이다. 이것은 비단 세대 간의 차이로 단정 짓기에는 다소 무리가 있을 것이다. 어쩌면 사람의 성향에 따라 다르다고 하는 것이 좀 더 적절할 것이다. 대면을 반기는 젊은 층도 있는가 하면 미디어 화면이 익숙한 기성세대도 있기 때문이다.

요즈음 지하철을 타 보면 10명 중 9명은 스마트폰을 보고 나머지 1명 정도만 책을 보고 있다. 일상생활에도 마찬가지일 것이다. 가족끼리 식사를 할 때도 시선은 각자의 스마트폰을 향하는 웃픈 현실에 가끔은 혼란스러울 때가 있다. 변화의 흐름에 앞서가는 얼리 어답터는 되지 못할지언정 따라가기라도 해야 할 텐데, 변화의 물결에 맞서서 배우지 못하면 도태되기 십상이다. 스마트폰의 글씨가 작아서 보이지 않는다면 과감하게 젊은 사람에게 물어보는 용기도 필요하다. 같은 시간을 보내더라도 어떤 사람은 유튜브의 영상을 보고 어떤 사람은 유튜브 영상을 만든다. 이는 옳고 그름의 문제가 아니라 누가 변화하는 사회에 잘 적응하는가의 문제이다. 누군가는 변화를 선도하는 그룹에 속할 수도 있다는 것이다.

자동차가 일상생활에서 필수적인 존재가 된 것은 이미 오래전의 이야기다. 보통 한 가정에 1대씩 가지는 것이 일반적이었다면 요즈음에는 1인당 1대씩 소유하는 경우도 많다. 수요자가 많다 보니 자동차 수리를 찾는 경우도 많다. 이 수요를 감당하기 위해 자동차 정비소는 점점 늘어나고 있다. 이제는 화석 연료를 사용하는 자동차에서 전기를 사용하는 전기 자동차 그리고 조금은 이를지도 모르지만 수소 연료를 사용하는 자동차도 나오기 시작한다. 수리적인 측면에서 보면 엔진의 구조나 교체해야 하는 부품의 차이가 많아서 기존의 정비사 자격증으로는 애로가 많을 것으로 보인다. 새로운 운행 장치를 배우기 위해 배움을 게을리하면 도태되기 십상이다.

택시 운전을 40년 이상 한 분의 예를 들어 보자. 택시 운전사라는 직업이 친절하고 안정적인 선망의 직업으로 각광받던 시절이 있었다. 택시 요금을 현금으로 받던 것이 카드로 계산하는 변화가 생기고, 고객들의 택시 호출 방법도 변화했다. 예전에는 도로변에서 직접 손을 들어 택시를 탔지만 요즘은 카카오 택시나 기존의 다른 앱 기술을 이용하여 택시를 호출한다. 이 새로운 시스템에 적응하려면 새로운 것을 익혀야만 생존할 수 있는 상황이 된 것이다. 과거에는 이용했던 택시에서 약간의 불편함을 겪어도 그 택시를 다시 만나는 것은 드문 일이라 참고 넘겼는데 이제는 조금만 불편해도 리뷰를 작성할 수 있다. 긍정적으로 보면 택시도 훨씬 친절한 서비스를 하게 되었다.

코로나19가 3년 정도 지속되다 보니 이제는 줌으로 회의를 하는 것이 조금도 이상하지 않다. 영상 회의이다 보니 물리적인 이동이 필요 없어 경비 및 시간 활용에 이점이 많다. 연결 상태에 따라 다소 불편함이 있지만 음성 기능과 글자의 송수신이 가능하여 장점이 훨씬 많은 시스템이다. 심지어 서로 간의 자료를 공유하면 상대편에서도 화면이 공유되어 자료를 같이 볼 수 있어 발표나 회의 시에 유용하다.

가까운 미래에 어떤 변화들이 다가올지 기대가 되면서 한편으로는 약간의 두려움도 든다. 하지만 용기를 가지고 변화의 중심은 아니더라도 후행이라도 갈 수 있으면 그나마 다행이라 생각한다.

스마트폰의 신규 제품이 몇 달 지나지 않아 구 스마트폰이 된다고 한다. 모든 신제품을 그때마다 바꿀 수는 없지만 어떤 추세로 바뀌는지 눈여겨보았다가 변화의 흐름에 뒤처진다고 생각하면 과감하게 바꾸는 것도 좋다. 요즈음에는 사용하는 앱과 전화번호 등 모든 정보가 연동되니 정보를 잃을까 걱정한다면 시대에 뒤처진다는 말을 듣기 십상이다. 시대의 흐름 속에 변화의 물결을 따라가는 것도 생존의 방법이다. 이제 변화는 선택이 아닌 필수 요소가 되고 있는 것을 인정하고 크게 숨 한번 쉬고 쉬운 것부터 배우는 것이 어떨까 생각한다.

청년 나훈아

76세 청년 나훈아!

조금은 과한 표현일까? 청춘이라면 최소한 20대, 많아야 30대가 적당할 것으로 생각된다. 하지만 나훈아는 76세임에도 불구하고 청년이라고 해도 전혀 어색하지 않은 모습을 보여 준다. 그는 부산에서 태어나 1960년대에 가수 활동을 시작해 2022년에는 데뷔 55년이 되었다고 한다. 그럼에도 불구하고 그의 지치지 않는 체력과 힘이 느껴지는 목소리는 타의 추종을 불허한다. 몸짓 하나하나에 힘이 느껴지고 표정 하나하나에 살아 있는 기운이 느껴진다.

2022년에도 부산에서부터 시작하여 대전, 창원, 인천, 대구, 안동, 고양, 서울 등에서 콘서트를 진행하여 약 3개월 동안 20여 회를 하는데 1회에 약 2시간 30분을 공연했다고 한다. 콘서트는 공연자 이외에도 무대 위에서 같이 공연하는 진행자가 있어 게스트와 번갈아 가면서 진행을 하는 것으로 아는데, 청년 나훈아는 처음부터 본인이 시작하고 마무리했다고 한다. 무대가 끝나면 앙코르(encore)도 물론 기꺼이 받아 주었다. 몸

값이 비싼 연예인들은 다음 스케줄을 고려하여 앙코르를 받기에 주저한 다고 하는데 나훈아는 그 당시에 참석한 관객에게 집중하는 모습을 보임에 따라 뭔가 달라 보인다. 약 반세기가 넘는 세월 동안 가수 생활을 한다는 것 자체가 경이롭기도 하지만 그의 체력을 볼 때는 가수를 넘어서 꿈을 향한 무한한 도전, 그리고 삶을 대하는 태도 및 그의 열정은 귀감이 될 정도이다.

그가 부르는 노래 대부분은 '나훈아' 작사 및 작곡이다. 글귀 하나하나가 인생의 깊이를 느낄 수 있는 시적인 구절이다. 오랜 기간 동안 묵혀 두었던 구슬 같은 쉬운 언어로 대중의 마음을 파고드는 느낌이다. 그가 만든 곡들은 쉬우면서도 왠지 분위기 있으며 머릿속에 오래도록 잔잔하게 남는 곡들이다. 이처럼 작사 작곡 노래를 모두 소화하고 있고, 콘서트 때는 무대의 모든 부분들을 본인이 직접 기획한다고 한다. 무대 화면의 그림들은 미래 지향적이면서 현재와 잘 어울리는 장면들로 채운다. 마치 영화를 보는 듯한 장면들 그리고 레이저 쇼를 보는 듯한 느낌이다. 어느 부분에서 무대의 화면이 바뀌는 것을 설정하는 데도 본인이 직접 관여하여 아이디어를 제공한다고 한다. 과연 그의 한계는 어디일까?

그는 76세임에도 청바지를 입고 있다. 찢어진 청바지가 전혀 낯설지 않다. 흰머리야 어쩔 수 없지만 하얀 짧은 윗옷을 입은 그의 구릿빛 피부와 근육질은 한결 무대를 압도한다. 정장을 입어도 캐주얼 스타일을 입어도 무난히 소화해 낸다. 〈청춘을 돌려다오〉라는 노래를 부르면서 공연 도

중 그는 청춘을 묶어 놓는다는 표현을 하여 입담을 늘어놓았다. 그는 평소에 운동을 꾸준히 하면서 체력을 키운다고 한다. 일전에 어느 공연에서 어떤 할머니가 본인보고 오빠라고 부르는 것을 보면서 본인도 나이가 들어 간다는 충격을 받아 운동 시간을 30분 더 늘렸다고 한다. 세월의 흐름은 누구든 막을 수는 없지만 세월과 맞짱을 뜨는 무대를 보면 나훈아는 세월도 피해 갈 것 같은 느낌이다. 왜냐하면 그의 열정과 세월을 대하는 태도에서 긍정적이며 도전적인 모습을 볼 수가 있기 때문이다. 그리고 그의 곡에서 '세월'이라는 단어가 많이 보인다. 사람이 세월을 이길 수는 없겠지만 극복하고 같이 지내면서 적대시하지 않으며 더불어 친구처럼 세월을 보듬는 모습이 보인다. 본인은 고집이 세다고 하지만 세상을 대하는 모습, 세월을 보는 큰 틀에서 그의 철학이 느껴진다.

올해 104세이신 연세대 명예 교수 김형석 교수를 보면 한 세기를 사는 지혜와 삶을 대하는 겸손한 자세가 보인다. 그에게는 활력보다는 지구력이 돋보인다. 그러나 김형석 교수에게서 느끼지 못하는 활력이 나훈아에게는 있다. 그리고 꿈이 보인다. 에너지가 보인다. 나도 할 수 있겠다는 자신감을 심어 준다. 가수는 노래를 잘하는 것이 제일일 텐데 노래 실력 이외의 부분이 그의 매력일 것이다. 그렇기에 사람들이 열광하는 것이 아닐까 생각한다. 전해 듣기로는 그의 콘서트 티켓은 매진이 기본이라고 한다. 주로 공연을 보는 분들의 아들과 딸들이 컴퓨터를 통하여 표를 구하는데 매진되는 데는 불과 몇 분도 걸리지 않는다고 한다. 공연을 보러 온 분들에게는 아들딸이 표를 구하느라 수고하여 공연을 볼 수 있었으니 집으로 돌아가서 "고맙다"라는 말을 전하라고 한다. 배려가 묻어나는 모습이 아닌가 싶다.

관객을 대하는 그의 자세 또한 돋보이는 부분이 있다. 보통 콘서트는 시작 시간보다 약 5분이나 10분 정도 늦게 시작된다고 하는데, 그는 정시에 공연을 시작하기 위해 무대에 시계를 배치하고는 한다. 본인도 그렇지만 많은 스태프들이 일사불란하게 움직여야 한다. 준비를 하다 보면 시간이 약간 지체되는데 그는 이를 용납하지 않는 것이다. 시간을 지킨다는 것은 공연을 보는 관객의 입장에서는 좋은데 준비를 하는 스태프들의 긴장감은 어마어마할 것이다. 그러면서도 공연 도중에 'NG'를 내지 않는다. 많은 연습량도 있겠지만 관객을 위한 태도, 공연을 하는 프로다운 열정이 없으면 불가능할 것으로 보인다. 그리고 빈틈이 거의 없다. 노래를 하거나 입담으로 공백의 시간을 채우는데, 단지 시간을 보내는 입담이 아니라 오랜 기간 겪어 온 삶의 철학을 이야기한다.

동시대를 살아가면서 뭐가 중요하고 무엇을 해야 하는지 그는 구수한 경상도 사투리로 이야기한다. 그러면 객석으로부터 연신 우레와 같은 박수 소리를 들을 수 있다. 특히 밤늦은 시간에 공연을 할 때면 그는 "오늘 밤은 공연장에서 지샌다"라고 하면서 스태프들에게 외부 문을 잠그라고 전달한다. 물론 내일의 공연을 위하여 그럴 수는 없겠지만 듣는 사람들은 기분이 좋다. 그에게만 느낄 수 있는 삶에 대한 진지하면서 열정적인 자세와 자신감 그리고 겸손한 마음은 가히 많은 사람들에게 존경받을 만하다. 비록 몸은 노인이 되었지만 이에 굴하지 않고 운동으로 극복하려는 자세가 뛰어나고 사회생활을 하다 보면 많은 스트레스가 오게 되는데 그는 노화를 극복하는 방법으로 3가지를 제시한다.

첫째는 좋은 것을 많이 보는 것이다. 꽃을 보고 나무를 보고 산과 바다를 보면서 마음속에 예쁜 장면들을 많이 담아서 스트레스를 없애는 방법이다. 둘째로는 좋은 향기를 맡는 것이다. 향기야말로 몸 상태를 깨어나게 하는 마법을 가졌다고 한다. 마지막으로 셋째는 너무 악착같이 살지 말라는 것이다. 물론 열심히는 살아야겠지만 너무 열심히 하여 몸이 상하는 일은 하지 말라는 것이다. 그리고 너무 돈에 집착하면 오히려 돈의 노예가 되는 것이다. 본인에게 맞고 적절히 만족할 줄 아는 삶이 좋다고 그는 강조한다.

청년 나훈아는 이 시대를 사는 청년이든 중년이든 노년이든 모든 사람에게 꿈과 희망을 주는 이 시대의 최고의 가수 중의 한 분이라고 해도 과언이 아닐 것이다. 그의 열정이 대중들에게 영원히 청년으로 기억되기를 바란다.

명장을 만나는 행운

평온한 일요일이었다. 간만에 늦잠을 자도 부담이 없다. 보통은 뭔가를 해야 한다는 생각에 일요일에도 일찍 일어나는데 그날은 늦잠을 자며 게으름을 피웠다. 지난 1년간 공부를 하느라 많이 힘들었을 큰딸과 함께 점심을 먹기로 하여 더 편하게 늦잠을 자게 된 것이다.

전날 딸에게 물어보았다.
"맛있는 것을 사 주고 싶은데 어디를 가고 싶니?"
딸은 대답했다.
"야외의 자연이 있는 곳에서 식사를 하고 싶어."
그동안 많이 힘들어서 조금은 쉬고 싶었을 것이다. 가족 모두 오랜만에 아침 겸 점심을 먹기 위해 차량에 올랐다. 청계산 인근으로 정식을 먹으러 갔다. 약 15분여 걸려 도착했다. 식당 옆 빈 테이블에는 사람들이 기다리는 모습이 보였다. 오전 11시부터 오픈한다고 해서 그 시간에 맞추어 도착하였는데 대기 인원이 있었다. 대기 번호가 22번이란다. 예상외로 아침부터 가족 간 친목을 위해 움직이는 사람이 많아 보였다. 바쁘다는 핑계 그리고 코로나19로 인해 자리를 같이하지 못했는데 행복한 시간이 될 것 같다. 기다리는 사람들 중에서 깔끔하게 차려입은 중년도 보였다. 약 10분을 기다리자 스마트폰으로 연락이 왔다. 식당 내부로 들어오라는 연락이었다. 우리는 보쌈 정식을 주문하고 맥주도 1병 추가했다. 가격 대비 가성비가 좋은 식당이다. 맛 또한 훌륭했다. 기다린 이유가 있었던 것이다. 일전에 와 본 곳이라 추천했는데 보람이 있었다. 약 1시간여 동안 맛있게 먹으며 즐거운 시간을 가졌다.

　가족들과 담소를 나누고 다음 코스로 팥빙수 가게와 성남시 시흥동에 있는 '파네트리'를 가기로 했다. 좀 더 효율적인 쉼을 위해서 외곽에 있는 '파네트리'에 먼저 가는 것이 좋을 것 같았다. 빵도 빵이지만 외부에 위치한 비닐하우스 안에서 여러 가지 귀한 식물을 볼 수 있기 때문이다. 운이 좋게 주차장 입구에 주차를 하고 식물이 있는 비닐하우스로 향했다. 그런데 비닐하우스는 보이지 않고 대신 그곳엔 코코넛 매트만 깔려 있었다.

　"예전엔 비닐하우스가 있었는데…."

　혼잣말을 하자 어느 중년의 신사가 지나가면서 말했다.

　"농지법 때문에 비닐하우스는 철거했어요."

　순간 '누구지?' 라고 생각했다. 그는 자신을 '김영모'라고 소개했다. 바로 대한민국 제과 명장 김영모 대표를 만난 것이다. 양복을 깔끔하게 입고 있는데도 인상이 후덕해 보였다. 같이 사진 찍기를 청하자 기꺼이 호응해 주었다. 행운이었다. 명장을 만나다니! 나는 그날 이렇게 생각했다.

　'지난번에 왔을 때는 만나지 못했는데 오늘은 운이 좋은 날인가 보다.'

성남시 시흥동 '파네트리'는 약 1,000여 평의 넓이에 건물 2개 동을 가지고 있다. 한 동은 제과를 판매하며 다른 동은 빵을 만들고, 위층에는 명장이 되기까지의 과정과 그동안 수상한 이력이 전시되어 있다. 일반적인 전시와는 다르게 깊이와 넓이 면에서 특이한 면이 많이 보였다. 보는 내내 감동이 밀려왔다. 빵을 만드는 각종 도구와 레시피가 자세하게 적혀 있는 공책도 보였다. 역대 대통령으로부터 받은 상장도 보였다. 관련 서적 등이 눈에 띄었다. 기업을 운영하는 입장에서는 경제와 관련된 기록들이 있을 것으로 예상했는데 이는 차원이 달랐다. 살아온 발자취를 한눈에 볼 수 있어서 그의 삶을 대하는 철학이 남달라 보였다. 건물의 입구에는 빵과 사람을 소중히 여기는 대한민국 제과 명장 김영모의 정신이 적혀 있었다.

"빵을 반죽하며
내 마음을 다스리는 법을 배웠고
빵을 구우며 인생을 기다리는 법을 배웠으며
내 빵을 먹는 사람들을 보면서
감사와 겸허를 배웠다."

단순히 빵을 만들어 판매를 하는 것이 아니라 빵을 통해서 인생의 의미를 생각하게 하고, 철학을 배우게 했다. 뭔가를 주장해서가 아니라 저절로 고개가 숙여지고 존경의 마음이 생겨났다. 명장이 직접 집필한 《빵 굽는 CEO》라는 책도 전시되어 있었다. 그는 빵을 통하여 큰 나무를 본 것이다. 그 정신을 배우고 싶었다. 그날은 행운이 좋은 날임에 틀림없었다.

　명장으로부터 좋은 기운을 받아 뿌듯한 마음으로 양재 매헌시민의 숲 인근에 있는 팥빙수 가게로 향했다. 여전히 명장의 모습이 잔영처럼 남아 먹는 내내 팥빙수는 꿀맛이었고 흐뭇한 미소가 지어졌다.

중국에서 만났던 지인을
대전에서 다시 만나다

필자는 2008년 미국의 투자 은행인 리먼 브라더스의 파산으로 맞이한 글로벌 금융 위기 때 중국 산동성 연태시의 '명인광장'이라는 아파트에서 거주한 적이 있다. 그곳은 비교적 보안이 잘된 곳이었다. 한국에서는 신규 아파트를 출입할 때 번호 키나 출입 카드가 기본이었지만 그 당시 연태시에서는 보기 드물었다. 그러나 그곳은 경비가 아파트 외부 출입구를 항상 지켰고, 아파트 내부로 들어가기 위해서는 출입 카드가 필요했다. 중국에서 거주해야 하는 상황인지라 치안이 걱정되기도 하여 경비가 잘 되어 있는 '명인광장'을 선택하게 된 것이다.

한국으로 따지자면 서울시 강남구 도곡동의 타워팰리스 정도로 보면 좋겠다. 거주한 곳은 그 아파트 22층이다. 한국에서 보면 서해 뷰인데 중국에서 보면 동해로, 아침 해를 마루에서 볼 수 있는 전망이 있는 곳이다. 북향이라 햇볕이 잘 들지는 않았지만 전망은 시원하고 바로 수평선이 보이는 정도였다. 이곳에 거주한 지는 거의 1년이 되어 가고 있었고 아파트 단지 내에서 아는 한국인은 몇 명 정도로 손에 꼽을 정도였다. 여기서 그 당시 중국 연태시에서 식당을 경영하는 Y 대표님을 만나게 되었다. 한국의 같은 대학교 2년 후배로 일본어를 전공한 것으로 알고 있다. 그의 이야기를 들어 보면 대학을 졸업하고 일본으로 건너가 일본 음식을 공부하고 돌아와서 외식업을 시작하였다고 한다. 서울시 동작구에서 사업을 시작하였는데 가게의 임대료는 처음에 월 500만 원이었고 열심히 음식도 개발하고 장사가 잘되니 임대인이 월 900만 원으로 올려 달라고 해서 인근에 있는 가게를 매입하였다고 한다.

사업은 번창했고 일산에도 다른 가게를 오픈하게 되었다. 아이들이 성장함에 따라 교육을 위해 아이들을 데리고 중국으로 진출한 것이다. 아이들이 초등학교 저학년이라 중국에서 약 5년 정도 있으면 중국어를 습득하고 이후엔 캐나다에 5년 정도 갈 예정이라고 했다. 그렇게 영어도 어느 정도 하는 국제적인 감각을 가진 젊은이로 키울 생각이었다고 한다.

하지만 미국의 리먼 브라더스 사태가 일어나고 그 당시 중국에 진출한 한국 기업들은 줄도산이 나는가 하면 한국으로 도망을 간다는 기사가 《매일경제》 신문 1면에 나기도 하였다. 그 당시 Y 대표의 동생이 중국에서 의류 생산 공장을 하였다고 한다. 경영이 어려워지자 공장 근로자는 임금 등 회사에 요청을 하게 되고 공장 경영주의 입장에서는 한국으로 철수하고 싶어도 투자한 설비 등을 회수하기엔 여건상 역부족한 상태였다. 중국 공장 근로자들은 완력을 사용하여 경영주를 위협하는 경우가 있었다고 한다. 그 근로자들은 수소문하여 경영주의 형이 연태시 내에서 일본

돈가스 식당 영업을 한다는 것을 알게 되었고, Y 대표 가게에 와서 난동을 부리고 돈을 요구했다.

Y 대표는 여기에서 더 이상 영업을 할 수 없는 상황임을 인식하고 아이들을 모두 데리고 귀국길에 올랐다. 이런 상황에서 많은 한국 사람들이 귀국을 하게 되었다. 언제 한국에 가면 식사나 한번 하자라는 인사 정도만 하게 되었다. 이후 세월은 십여 년이 흘렀다. 우연한 기회에 Y 대표로부터 연락을 받게 되었고 언제 한번 보고 싶다고 했다. 타국에 있을 때 본 사람이라 만나면 어떻게 변했을까 호기심과 함께 보고 싶기도 하였다. Y 대표의 아이들도 필자의 둘째, 셋째와의 나이가 비슷하여 만나면 공통된 점이 많을 것 같았다.

이윽고 다가오는 토요일에 미팅 날짜가 잡혔고 어느새 차량은 경부 고속도로 위를 달리기 시작했다. 대전시 유성구 대학로에 있는 모 대학교 인근의 유명한 프랜차이즈 카페로 향했다. 차는 건물 지하 주차장에 세우고 카페로 향했다. 미리 준비한 과일을 건네주고 50평이 넘는 큰 가게 안의 칸막이가 있는 방으로 향했다.

처음엔 마스크를 끼고 있어서 얼굴이 전혀 기억이 나지 않았지만 서로 인사를 하고 그동안 지냈던 이야기를 나누기 시작했다. 사업을 하는 사람이라 생각이 진취적이고 긍정적이었다. 10여 년 만에 만났지만 대화는 끊김이 없이 계속되었다. 경제 이야기가 대부분인데 서로의 생각에 공통점이 많아 다행이었다.

이야기는 여기서부터 시작된다. 중국 산동성 연태시에서 한국의 대전으로 넘어와서 초기엔 힘이 들었다고 한다. 지인으로부터 사업 자금을 차입하게 되고 일 년이 채 되기 전에 모두 상환하였다고 한다. 본인은 원래 식당 경영이 주 종목인데 최근 젊은 사람들의 음식 취향을 쫓아가기가 버겁고 하여 식당보다는 프랜차이즈 커피 전문점을 시작하였다고 한다. 서울 동작구에 있는 상가의 전문 커피 전문점과, 일산의 커피 전문점과, 대전의 유명한 병원 앞 항아리 상권의 가게를 매입하여 일부는 세를 주고 일부는 직접 커피 전문점을 경영한다고 한다.

대학교 앞에 있는 사업장만 직접 경영하고 나머지는 모두 아르바이트생을 고용하여 경영을 맡겨 놓았다고 한다. 내가 직접 시간을 투자하지 않아도 돈이 들어오는 시스템을 마련한 것이다. 사업 수완이 대단하다. 장사가 되지 않는 점포를 매입하여 리모델링을 하고 프랜차이즈 커피 전문점으로 입점을 시켰다. 인건비와 재료비를 제하고도 가게 한 곳에서 나오는 현금 흐름을 대략 추론할 수 있을 것 같다. 주위의 어떤 사람은 주택을 몇 채 매입하여 주택 임대 사업을 하는데 최근 주택 임대 사업 관련법이 수시로 바뀌게 되어 어려움을 겪기도 하였다고 한다. 그런데 그는 상가 특히 구분 상가에 투자를 하여 근로 수입과 자본 소득을 동시에 챙기는 알짜배기 사업을 하게 된 것이다.

그는 "한때는 코로나19로 인한 거리두기 정책으로 힘든 적이 있었는데 입지가 대학 옆이라 어려움이 상대적으로 적었다"라고 했다. 자랑스러운 성공담을 들려주었는데 듣는 내내 흥미가 있고 벤치마킹을 하고 싶다는 생각이 계속 들 정도였다. 보통은 어느 정도가 되면 건물을 매입하여 임대 수입을 얻을 텐데 리스크를 분산하는 개념으로 하여 구분 상가를 선택하였고 1층에 집중을 한 것과 입지 분석을 잘한 것이 성공의 비결이라고 한다.

    서울로 발걸음을 돌리려 하자 저녁을 같이 먹자고 했다. 이야기는 계속되고 여전히 대화에서 끊김이 없었다. 아쉬운 시간이 가까워 오고 하여 저녁 8시에 아쉽지만 서울로 차량을 돌렸다. 짧은 시간에 10여 년의 고생을 모두 얘기할 수는 없겠지만 현재는 영업이 잘되고 있으며 사회를 긍정적으로 바라보는 Y 대표의 마인드에서 신선한 에너지를 충전하게 되었다.

    앞으로의 시장 상황이 변할 수는 있지만 그에 맞게 변화하면서 앞으로도 승승장구하기를 바라 본다. Y 대표님의 또 다른 변화를 기대하면서 다음의 만남이 벌써부터 기다려진다.

시간 속의 여행

시간이란 무엇일까? 계산적으로 하루를 24등분으로 나누면 1시간이 된다. 이 시간을 60등분으로 나누면 분이 되고 분은 또다시 60등분으로 나누면 초가 된다. 시간의 유사어로 '겨를' 또는 '동안'이라는 말이 있다. 흐르는 세월 속의 한 지점을 지난 것은 과거이고, 지금은 현실, 아직 다가오지 않은 것은 미래일 것이다. 지난 일에 대한 생각은 추억이라는 단어로 표현할 수 있다. 지난 과거가 모두 좋은 추억이 될 수 없듯이 현재와 미래 또한 그때그때의 상황에 따라 다를 것이다.

보통 사람들은 "현재의 시간을 어떻게 보내면 어떤 미래가 올 것이고, 만약 상황이 이랬더라면 과거에 어떻게 했을 것이다"라고 후회하는 경우가 있다. 현재를 외면하고 지난 일과 아직 다가오지 않은 미래에 집착을 하여 시간을 보내는 경우도 있을 것이다. 현재는 길고 긴 시간 속에 지금의 시간이다. 현재를 충실히 사는 것이 보람되고 좋은 결과가 맺어지는 것은 당연한 귀결일지도 모른다.

필자에겐 가끔 카카오톡으로 이야기를 주고받는 유병태라는 고향 친구가 있다. 가난한 시골 생활을 견디고 현재는 서울에서 지낸다. 40여 년 전의 일들에 대한 공감을 할 수 있는 친구이다. 서로 간에 지내 온 이야기를 주고받으려고 하면 족히 3박 4일은 걸릴 것이다. 아마 그 이상이 걸릴지도 모른다. 2022년 6월 17일 점심시간에 같이 밥을 먹으면서 짧은 시간의 만남이지만 40여 년 전으로 시간 여행을 다녀온 기분이었다. 먹거리가 풍부하지 못한 시절, 길가의 찔레를 따서 먹고, 동네에 엿장수가 오면 소주병이나 비료 포대를 엿과 교환하기도 하고, 시장이 멀리 있는 관계로 어떤 아주머니가 어류 등을 대야에 담아 머리에 이고 오면 집안에 돈이 없으니 창고에 있는 쌀 한 바가지와 물물 교환을 하기도 하였다. 동네 가게에 계란을 가지고 가면 '자야', '뽀빠이' 등 과자를 먹을 수가 있던 시절, 검정 고무신을 신고 살아온 시골의 생활이 주마등처럼 스치고 지나간다. 그 당시 어르신들 중에서 깨어 있는 분들에게는 답답한 생활일 것이고, 시골에서 돌파구가 없는 것이 더욱 힘들었을 것이다, 라고 함께 공감을 한다.

그 친구는 고등학교를 경남 마산에서 졸업을 했다. 서울로 올라와서 어떻게 지냈는지 물어보기엔 시간이 너무나 짧았다. 다만 느낌으로 위안과 공감을 할 뿐이었다. 세월의 흐름 속에 각자의 위치에서 열심히 살아왔고 지금도 열심히 살고 있는 모습이 존경스러웠다. 세월의 흐름은 벌써 머리카락 위에도 보이고 앞으로 약간 휜 어깨에도 와 있었다.

하지만 그 친구의 열정을 보면 세월의 흐름도 막을 수가 있을 것 같은 착각을 하게 된다. 법과 함께 지내 온 세월이 몇 년인지? 틈틈이 자료를 모아《正民 민사법 완전정복》등 8권의 전문 서적을 펴내는 활약에 큰 박수를 보내고 싶다. 지금도 대학에서 강의도 하고 박사 학위 공부도 하며 요즈음엔 추가적으로 영어 공부도 지속한다고 한다. 가끔은 머리를 식히면서 시를 쓴다고 한다. 대한 문인 협회에 제출한 시의 작품성이 뛰어나서 시인으로 등단을 하면서 신인문학상을 수상하였다고 한다. 내가 하고픈 일을 하면서 잠시 시간을 내어 길가에 핀 장미꽃의 아름다움을 사진에 담는 여유를 가지며 가끔은 나라를 걱정하고 지금의 세월도 중요하지만 미래 세대의 세월이 더욱 잘되었으면 하는 친구의 바람에 더욱 공감을 한다. 모든 사람이 세월의 흐름에 역행을 할 수 없을 것이다. 그 흐름과 동행을 하면서 그저 시간이 되면 만나서 무슨 말을 하지 않아도 편한 그런 친구이다. 그 친구의 삶에 대한 열정을 존경하며 건강하고 행복한 삶이 지속되기를 바라 본다.

02
일상의 생각들을 공감하며

현재의 행복을 생각하다

　추운 겨울 어릴 적 시절을 떠올려 본다. 특별한 놀이 시설도 없고 놀 만한 거리가 없었다. 하지만 이웃의 친구가 부르면 어김없이 나갔다. 추워도 시골집 담벼락 밑에서 삼삼오오 모였다. 그 시절엔 일찍 학교에 들어간 형이나 친구들을 부러워했다. 초등학교 시절의 시선으로는 교복을 입고 다니는 중학생들은 거의 부러움 정도가 아니고 멋 그 자체였던 것 같다. 앞에 창이 있는 검정 모자 위에는 '중(中)'자의 금색으로 된 표식이 있었다. 너무 멋있었다. 교복으로 치면 목이 짧은 목깃에 검은 교복에, 단추는 금색이었는지 은색이었는지 기억은 나질 않지만 중학교 1학년 때는 단추를 모두 잠그고, 2학년이 되면서 위 단추 1개씩은 풀고 다니는 것이 멋있게 보였다. 3학년이 되면서 교모는 옆으로 삐딱하게 쓰곤 했다. 때로는 모자를 옆구리에 끼우든지 아니면 책가방에 끼우고 다녔다.

　이런 모습은 오히려 고등학교에 가면서 점점 점잖아지는 것 같다. 진학이라는 목표가 있어 나름 잘 지냈다. 하지만 또다시 대학생이 부러움의 대상이 되곤 했다. 왜냐하면 정해져 있는 학교 공부보다는 내가 공부하는 과목을 선택하고 아르바이트도 할 수 있는 시기이기 때문이다. 막상 대학생이 되고 보면 제약이 많다. 경제적인 어려움, 마음의 자유에 대한 고민, 군 입대라는 고민, 취직에 대한 어려움 등등. 그 시절마다 어려움은 항상 있었던 것 같다.

결혼을 하게 되고 아이를 기르면서 힘든 면이 있었지만 미래에 대한 계획 등으로 인해 열심히 살았다는 생각이 들었다. 보통은 그 당시 현재의 행복을 미룬다는 생각보다는 그저 성실하게 근검 절약을 하면서 살고는 했다. 한 세대를 보통은 30년이라고 한다. 부모와 자식의 차이를 한 세대로 본 것인데, 보통 20대에서 사회생활을 시작하여 50대에 퇴직을 한다고 하면 사회생활을 하는 시간이 흘러 30년이라는 시간이 지나가게 되는 것이다. 그 시간이 지나는 동안 누군가는 말한다. "어릴 적이 좋았다"라고, 때로는 "학창 시절이 좋았다"라고. 하지만 흘러가는 시간 속에 마음의 성장과 무르익음이 있어서인지 현재의 시간이 더 좋다는 생각이 가끔 든다면 지금 현재 잘 살고 있다고 생각해도 좋을 것 같다.

많은 사람들이 사회생활을 하면서 규칙적인 생활을 하게 된다. 정해진 시간까지 가기 위해 아침 일찍 일어나 일터로 가서 보람되게 하루 일과를 마치고 일정한 시간이 되면 퇴근을 하는 일상이 지루할 수도 있지만 생활의 리듬 또는 건강 면에서 보면 거저 고맙게 생각할 수 있을 것 같다. 주말과 휴일에는 하고 싶은 것들을 하면서 지낼 수 있는 것이 행복일 것이다. 글쓰기를 좋아하는 사람은 집필을 하고 기타 치는 것을 좋아하는 사람은 기타를 치면서 책을 좋아하는 사람은 책을 읽으면 좋을 것 같다. 살아가는 중간중간의 여정들은 때로는 점검이 필요하다. 몸이 힘들면 쉼이 필요하고 때로는 창밖의 참새가 날아가는 모습도 구경하는 호사가 필요하다.

현재의 좋은 것과 미래가 더 좋은 것에 대해 생각해 본다. 자연 속에서 배우고 익히며, 움직일 수 있는 몸에 감사하면서 떠오르는 생각들을 정리해 볼 필요가 있다. 시간이 흘러가면서 물론 전과는 다른 몸이 되지만 할 수 있는 운동을 찾아서 리듬을 유지하는 것이 좋다. 미래에도 아령을 들거나 철봉에 매달릴 수 있는 몸을 유지하면 두말할 것 없이 좋을 것이다. 여기에다가 윗몸 일으키기를 할 수가 있다면 금상첨화일 것이다. 만약 젊을 때처럼 힘껏 할 수는 없다고 해도 실망할 필요는 없다. 지금 할 수 있는 운동에 집중을 할 수만 있다면 좋은 것이다. 가수 나훈아가 이야기한 것처럼 무리하지 않은 삶 속에서 미래를 설계하는 지혜가 필요할 것으로 생각한다.

나름 젊은 시절의 수고로움이 많았다면 결과론적으로는 노후의 뒷배가 되어 줄 수 있다. 출근길이 수고롭다고 해서 항상 힘이 드는 것은 아니다. 억지로라도 몸을 움직이니 꽤 소화도 잘될 것이다. 지하철을 타려면 걸어가야 하고 자리가 나면 앉고, 환승을 할 때는 다시 일어나고 지하철에서 내리면서 걸어가야 하는 환경이라면 몸을 움직이니 혈액 순환도 잘되는 것이다. 현재의 고단함이 긍정적인 요소로 다가와서 다음 날을 기약하게 되고 일주일이 모여서 한 달, 한 달이 모여서 일 년을 지내게 되는 현상이 규칙적인 생활의 장점이 될 것이다. 가끔은 욱하는 마음이 일어나기도 하겠지만 슬기롭게 넘기면서 사는 것이 어떤가 생각해 본다.

  많이 성숙해지고 있다면 행운이라고 생각할 수 있을 것이다. 마음이 성숙함에 따라 내가 좋고 주변이 좋으면 자연스럽게 미소가 지어질 것이다. 매일매일 미성숙한 면이 보일 때가 있지만 이 또한 성숙하기 위한 사전 연습이 될 것이며, 일상 속에 미성숙으로 마음의 갈등이 일어날 수 있지만 숨 한 번 크게 쉬면 조금은 나아질 수 있다. 한 걸음 물러나면 조금은 나아지고, 침 한 번 삼키면 화가 나는 것으로부터는 조금 해방될 수 있을 것 같다. 이 과정들을 여러 번 겪다 보면 보통의 화는 파도의 물거품이 되어 없어질 것이고 마음의 평온은 소리 없이 찾아오게 된다. 다툼의 여지를 만들지 않는 것이 평온의 밑거름으로 지속되기를 바라면서, 하루하루를 수양의 연속으로 보낸다면 언젠가는 잔잔한 기쁨으로 입가엔 미소가 지어질 것이다.

일상이 고맙다

추운 겨울 동안 화재 소식이 빈번하게 들렸다. 특히 사는 곳의 인근 지역에서 화재가 나서 왠지 더 궁금했다. 원인이 뭘까? 피해는 얼마나 될까? 혹시 번지지는 않을까? 등등 머릿속에서 연속으로 생각의 끝으로 내달렸다. 아직 동이 트기 전 아침 길에 소방차를 보게 되었다. 사이렌이 울리지 않아 무심코 지나갔는데 일터에 와서 보니 벌써 뉴스에 나오고 있었다. 수백 명이 대피하였다고 한다. 이 엄동설한에 어디로 대피를 한단 말인가? 추위에 고스란히 노출되는 것이다. 다행히 진화가 되었다고 한다. 하지만 피해를 입은 사람들이 많을 것이다. 각종 가재도구며 생활용품들의 피해도 클 것이고 어쩌면 집 자체가 전소되었을지도 모른다. 먹는 것이며 자는 것이며 어디에서 해결을 한단 말인가? 지나가는 사람들이야 저기에 불이 났구나! 정도일 텐데 당사자들은 극한 상황에 처했을 것이고 잘 아물기를 바라 본다. 긴 세월과 막대한 자금이 투입될지도 모르고 입은 상처가 꽤 오래갈지도 모른다.

언제 어떻게 화재가 날지 모르기 때문에 화재 보험에 들기도 한다. 요즈음에는 화재 이외에 일상생활에 문제가 발생한 경우에도 보상을 해 주는 것 같다. 윗집에서 물이 새서 아랫집에 피해를 입혔을 경우에도 보상을 해 주니 보상의 폭이 과거와는 다르게 많이 확대가 되었나 보다. 피해 후에 보상을 받는 것도 중요하지만 해결하기 위해 노력이 들어가야 하니 이 또한 피곤함이 있을 것이다. 제일의 상책은 이러한 일이 발생하지 않는 것이다. 하지만 살다 보면 예상하지 못한 일이 발생하기도 한다.

요즈음 들어 사건 사고들이 발생하는 것이 과거와는 너무나 다르다. 서로 인과 관계가 형성이 되지 않는 경우가 있다. 잘못을 한 경우에 그 과오로 인해 결과에 나쁜 영향을 미칠 수 있는데 원인과는 전혀 다른 결과가 나올 때 황당하다 못해 더 큰 피해를 입기도 한다. 아무리 사전에 미리 준비를 한다고 해도 전혀 예상하지 못하는 경우에도 사건 사고가 일어난다면 대처하기는 더 힘들 것 같다.

부모와 자식 간에도 형제지간에도 전혀 새로운 형태의 문제가 발생하기도 한다. 글로써 표현하기도 힘든 상황들은 사회가 그만큼 각박해서일까? 아니면 인간성의 급격한 변화가 생겨서일까? 특히 대중교통을 이용하는 중에 겉모습과는 다르게 행동과 말에서 정신적으로 힘든 사람들을 목격하는 경우가 있다. 당사자도 힘이 들겠지만 주위의 사람들도 힘든 것은 마찬가지임 것이다. 과거에 이러한 것을 목격하기가 우연이었다고 하면 요즈음은 몇 배는 되는 것 같다. 어쩌면 같은 현상이 과거에도 많았는데 노출이 요즈음에 더 많이 된 것일까? 하여튼 눈에 노출 빈도가 많아지는 것이 가슴 아픈 일이다. 하루하루 눈을 뜨는 일이 평소에는 당연하게 느껴지겠지만 요즈음엔 '손가락이 움직일 수 있고 눈을 뜰 수 있는 것조차 고맙고 행복한 것이다'라고 생각하게 된다. 그리고 하루에 밥을 세끼를 잘 먹고 밤에 잠을 잘 잘 수가 있는 것도 행복이다.

제일 큰 행복은 가족들과 모여 앉아 밥을 먹는 것이 가장 위대하고 가치가 있는 것 같다. 혹자는 "밥 한 끼 먹는 것이 뭐가 그리 대단한 것인가?", "당연한 것이 아닌가?"라고 말할 수도 있을 것이다. 일상에서 뭔가 특별한 것이 있어야 하고 아니면 영화의 한 장면처럼 뭔가 활동적이고 특별한 이벤트라도 있어야 행복한 것은 아닌 것 같다. 특별한 상황보다는 어쩌면 특별한 상황이 없는 그저 그런 일상이 더욱 잔잔한 행복을 주는 것이 아닌가 생각해 본다.

사회적으로 높은 위치에 있다고 해도 하루에도 몇 번씩 깊은 고민을 해야 하는 상황이 된다면 어쩌면 마음은 더욱 번잡할 것 같다. 이는 사회적인 지위와 무관할 수 있지만 예를 들자면 그렇다는 것이다. 높든 낮든 그 위치에서 마음의 평온을 유지할 수 있다면 이것이 '소확행'이 아닌가 생각해 본다. 서로 간에 생각 차이로 인해서 강하게 주장하기는 좀 그렇지만 살아가는 여정 속에 가끔씩 미소가 지어지는 일이 생길 때 비로소 행복이라는 단어를 생각해 볼 수 있게 된다.

아무쪼록 오늘도 내일도 그 이후에도 잔잔한 마음이 유지가 되길 바란다. 하나의 욕심이 더해지면 하나의 잔잔함에서 높은 파도를 일으키고 욕심을 버리고 이는 파도 뒤에서 바라보면 어느새 호수의 물처럼 고요해지는 것이 자연의 이치라고 하면 지나친 표현일까? 어쩌면 파도는 항상 그 자리인데 내 마음의 파도가 계속 움직이는 것이 아닐까? 파도가 움직이는 것은 당연한 것인데 억지로 움직이지 않기를 바라는 마음이 오히려 더 큰 파도일지도 모른다. 그대로 내려놓고 바라보는 마음이 필요한 시기가 아닌가 생각해 본다.

카카오톡 친구

하루를 시작하는 일로 햇빛을 보거나 가벼운 운동을 하는 것은 과거의 일이 되어 버렸다. 어느새 이 자리에 카카오톡이 들어와서 주인인 것처럼 자리를 잡는다. 마치 약속을 한 것처럼 누군가도 예외가 없다. 스마트폰을 머리맡에 두고 잠자리에서 일어나면 바로 스마트폰으로 손이 가고 밤사이 새로운 카카오톡이 왔는지 습관적으로 들어가 본다. 밤에는 수신을 제한해 놓지만 새해 첫날 반갑게 찾아온 손님을 반기듯이 말이다. 별다른 소식이 없어도 들여다본다. 습관이 무서운가 보다. 특별히 중요한 소식은 신문이나 네이버 포털을 보는데 카카오톡을 보아야 비로소 개운해지는 것은 왜일까?

적게는 하루에 몇백 개에서 천 개 이상의 소식이 들어온다. 대부분 중요한 이야기이기보다 일회성의 흘려보내는 소식이 많다. 어떨 때는 빠른 속도로 이야기를 넘기는데 무슨 말이 들어 있는지 모를 때도 있다. 보통은 자세하게 볼 이유가 없다. 가끔 가뭄에 콩 나듯이 도움이 되는 이야기가 있어서 그때에만 자세하게 읽을 때가 있다.

카카오톡에는 친구와의 대화도 있고 채팅의 형태도 있다. 때로는 업무를 보기 위해 카카오톡 방에 들어가는 경우도 있다. 이 또한 일회성이다. 사실은 조금 늦게 알아도 아무런 지장이 없는 경우가 많다. 시간의 조바심을 내지 않아도 되는데 괜히 눈을 혹사한다. 내용을 확인한 것과 내용을 확인하지 않은 것에는 별 차이가 없다. 그런데 꼭 먼저 확인하고자 한다. 연속적으로 내용의 확인이 완료되면 밀려오는 눈의 피로함은 과한 선물로 남는다. 이내 후회를 한다. 이렇게까지 할 것은 아닌데 말이다. 전화번호를 저장하거나 새로운 명함을 저장하면 자동으로 카카오톡 친구로 등록될 때가 있는데 시간이 지나 보면 도저히 누군지도 모르는 경우도 있다.

1,000명이 넘는 인원의 채팅방이 여러 개이다 보니 이 숫자만 보아도 5,000명 이상이고 각 개인들에 대한 친구들을 보아도 약 1,000명 합하면 6,000명이 족히 넘을 것이다. 과연 이 중에 마음을 담아 카카오톡을 하는 친구가 몇이나 될까? 요즈음 SNS가 대세라고는 하나 엉뚱한 곳에 에너지를 쏟는 것이 아닌가 하는 생각이 들 때가 있다. 연세가 드신 분일수록 여러 줄로 이야기를 작성하는데 어떤 분들은 띄어쓰기를 하지 않아서 읽기가 어려울 때도 있다. 하지만 젊은 층일수록 한 줄을 적으면 바로 보내는 경우 줄이 바뀌어 읽기는 한결 수월하다. 하지만 이는 카카오톡의 읽기 개수가 늘어나는 단점이 있기도 하다. 스마트폰으로 답글을 적을 때는 여러 줄로 하거나, 컴퓨터로 할 때는 한 줄 쓰고 엔터를 누르면 1회의

내용이 발송되므로 그런 경우도 있다. 카카오톡이 올 때마다 '까톡까톡' 울림도 있다. 이는 무음으로 하게 되면 소리가 나지 않는데 의외로 모르는 분들이 많아서 밤늦게 오는 경우 수면에 방해를 받는다며 신경을 곤두 세우는 분이 있다. 화면에 있는 설정을 누르면 알림 기능이 나오고 소리가 나게 하거나 진동으로 하는 기능이 나오는데 지극히 쉬운 것인데도 많이 사용해 보지 않은 경우에는 참 어렵게 느껴질 때도 있는 것 같다. 알고 모르는 것은 종이 한 장 차이로 보이는데 본인의 여러 상황에 따라 다른 것 같다.

어느새 노트북을 켜면 바로 카카오톡의 비밀번호를 누르고 다른 화면으로 연결하는 것도 일종의 습관인 것 같다. 순간적으로 아이디어가 떠오르는데 볼펜과 종이가 없다면 카카오톡에서 본인의 이름을 선택하여 스스로에게 대화 형식으로 기록을 할 수도 있고, 시진에 대한 기록을 카메라에 넣기보다 카카오톡으로 나와의 채팅 속에 넣어 놓으면 나중에 다시 볼 수 있다. 이는 아주 편리한 기능이다. 책을 구입하여 보는 경우는 페이지를 넘길 때마다 자세하게 읽게 되는데 카카오톡으로 슬렁슬렁 보면 편할 수도 있고 최대한 게으름을 피울 수도 있을 것 같다.

하지만 대화의 양이 너무 많으면 바로 넘기거나 필요한 부분만 스크린샷(화면의 이미지를 그래픽 파일로 저장)으로 나와의 채팅으로 카카오톡에 넣어서 저장을 하기도 한다. 편하고자 사용하는 것인데 마치 노예가 된 듯 이것에 매달리면서 시간을 낭비하고 눈 건강을 잃게 되기도 한다. 하지만 적절하게 사용하면 정보도 얻고 서로 간의 의사를 확인할 수 있어 큰 장점이 되기도 한다.

 뭐든지 지나칠 때 화가 일어난다. 적절하게 하면서 중용을 지키거나 누가 왜 하는지에 대한 답을 할 수 있으면 카카오톡에 대한 과하거나 불편함이 사라질 것이고, 오히려 순기능만 남지 않을까 생각해 본다.

 이제 꼭 필요한 채팅방이 아닌 것은 나와 나의 눈 그리고 정신 건강을 위하여 과감하게 나가기를 하는 것이 어떤가? 앞서가는 것은 힘들 수 있지만 따라가는 정도만 되어도 정보의 바다에서 충분하지 않을까 생각해 본다.

영겁 속의 시간

보통 하루의 시작은 새벽 시간에서 출발한다. 눈을 뜸과 동시에 하루를 지낼 몸부터 돌본다. 머리, 팔다리, 내장 기관 등 오늘도 잘 작동하라고 손으로 문지르고 마음으로 격려한다. 다행인 것은 팔과 다리를 자유로이 움직일 수 있어 다리를 들어 방바닥으로 급히 내리면서 그 반동으로 허리가 곧추세워져서 일어나게 된다. 이런 깨움의 시간이 몇 년이나 지속될까? 태어나서 100년을 지속한다면 정말 대단하고 신문에 날 일이다. 대부분 사람들은 70~80세, 아니면 90세이면 운명을 달리한다. 유한한 시간 속에 하루를 시작한다는 것은 정말이지 대단한 일이다. 별일이 없지만 일상을 보낼 수 있다는 것 자체가 축복이다.

제주도 남단 서귀포시 인근에 '쇠소깍'이라는 곳이 있다. 행정 구역으로는 효돈동인데 그곳에 효돈천이 있다. 한라산에서 출발한 물줄기가 남쪽으로 흐르는데 바다와 맞닿아 있다. 효돈천에서 하천의 담수와 바닷물이 만나게 되고 여기에 큰 웅덩이가 형성되는데 이곳이 쇠소깍이 된 것이다. '쇠소'라는 말은 소가 누워 있는 모습을 지닌 연못이라고 하는데 '깍'이라는 말은 제주도의 방언으로 끝을 의미한다고 한다. 그러니까 해수와 담수가 만나서 만들어진 웅덩이인 것이다. 이곳을 언급하는 이유는 해안가의 모래가 검은색이기 때문이다.

제주도의 한라산은 화산 활동에 의해서 만들어졌고 화산재 등이 약 5,000년 전에 형성이 되었다고 한다. 돌의 모양은 구멍이 뚫린 현무암이 대부분이다. 네이버의 지식백과에 보면 "현무암은 지표 가까이에서 용암이 빠르게 굳어진 암석. 즉 玄 검을 현, 武 굳셀 무, 巖 바위 암, 현무암은 지표 가까이에서 용암이 빠르게 굳어진 암석을 의미한다."라고 표현이 되어 있다. 돌 자체가 검은색으로 되어 있다. 많은 세월이 흐르면서 돌의 크기는 점점 작아지고 지금의 모래 모양 크기까지 작아진 것이다. 사람의 생명이 100년이라고 했을 때 5,000년 전의 일이라고 하면 상상할 수도 없는 긴 세월이다. 보통 조경석을 일정한 모양으로 깎을 때는 도구를 사용하는데 이 또한 많은 시간이 소요된다. 하지만 자연에서는 이러한 도구라고 할 수 있는 것이 비나 바람 아니면 바닷물의 쓸림일 것이다. 수세미를 사용하여 힘주어 돌을 문지른다고 해도 주먹만 한 돌이 모래의 크기까지 되려면 얼마의 시간이 걸릴까? 몇 달? 아니면 몇 년? 도무지 상상이 가질 않는다. 하물며 자연 상태에서 깎이고 깎이려면 어마어마한 시간의 흐름이 있어야 할 것인데 도무지 가늠이 되지 않는다.

하지만 시간은 흘러 돌은 깎이고 모래가 되었다. 영겁이라는 말은 '영원한 시간'이라는 뜻인데 백 년도 못 사는 사람이 어찌 영겁의 시간을 생각할 수 있을지 모르겠다. 하지만 사람은 시간이 흐른 후의 지금에야 그 모습을 볼 뿐이다. 학술적으로 5,000년이든 아니면 6,000년이든 추측은 해 보지만 그저 경이로움에 숙연해짐은 어쩔 수 없다. 어쩌면 자연의 큰 돌 앞에 작은 모래 조각 정도의 느낌이랄까. 모래가 큰 돌의 존재를 논하는 것쯤으로 생각이 된다. 수많은 선과 선이 연결되는 가운데 사람은 그중에 한 점을 찍을 뿐인 것을 누가 부정할 수 있을까?

쇠소깍에는 양 벽에 기암괴석이 둘러져 있어 마치 병풍처럼 보이는데 그 사이에 신비한 계곡이 흐른다. 그저 신비스러울 뿐 사람이 만들 수 있는 영역은 아닌 것 같다. 영겁의 세월 속에 제주도 올레 코스 5코스와 6코스를 산책할 수 있는 기회가 된다면 그 자체로 기쁜 일일 것이다.

신비한 바위가 있거나 거목이 있는 경우에는 보통 전설이 있게 마련인데 쇠소깍에도 전설이 전해지고 있다고 한다. 지금으로부터 약 300년에서 400년 이곳 마을에서 어느 부잣집의 무남독녀와 이 집의 머슴이 있었다. 둘은 동갑이지만 신분의 차이로 인해 사귈 수가 없었다. 총각은 이를 비관하여 쇠소깍에 있는 '남내소'라는 곳으로 몸을 던지게 되었다. 며칠이 지난 후 부잣집 처녀는 이를 알게 되었다. 너무나 슬퍼하여 바위 위에서 100일 기도를 하며 시신이라도 수습을 하게 해 달라고 빌었다. 마침 비가 많이 오게 되어 총각의 시신은 물 위로 올라왔고 처녀는 그 시신을 부둥켜안고 한참을 울다가 쇠소깍의 바위 위에서 몸을 던지게 되었다. 이에 이 마을의 사람들은 이 총각과 처녀를 안타깝게 여겨 넋이라도 위로하기 위해 '당'을 만들어 영혼을 모시게 되었다. 그 이후 마을의 안녕을 비는 제를 지내게 되었는데 지금 이곳을 '할망당'이라고 부른다고 한다.

이는 남녀 간의 사랑이 이루어지지 못한 애틋한 마음도 있지만 신비로운 자연에 안녕을 비는 마음도 있을 것으로 보인다. 어떤 이는 인생을 잠시 왔다 가는 소풍에 비유하기도 하는데 영겁의 시간에 비하면 정말 찰나일 수도 있을 것 같다. 이런 생각이 드는 것이 비단 필자의 생각만이 아닐 것이다.

하루하루 일상을 보내는 시간이지만 소중하고 귀중한 시간들 속에 한 획을 긋는 지금 이 순간의 소중함을 알 때 귀한 존재가 될 것이다. 그저 지내는 하루가 아니고 축복이 넘치는 일상임을 비로소 알게 되니 이 또한 큰 기쁨인 것을 이제라도 알게 되어 참 다행이다.

경주에서
1,000년의 역사를

경상북도 경주라고 하면 학창 시절 수학여행을 갔던 생각이 난다. 경주의 옛 이름은 서라벌로 삼국 시대에서 통일 신라 시대까지 약 1,000년을 도읍지로서 역할을 했다. 기원전부터 시작되는 고대 왕국이라 감히 그 시대를 상상하기는 결례가 되는 것 같다.

SRT를 타고 신경주역에 도착했다. 대중교통을 이용하면 보문단지며 첨성대 등이 있는 곳으로 이동을 할 수가 있다. 경주 고속버스 터미널 인근으로 검색을 하니 유적지가 보였다. 어디를 갈까 망설이다가 첨성대를 선택했다. 스마트폰 지도를 보면서 도보로 향했다. 가는 도중에 큰 무덤이 보였다. 길을 건너 무덤가로 갔다. 말이 무덤이지 큰 언덕 또는 야산 같았다. 무덤 앞에 글씨가 보였다. 하나는 쌍상총이고 다른 하나는 마총이었다. 쌍상총은 누구의 무덤인지 정확하게 모른다고 한다. 발견 당시 이미 내부 물품은 도굴이 된 상태였고 부부의 무덤일 것으로 추정한다는 글이 적혀 있었다. 마총은 말의 무덤인데 발견 당시 마찬가지로 도굴이 되었고 일부 말과 관련된 것이 있었다고 한다.

요즈음의 무덤 봉분과는 비교가 되지 않았다. 무덤 옆의 2층짜리 건물의 약 2배는 되어 보였다. 그 당시 어떤 장비와 기술이 있었는지는 추측되지 않지만 인력으로 큰 무덤을 만드는 작업을 한 것을 보면 아마 그 무덤의 주인은 대단한 권력이 있었거나 아니면 큰 재력이 있었던 분이 아니었을까 싶다. 그리고 무덤 공사를 한 백성들의 고달픔도 잠시 생각을 해 보았다.

어느새 발길을 돌리고 첨성대로 향했다. 가는 길가에는 아기자기한 찻집도 있고 '타로'라고 하는 것으로 운세를 보는 가게도 있었다. 경주라서 그런지 도로 위의 돌도 기와 무늬 모양으로 운치가 있었다. 이윽고 첨성대에 도착했다. 어릴 때부터 보아 온 것이라 단순히 옛날에 만든 천문대라는 것 정도이지 별 감응은 없을 수도 있지만, 신라의 역사와 그 당시 과학 기술을 생각하면 실로 놀랍기만 했다. 경주 도심에 천문을 관측하기 위해 지어졌는데 그 무거운 돌을 27단으로 쌓아서 건축을 한다는 것은 실로 놀라웠다.

600년대에는 선덕 여왕 시절이었는데 그 지혜와 자연을 바라다보는 혜안에 대해서 고개가 숙여졌다. 일부 돌의 모양이 약간은 퇴화한 것으로 보이지만 긴긴 1,000년의 역사를 온전히 몸으로 견뎌 온 것들이다. 쌓은 돌 하나하나에 조상의 얼이 새겨져 있다고 생각하니 숙연해지는 마음을 숨기기는 어려웠다. 어쩌면 또다시 1,000년이 지날 수도 있을 것을 생각하니 역사에 대해, 세월에 대해 겸손해졌다. 먼 훗날 그때의 사람들은 어떤 생각을 할까? 사람이 찾아올지 로봇이 찾아올지 아무도 모르는 일이다. 아니면 화면으로만 남아 있을지도 모를 일이다.

    1962년에 처음으로 발행된 10원짜리 지폐를 사용하던 시절이 있었다. 그 속에 첨성대의 사진이 있었다는 걸 기억하는 사람도 있을 것이다. 우리의 문화재는 어떤 것이든지 그대로 잘 보존되어 조상의 얼이 살아 있기를 기원해 본다.

역사극 <태종 이방원>의 시대적 환경을 보며

　오랜만에 TV에서 사극을 방영했다. 거의 4~5년 동안 사극을 보질 못했다. 그동안 TV에서 사극 방영을 하였는데 정보가 늦어 보지 못하였는지도 모른다. 하여튼 공중파에서 사극을 보니 반가웠다. 토요일과 일요일 밤에 방영했다. 보통의 취침 시간을 고려하면 조금 늦은 시간이긴 한데 아주 늦은 시간이 아니라 볼 만했다.

　학창 시절 역사 시간에 배운 조선을 건국한 이성계의 아들인 이방원, 그의 난폭성(?)에 대해 약간의 기억이 나는 정도였다. 사극 속의 이방원에 대해서는 그 주변 시대적인 환경을 고려하면 그런 상황에 대해 이해할 수 있는 부분이 있었다. 이방원은 조선 건국을 위해 심각하게 고민하여 주변 사람들이 못 하는 일들을 처리했다. 본인이 처리한 일에 대해서 칭찬을 받기는커녕 아버지로부터 배신을 당했다고 생각할 수밖에 없는 환경으로 인해 난폭적인 행동을 하지 않았는지 추측해 본다.

　사극에 의하면 이성계는 포은 정몽주와 함께 조선 건국을 하길 원했는데 포은은 조선 건국에 반대하고 기존의 나라인 고려를 유지하려고 했다. 포은을 추종하는 세력들은 역적으로 몰려 온갖 고문과 고충을 받고 있는 터에 아버지 이성계는 포은에게 손을 대지 말라는 명을 내렸다. 그런데 이방원은 명을 거역하고 포은 정몽주를 제거했다. 이 당시 이방원은 이 길만이 조선 건국을 할 수 있는 단초가 되리라 판단한 것이다. 이성계의 후처인 강 씨는 이방원을 이용하여 손에 피를 묻히지 않고 정몽주를 제거하고 본인의 아들인 방석을 세자로 책봉했다. 이는 이성계의 전폭적인 동의하에 이루어졌고 이방원을 포함한 이성계 전처의 소생들은 궁궐에서 모두 쫓겨나는 신세가 되었다. 이에 강 씨는 후환이 두려운지 이성계에게 전처의 소생을 용서해 달라는 청을 하게 되었다. 드디어 이성계의 마음은 움직이게 되고 강 씨의 계책에 의해 용서의 선물을 선사하면서 전처의 소생을 품으려고 하는 정치사의 한 단면을 보게 되었다.

지금으로부터 약 700년 전의 일인데 현대 사회의 단면과 차이점은 무엇일까? 그 당시의 백성과 지금 시대 국민의 차이는 무엇일까? 그 당시 왕과 현재 대통령의 차이는 무엇일까? 과연 어떻게 해야 나라가 제대로 가게 되는 걸까? 작년 큰 선거를 치르면서 SNS상에서는 치열한 공방전이 벌어졌다. 각 진영에서 카카오톡 방을 개설하여 활동했는데 어떤 이는 해당 방에 참여를 하여 의견을 개진하기도 했다고 한다.
하지만 그쪽과 생각이 다르면 가차 없이 강퇴를 당했다고 한다. 극과 극의 대립이다. 내가 좋으면 진리이고 내가 싫으면 역적이 되는 현상이라고 하면 과한 논리인지 모르겠다. 어느 논리가 옳고 그르고를 떠나 어떤 것이 많은 사람들의 의식과 유사하고 우리나라의 발전에 더 좋을지 판단을 할 수 있는 분위기가 되었으면 한다.

상처와 상처 속에 마음을 다쳐 아파하기보다 상대방의 의견에 귀를 기울일 줄 아는 지혜가 필요하다고 본다. 발전하는 대한민국을 위해서 현명한 선거가 앞으로도 계속되기를 바라 본다. 물론 내가 옳다고 생각할 수도 있지만 상대방도 그렇게 생각하는 충분한 이유가 있을 것이다. 한발 물러서서 바라보면 좀 더 접점이 가까워지고 교집합이 늘어날 것으로 생각한다. 모두 평온한 사회를 위한 첫걸음이 아닌가 생각해 본다. 아무리 나의 생각이 옳다고 해도 상대방의 강한 반격이 계속된다면 양쪽에게 모두 치명상을 입을 수 있는 가능성이 많아질 것이다. 10개를 모두 다 가지려는 자세보다 한두 개는 내주더라도 나머지 기본적이고 중요한 것을 가질 수 있다면 이것이 더 많이 얻고 평화를 누릴 수 있는 방법이지 않을까 생각한다. 내가 생각한 것이 상황에 따라 옳지 않을 수도 있다는 것을 근자에라도 알 수 있게 되어 천만다행이다.

핫팩이 그리운 계절

   1~2년 전으로 기억되는데 겨울철 기온이 영하 15도 정도로 무척이나 추웠던 적이 있다. 너무 추워서 거실에 비닐을 쳐야 하는 정도였다. 제발 이번 겨울에는 이 정도의 추위는 없기를 바랐는데 겨울 초입에 단번에 영하 15도 이하로 떨어진 날이 있었다. 한 치의 망설임도 없이 월동 채비를 했다. 거실엔 비닐을 치고 북쪽 창문에도 뽁뽁이(에어 캡)를 창문에 붙이고 창문 전체에도 감쌌다.

   큰 방에도 창문 유리 부분에만 뽁뽁이를 붙였는데 22년도엔 창문 테두리를 포함하여 전체를 뽁뽁이로 감싸는 작업을 했다. 여름의 더위도 힘들지만 겨울은 아무리 옷을 껴입어도 옷 사이로 들어오는 바람이 매섭기만 하다. 특히 머리로 느끼는 추위는 견디기에 힘이 든다. 겉옷에 모자가 없는 옷은 입기가 힘들 정도이다. 모자가 있는 외투는 2~3개인데 두툼하여 머리까지 덮어쓰면 추위를 막는 데 한결 도움이 많이 되었다. 전에는 모자를 쓰면 바람이 들어오는 느낌이 덜했는데 이제는 모자를 쓰고도 바람이 들어오는 느낌이 더 강했다.

너무 추울 땐 손이 시려 호주머니에 손을 넣고 넘어지지 않으려고 허리를 약간 앞으로 숙이게 된다. 필자는 큰마음을 먹고 핫팩을 한 상자 구입했다. 개수가 100개라고 한다. 크기는 적당한데 아침에 개봉을 하면 하루 동안은 한결 따뜻함이 있어 좋았다. 포장지를 보면 14시간 동안 열이 지속된다고는 하는데 실제 사용을 해 보면 약 7~8시간 정도면 온기가 사라지는 것 같았다. 14시간이 지속되면 좋겠지만 아주 추운 시간 정도만큼만 열이 유지가 되어도 좋을 것 같다.

추운 2월까지는 핫팩의 도움을 받아야 하지 않을까 생각했다. 매일매일 가지고 나가는 핫팩이라 원리도 궁금하여 자료를 찾아보았다. 핫팩 내부의 부직포 속에는 철과 소금 및 활성탄으로 구성되어 있다고 한다. 철이 산소와 만나서 산화철이 되면서 열이 발생하고 소금과 활성탄은 산화가 되는 것을 돕는다고 한다. 실제로 시험을 해 본 적이 있는데 따뜻함을 넘어서는 온도까지 올라가는 경우도 있었고, 지속 시간은 사용하는 환경에 따라 유동적인 것 같다.

아침에 개봉을 해서 하루 일과를 마치고 집으로 돌아오는 시간까지 어느 정도 따뜻함을 유지한다면 만족스러울 것 같았다. 핫팩이라는 용어는 우리나라 말로 바꾸면 손난로 정도일 텐데 왠지 어색했다. 그래도 그냥 핫팩으로 불렀다. 고마운 핫팩, 내년에도 더 나은 성능으로 만나길 바란다.

핫팩이 열을 내는 하나의 물건이기는 하지만 다시 생각해 보면 내가 열을 내어서 다른 무엇에 온기를 전달하는 역할을 하는 것이다. 사회에서는 수없이 많은 사람들이 각자의 만남 속에서 기쁨을 주기도 하고 아픔을 주기도 하는데, 모든 상황마다 내가 옳고 상대방이 그른 것은 아닐 것이다. 다만 그때 그 상황에서 그렇게 느낄 뿐이다. 양초는 자기의 몸을 태워서 열과 빛을 내고 핫팩은 열기를 다른 곳에 전하는 것인데 자기희생이 따른다. 만나 보면 좋은 기운을 주는 사람이 있고 왠지 기운을 빼앗는 사람이 있다. 어쩔 수 없는 만남이라면 후자의 경우도 만나겠지만 선택을 하라고 하면 당연히 전자의 사람일 것이다. 나도 이러할진대 다른 사람들도 마찬가지일 것이다. 내가 다른 사람에게 바라는 만큼 다른 사람도 같을 것으로 본다. 과연 나라는 존재는 빛을 발하는 존재인지 아니면 다른 사람에게 기운을 주는 사람인지 돌아다보게 된다. 이런 상황은 가끔이지만 상대적으로 다를 것이다. 그때그때 상황에 따라 달라지겠지만 아무쪼록 편안한 사이가 되면 좋겠다. 사람 사이에서 항상 큰 것을 주지는 못하지만 가끔 작은 온기라도 나눌 수 있다면 보다 훈훈한 사회가 되지 않을까 생각해 본다.

결혼식 간소화를 생각하며

작년은 호랑이의 해였다. 흑색 호랑이의 해라 큰 희망을 안고 시작하면서 왠지 좋은 일이 많이 생길 것으로 기대를 했다. 흑색 호랑이의 해라고 하니 느낌이 달랐다. 60갑자 중 39번째 임인년 5개 방위 중에선 북쪽을 나타내어 '흑호'라고 한다. 흑호는 민화에 많이 등장하고 삼재를 막는 부적에도 많이 사용한다고 한다. 전문가의 말에 의하면 실제 흑호가 존재하는지는 미지수라고 하고 상상의 동물이라고 말하기도 한다.

하여튼 호랑이는 우리에게 친숙하고 힘을 상징하며 강인함을 나타내는 좋은 기운으로 생각한다. 보통 새해 정월에는 지인들에게 전화를 해서 서로 간 안부를 확인하곤 했다.
"새해 복 많이 받으세요."
건강과 복을 기원하는 것이다. 필자에게는 7촌 정도 되는 아재(아저씨)가 있다. 서울의 목동에 사시는데 전화기 속에서 반가운 목소리로 응대해 주셨다. 어떻게 살아가는지 물으시고 애들은 어떻게 되는지 물어보셨다.

결혼을 시킬 때 꼭 연락을 달라고 한다. 결혼은 '인륜지대사'이다. 남자와 여자가 만나서 합가를 이루고 집안과 집안이 이어지는 중요한 의식이다. 예전에는 같은 마을이나 이웃 마을에서 만남이 많이 이루어지고 집안끼리 미리 알고 있는 경우가 많았다. 누구네 집 몇째 아들이 누구네 집 몇째 딸과 혼례를 치른다고 소문이 금방 났다.

결혼식은 축하의 자리이며 큰 행사이다. 연지와 곤지를 찍고 예법에 따라 혼례가 진행된다. 닭이 등장하고 기러기가 등장하기도 한다. 파란색 보자기와 붉은색 보자기에 싼 암탉과 수탉이 같이 등장하기도 한다. 닭은 새벽을 알리기에 새롭고 신선한 출발을 하는 의미를 지니고, 알을 많이 낳으므로 농경 사회에서 다산의 의미를 가졌다고 한다. 기러기의 경우에는 봄에 북쪽으로 날아갔다가 겨울이 되면 돌아오는데 배우자에게 책임과 의무를 다하고 한번 결혼을 하면 끝까지 간다고 한다. 중간에 배우자가 먼저 가더라도 새로운 배우자를 들이지 않는다고 한다.

옛 혼례식은 길게 진행을 했다. 이는 신랑과 신부의 마음가짐을 반듯하게 하고 거문고와 비파를 뜻하는 '금슬'이라는 용어처럼 부부간의 사랑이 오래도록 지속되기를 바라는 의미도 있었을 것이다. 하지만 요즈음은 결혼식장에서 15분 또는 30분 만에 한 쌍이 탄생한다고 한다. 순서를 보면 먼저 신랑 입장, 신부 입장, 성혼 선언문 낭독, 맞절, 양가 어르신 인사…. 일사천리로 진행을 한다. 양가 친척 및 친구들의 사진을 찍기가 무섭게 신혼여행 길에 오른다. 중간에 폐백을 하는 경우도 있는데 이는 집안 사정에 따라 다른 것 같다. 고려대학교 민족문화연구소《한국민속대관》의 자료를 참조하자면 폐백은 신부가 혼례를 치르고 시댁에 와서 시부모를 비롯한 여러 시댁 어른들께 인사를 드리는 혼례 의식이다. 이것은 집에서 혼례를 치를 경우에 가능한 일인데 요즈음엔 결혼식장에서 혼례를 치르기에 결혼식장에서 하는 경우도 볼 수 있다. 신부는 미리 친정에서 준비해 온 대추와 밤 및 술과 안주 등을 상 위에 올려놓고 시부모와 시댁의 어른에게 순서대로 큰절을 하고 술을 올린다. 신부가 절을 할 때 절값과 함께 다산 및 아들을 낳으라는 의미로 대추와 밤을 신부에게 던지면 신부는 한복의 치마로 받게 된다. 요즈음 방식으로 보면 출산율이 1명도 되지 않는 상황에서 이해를 하기엔 다소 부담스러운 의식이 될 수도 있을 것 같다. 두 사람이 사랑을 하고 소중한 가정을 이루고 잘 살기를 기원하는 의미를 보면, 결혼식에서 어른들의 덕담을 들으며 결혼의 의미를 생각하는 시간적인 여유가 요즈음엔 없어 보여서 많은 아쉬움이 있다.

바쁜 일상 중에서 타인의 청첩장을 받으면 참석을 해야 하나를 고민하게 된다. 결혼식은 주로 휴일에 진행하는 경우가 많아서 타인에게는 민폐가 되기도 한다. 예전에는 경제적으로 다들 어려워 큰일이 있을 때 서로 십시일반으로 부조하며 큰일을 치르곤 하였다. 하지만 현대 사회에서는 씨 가족보다는 핵가족 시대이며, 각 개인의 사생활이 존중받는 시대이다. 사회가 복잡하고 너무나 바쁜 시대이다. 여유가 있는 집에서는 호텔에 예약을 하여 한 끼 식사 값만 하더라도 부담이 되는 경우가 있다.

어느 부모라고 좋은 곳에서 결혼식을 치르고 싶고 과시하고픈 생각이 없겠는가? 하지만 옛부터 허례허식이라는 말이 많이 나왔고 실제로 이러한 일이 발생하고 있어 다시 한번 더 생각을 해 보게 되었다. 부의 양극화가 심한 시대에 어느 정도가 좋을지는 각자의 몫일 것이다. 오히려 간소화하여 가까운 친척과 친지 그리고 친구 등 지인의 일부를 초대해서 식사도 하면서, 결혼의 의미를 되새기는 여유로운 시간을 가지면서 덕담을 주고받는 것이 더 좋지 않을까 생각한다. 만약 결혼식에 들이는 비용이 줄어든다면 줄어든 만큼 살아가는 데 보탬이 되게 하는 것이 오히려 실속이 있지 않을까 생각해 본다. 이는 일방적인 생각일 수도 있을 것 같다. 결혼은 양가 집안의 큰 행사이지 않은가?

한편 서로의 생각을 모아야 하는 것이기에 일방적인 생각을 주장하기는 적절하지 않을 수도 있다.

결혼식을 하는 풍속도도 변하고 있다. 신랑 입장을 한 후에 결혼식의 꽃이라 할 수 있는 신부 입장 시에는 보통 신부의 아버지와 같이 입장하고, 신랑이 신부를 맞이하러 나와서 신랑과 신부가 나란히 주례 앞에 섰다. 그러나 요즘은 신랑 신부가 동시에 입장하는 경우도 있고 면사포를 쓴 단정하고 수줍은 신부가 춤을 추고 노래를 하기도 한다. 엄숙한 분위기 속에서 신부의 아버지가 눈물을 보이던 결혼식이 요즈음에는 축제의 분위기로 노래와 악기를 연주하여 분위기를 고조시키는 결혼식으로 변모하고 있다. 아무쪼록 서로 간의 소통과 조화를 이루면서 행복한 결혼식이 되기를 바란다.

코로나19 시대는 결혼식장에 가기도 애매하고 그렇다고 안 가기도 애매한 상황이 벌어지기도 한다. 청첩장도 종이로 하여 우편으로 보내곤 했는데 요즘은 모바일 청첩장을 이용하여 카카오톡으로 보내기도 한다. 부조금도 직접 가서 내거나 청첩장에 적힌 계좌 번호로 이체하기도 한다. 부모님의 계좌 번호와 신랑 신부 각각의 계좌 번호가 적힌 청첩장을 보기도 했다. 옳고 그름을 떠나서 결혼 풍속도가 변해 감을 느끼게 된다.

결혼은 일륜지대사임을 부정할 수 없는 중요한 행사이고 부모로부터 독립을 하여 새로운 출발을 하는 시발점이다. 성서롭고 축복을 받아야 하는 행사이다. 결혼의 의미를 다시금 되새겨 보고 허례허식을 하거나 남의 시선을 지나치게 의식하는 것은 경계하는 것이 어떨까? 언젠가는, 어쩌면 결혼식 자체가 많이 줄어들지도 모를 일이지만 말이다. 요즈음의 신문을 보면 결혼식장도 폐업을 많이 한다고 한다. 시대가 변해 감에 따라 앞으로는 결혼식이 어떻게 변할지 궁금해진다.

**노년 생활을
곁에서 지켜보면서**

직장인들에게는 휴일만큼 좋은 날은 없다. 주중의 피로를 털어 내고 아침에 늦잠을 잘 수도 있고 하루 중 하고 싶은 것을 할 수 있는 평온한 시간을 가질 수 있다. 아마도 금요일 저녁부터 휴가를 받은 듯 마음의 무거운 짐이 사라지는 시간이 될 것이다. 대중교통 속에서 동행한 젊은 사람들의 이야기가 들렸다.

"이틀 동안 회사를 가지 않아도 되어서 너무너무 좋다."

이 말에 충분히 공감이 되었다. 휴일은 사막을 걸을 때 만나는 오아시스와도 같은 것이 아닌가 생각했다.

하지만 휴일임에도 불구하고 처리해야 하는 일이 생기기도 한다. 한겨울이 되기 전에 김장을 하거나 급한 상황들이 벌어지는 경우이다. 지난번 김장 때는 코로나19 예방을 위해 참석을 하지 못했다. 그 당시만 해도 코로나19 초반기라서 그런지 한 사업장에서 감염자가 나오는 경우엔 사업장을 폐쇄하기까지 해 각자가 조심해야 하는 상황이었다. 감염자의 동선은 공개되고 그 동선에 겹치는 사람들은 알아서 조심하거나 검사를 받게 되었다. 스마트폰의 위치 동선과 신용 카드를 사용한 동선이 그대로 드러났다. 그 당시는 동선이 공개되어도 전혀 이상하지 않은 분위기였다.

김장 작업에 참석을 못 한 관계로 별도로 준비해 놓으신 김장 김치를 가지러 갔다. 가는 길에 우족과 몇 가지 준비물을 가지고 장모님 댁으로 향했다. 챙겨 주시니 더없이 고마웠다. 도착은 하였으나 장모님은 보이지 않으셨다. 어딘가에서 일을 하시는 모양이었다. 면사포처럼 흰색으로 변한 머리카락과 휘어진 허리로 불편한 몸이셨는데 은행의 껍질을 벗겨 내고 씻는 작업을 하시는 것 같았다. 아픈 다리와 허리임에도 불구하고 항상 일을 하셨다. 건강을 생각하면 일보다는 운동을 하시는 것이 좋으실 텐데, 해야 할 일을 하지 않을 수도 없는 현실에 조금은 마음이 무거워졌다. 하지만 어쩌면 이렇게 부지런하게 움직이시니 이만한 건강을 누리신다고 생각되기도 했다.

김장 김치를 차에 싣고 장모님의 안색을 살폈다.
"엄마 다리가 저리신다고 하시네."
아내의 목소리가 들렸다. 습관이신지 무릎엔 고무줄을 끼우시고 발목에도 고무줄이 보였다. 조여서 그럴 수도 있지만 근본적으로는 노화로 혈액 순환이 잘되지 않는 것이었다. 매번 그랬지만 혈색은 검게 보였다. 그만큼 순환이 잘되지 않는다는 것이었다. 아내는 더운물로 장모님의 발을 마사지했다. 사람의 손길이 닿으면 한결 혈액 순환에는 좋은 영향을 미칠 것이라 생각했다. 이런 행동으로 혈액 순환에 도움이 되기를 바랐다. 하지만 오랫동안 생활 습관을 바꾸는 것은 쉽지 않았다. 그리고 내 생각이 항상 옳다고 할 수 없기에 강하게 주장도 못 했다.

아쉽지만 다음 날은 평일이라 차를 타고 서울로 향했다. 자식을 위해 김장 김치를 주시고자 하는 마음이 왠지 아리게 느껴졌다. 건강하게 오래 오래 사시길 빌어 본다.

자식이 60세가 되어도 '차 조심하라'라고 당부하는 것이 부모 마음일 텐데 여러 가지 생각이 교차했다. 돌아가신 부모님 생각과 나의 미래를 동시에 생각해 보았다. 지금 내가 여기에 있는 것은 먼저 사신 분들의 정성이 있고 주변의 많은 분들의 덕이 있어 내가 존재한다고 생각하니 어느새 주변 환경은 환한 핑크빛으로 변했다.

예전에는 약 55세면 정년퇴직을 하고 약 10년 정도 시간이 지나면 수명을 다했는데 지금은 정년퇴직을 하더라도 30년은 더 지내야 하는 상황이 되었다. 2015년에 출생한 사람은 어쩌면 140세까지 살 수 있다고 뉴스를 통해 접했을 것이다. 삶에서 제일 중요한 것은 지금의 삶이라는 것을 부정하는 사람은 없을 것이다. 그렇지만 긴 수명을 전제로 한다면 현재의 삶도 중요하지만 미래의 삶도 더욱 중요하다. 그만큼 준비를 단단히 해야 한다는 것이다.

1940년 전후로 출생하신 분들은 베이비 부머 세대보다 이전의 세대인데, 약 80세에서 더 오래 사시는 경우엔 90세 전후로 수명이 연장되었다. 자식이 50대가 되면 주변에서 부고장이 날아오는데 부모와 자식의 나이 차이를 한 세대 즉 30년의 차이로 보면 그때가 되는 것이다. 그 당시엔 못 먹고 못 입던 시절이었고 더더군다나 6.25 한국 전쟁을 겪었기 때문에 조금이라도 아껴서 가정 경제에 보탬이 되고자 하였다. 본인들이 겪었던 시대상의 아픔을 자식들에게 물려주지 않으려고 뭔가가 있으면 자식에게 주고자 하는 것은 어쩌면 당연한 것인지도 모른다. 김장 또한 마찬가지이다. 그분들의 입장에서는 추운 겨울이 되기 전에 먹을거리를 만들어야 겨울이 편안한 것이다. 그러나 요즈음엔 사시사철 대형 마트에 가면 먹을 것이 지천이다. 오늘 구입하지 않으면 내일 구입하면 되니까 먹을 것에 대해 과거처럼 연연해하지 않는다. 그럼에도 그분들의 시대상을 이해할 수 있고 현실 세계와 약간의 괴리감이 있지만 충분히 존중받을 만하다고 생각한다. 다음 세대는 그다음 세대와 차이가 날 것이다. 지금 세대가 먼저 세대에도 다를 수가 있다는 것을 인정하면 상호 간 충분히 이해의 폭이 넓어질 것으로 본다. 자식에 대한 사랑은 어느 세대 간에도 동일하겠지만 현재를 기준으로 보면 전 세대에 대해 다름을 알고 좀 더 행복하였으면 하는 바람을 더 가져 본다. 그리고 그렇게 되기를 기대하고 지금 상황에서 해 드릴 수 있는 것이 무엇인지? 또는 어떤 나은 방법들이 있을지를 찾아보는 현명함을 가지는 것이 어떨까?

경조사용
친척

    시골에서는 한 마을에 같은 성씨를 가진 사람들이 집단으로 씨족 사회를 형성하여 사는 경우가 흔하다. 마을에 행사가 있으면 만사를 제쳐 두고 같이 동참한다. 왜냐하면 전혀 모르는 사람이 아닌 가까운 친척이기 때문에 그렇다. 한두 번 모임에 빠지다 보면 요즈음 용어로 '왕따'가 될 수도 있다. 그리고 내가 어떤 일이 있을 때 도움을 받을 수가 있기 때문에 적극적으로 참석해야 한다. 때로는 나에게 아주 급한 일이 생겨도 참석해야 하는 상황이 발생하기도 하지만 그래도 같이 사는 사회이기 때문에 동참을 하는 것이다. 이렇게 뭉쳐야 다른 형태의 집단에게 무시당하지 않을 수 있고 공동체를 형성하여 이득을 볼 수 있다.

    농업 사회에서 공업 사회 정보화 사회가 됨에 따라 씨족 형태의 사회는 하나둘씩 붕괴가 되었다. 더더군다나 개인주의가 중요시되는 사회로 형성됨에 따라 씨족보다는 개인의 능력과 같이 지내는 다양한 형태의 사람이 중요도 면에서 순위를 차지하게 되었다. 예를 들면 먼 친척보다는 가까운 카카오톡 친구가 훨씬 더 유용하다. 같은 성씨라고 해서, 친척이라고 해서 카카오톡을 한 번 더 보내거나 정신적으로 또는 물리적으로 힘든 상황이 될 때 도움을 더 받는 것은 아니다. 기껏해야 명절이나 결혼식 아니면 상갓집에서나 보는 정도이지 마음을 주고받는 형태와는 많이 변질되고 있는 것이 사실이다. "피는 물보다 진하다"라는 말이 있는데도 실제 도움을 받는 경우는 친척보다 주위에 있는 사람들의 경우가 더 많다.

가령 집안에 경조사가 있을 때 청첩장을 보내거나 기별을 하는 경우가 있다. 주로 일요일에 많이 진행을 하는데, 일주일에 한 번 쉬려고 할 때 결혼식을 오라고 하면 고민이 생길 수 있다. 가야 하나 아니면 모르는 척 해야 하나…. 아니면 계좌 번호로 이체만 해야 하나 고민 아닌 고민을 할 것이다. 약간의 부담과 스트레스가 생기는 것이다. 평소에는 전혀 연락이 없다가 결혼식을 한다고 연락이 오는 경우를 '경조사용 친척'이라고 명명해 본다.

씨족 사회에서는 당연한 것을 현대 사회에서는 부담만 되는 상황이 약간은 서글프기도 하다. 그러나 현실 사회에서 인정을 해야 하는 경우가 있다. 내가 참석을 한다고 해서 상대방이 고마워하는 상황이 아닐 수도 있기 때문이다. 일전에 SNS상에서 부조금에 대해 사람들이 토론한 적이 있었다. 호텔에서 결혼식을 한다고 하여 10만 원을 내고 참석을 하는데, 참석을 하는 인원이 2명에서 10만 원을 내면 밥값도 되지 않는다고 하여 이슈가 된 적이 있다. 결혼식에 참석을 하는 것만으로 고마워해야 한다는 의견이 있었고, 두 사람이 참석하는데 어떻게 밥값도 되지 않는 부조금을 내냐는 부정적인 의견도 있었다. 각자의 의견이 다른 것은 알겠지만 축복 받아야 할 결혼식에 돈만 계산하는 일부 사람들의 사고방식에 약간은 씁쓸한 느낌이 들었다. 한 가지 일인데도 전혀 다른 결과를 낳을 수도 있겠다는 생각이 들었다. 이 상황에 너무 몰입하면 평소 세운 계획에 차질이 생길 수도 있는데 어떻게 해야 하나? 해결책은 없는가? 내가 의도하지 않고 한 행동이 전혀 다른 상황이 된다면 어떨까?

초기의 의도와는 전혀 다른 결과가 올 수도 있다는 것을 깨달았다. 1에서 1을 더하면 당연히 2가 되어야 하는데 전혀 다른 숫자가 되는 현실을 나만 모르고 있었는지 모른다. 다양한 생각들이 있다는 것을 50여 년을 살면서 이제야 알게 된 것이 다행이었다. 어쩌면 60세 이후 아니 70세 이후에 알았다면 어쩔 뻔했는가?

세상은 큰 스승님이다. 이제 마음의 고요를 다시 찾는 작업을 하면 어떨까? 내가 할 수 있는 일과 할 수 없는 일을 구분하고, 할 수 있는 일에 집중하면 좋을 것 같다. 그리고 그 결과에 대한 집착은 버리는 것이 현명할 것이다. 때로는 수용의 자세가 필요하고 이해의 폭을 넓히기 위한 노력이 필요해 보인다. 각자의 상황과 바라보는 각도에 따라 생각의 차이는 천차만별인 것 같다. 옳고 그름의 문제는 아니다. 일어난 일에 대해 어떻게 해결점을 찾아 가고 이해의 폭이 얼마나 넓은가에 따라 처한 상황이 문제점이 되기도 하고 별일 아닌 일이 되기도 한다. 그때그때 바로 대응하기보다 한 발 물러서서 바라보면 해결 방법을 보다 빠르게 찾을 수 있다. 그 상황을 몇 분이라도 아니 몇 초 만이라도 숨을 쉰 후에 마주하면 한결 편하게 접근할 수 있으리라 생각한다.

작은 일을 가지고 큰일에 대한 걱정을 해결할 수 있다고 하면 작은 일이 설령 부족하거나 불리한 것이라도 큰 역경을 물리치는 역할을 할 수 있으리라 긍정적으로 생각을 해 본다. "세상만사 생각하기 나름이다"라는 문구처럼 대하는 자세를 유연하게 하고 상황을 직시하고 인정하며 접근하는 방법을 달리할 때 10만큼의 걱정을 예상한다면 아마도 5 이하의 걱정으로 끝날 수도 있을 것이다. 사실 한 달 전에 고민하던 것이 지금 생각해 보면 아무것도 아닌 경우가 있었는데 이는 객관화를 얼마만큼 하느냐에 따라 달라지는 것 같다. 경조사용 친척보다는 평소에 가까운 지인들과 마음을 주고받으면서 살아가는 것이 마음의 갈등도 더 적어지고 더 행복해지는 것이 아닐까 조심스럽게 생각한다.

지하철 속 풍경

　서울의 지하철 노선을 살펴보면 1호선에서부터 9호선까지 있고, 인천과 경기도까지 포함하여 수도권으로 확대하면 모두 23개의 노선이 있다. 전체 인구 중에 서울과 수도권을 차지하는 인구의 비중이 높아 많은 노선이 운행되고 있다. 어디를 가더라도 쉽게 지하철을 이용할 수 있어서 교통 면에서는 세계에서 최고라고 해도 과언이 아닐 것이다. 특히 서울의 1호선은 1974년에 개통이 되었으니 거의 49년이 되어 간다. 긴 시간 동안 서울 시민의 발 역할을 톡톡히 한 것이다. 버스와도 연계가 쉽게 되어 그 편리성은 날로 증가하고 있다.

　필자의 경우 매일같이 지하철을 이용하는데 정해진 시간에 따라 운행하기 때문에 지하철을 타면 약속 시간에 늦을까 마음을 졸일 필요가 없어 좋다. 근자에 봄기운이 불어서 덩달아 기분이 좋다. 특히 새벽에 지하철을 탔을 때 사람들이 참 부지런하다는 생각을 하게 되었다. 저마다의 목적을 가지고 가는 사람들을 보는 재미가 있었다. 보기에 가벼운 옷을 차려입고 운동화를 신은 사람, 정장에 구두를 신은 사람, 긴 머리의 사람, 짧은 머리인 사람, 잠을 자는 사람, 스마트폰을 들여다보는 사람 등 다양한 모습이었다. 운 좋게 자리에 앉게 되면 그날은 기분이 좋아지고는 했다.

살짝 곁눈으로 옆 사람을 보았다. 스마트폰으로 뉴스를 검색하고 있다. 눈을 돌려 반대쪽 사람을 보니 스마트폰 게임을 하고 있었다. 각자 하고 싶은 것을 하고 있다. 어떤 사람은 다리를 꼬고 있고 어떤 사람은 책을 보기도 하고 잠을 청하는 사람도 있다. 지하철 2호선 선릉역에서 환승을 하려는데 어디서 노랫소리가 들렸다. 이건 뭐지? 귀를 기울였다. 연세가 많이 드신 분으로 보였는데 무거운 가방을 메고 있으면서 허리는 약간 앞으로 향해 있었다. 끼고 있는 마스크 속에서 노랫소리가 나오고 있었다. 들리는 음이 귀에 익숙했다.

"꿈이었다고 생각하기엔 너무나도 아쉬움 남아… 사랑했던 마음도 미워했던 마음도 허공 속에 묻어야만 될… 이야기…."

조용필의 노래를 어르신이 부르시는 것이었다. 사랑했던 마음도 미워했던 마음도 모두 허공 속으로 보내면 마음이 후련해질 것 같았다. 열심히 부르시는 어르신 덕분에 유튜브를 열어 조용필의 허공을 검색했다. 역시 가왕답다. 시원한 음색으로 가슴이 뻥 뚫리는 것 같았다. 그 어르신은 어디를 가시는지 모르겠지만 무겁게 보이는 백팩이 그분 삶의 무게가 아니길 바란다.

지하철의 의자는 한쪽에 보통 7명이 앉을 수 있는데 그날의 지하철은 한쪽 면에 6명이 앉을 수 있어 어깨가 옆 사람과 닿질 않아 좋았다. 그리고 더 좋은 것은 의자다. 어떤 지하철은 의자가 철판으로 되어 있어 엉덩이에 살이 적은 사람은 배겨서 불편하다. 그런데 지금은 플라스틱 의자 위에 미끄러지지 않게 처리를 한 것으로 보이는데 느낌이 괜찮은 것 같았다. 7명보다는 한결 여유가 있었다. 겨울철에는 외투가 두꺼워 사람 사이에 몸이 끼게 되어 6명이 앉기에는 괜찮지만 7명이 앉기엔 비좁아 나머지 한 명은 겨우 엉덩이만 걸치는 경우가 많았다. 어떤 분은 늦게 앉으면서도 의자 깊숙이 앉으려고 옆 사람을 살짝 미는 경우도 있었다. 약간의 불편함이 있지만 서로를 이해한다면 즐거운 여행이 될 것으로 생각한다.

기분 좋게 다시 주위를 살펴보았다. 반대편에 앉은 사람들의 이어폰을 보니 쉼표처럼 생긴 하얀색 이어폰, 마침표처럼 검정색으로 된 이어폰, 어떤 경우는 이어폰과 스마트폰이 선으로 연결이 되어 있는 경우도 있었다. 이어폰이 선으로 된 것은 별도로 충전을 하지 않아도 되지만 선으로 인해 약간의 번잡함은 있다. 무선의 경우는 번잡함은 없는데 별도로 충전을 해야 한다. 그리고 이동 중에 이어폰이 빠지는 경우도 생긴다. 유선이나 무선이나 장단점이 있게 마련이다.

지인으로부터 얻은 마침표 모양의 검정색 이어폰을 귀에 꽂았다. 번잡한 마음을 가라앉히려고 유튜브에서 '명상'이라고 검색했다. 자연과 가까운 음악도 있고 조용하고 차분한 목소리로 마음을 잡아 주는 주옥같은 말씀도 있었다. 그날은 지하철 속에서 공부하기보다는 주변을 두리번두리번 둘러보고 마음을 차분하게 하는 음악을 들었다. 오랜만에 여유를 즐겼다. 내 마음이 평안하니 세상 모두가 편안하고 평온해 보였다. 같은 지하철을 타신 분들 모두 목적지까지 편안하고 즐겁게 가시길 바란다.

큰 기쁨보다는 일상의 작은 기쁨들이 모여서 행복감을 느끼게 된다. 그저 잔잔한 행복감 말이다. 어떤 사람은 큰 기쁨만 추구하는 경우도 있는데 사람마다 행복의 기준점이 다르기 때문에 경중을 논하기는 힘들다. 하지만 평온한 마음을 가지고 싶은 것은 누구나 소망할 것이다. 다만 행복의 느낌이 차이가 날 뿐이다. 작은 일로도 행복을 느낄 수 있는 사람과 크고 대단한 일에만 행복을 느끼는 것에 대한 차이가 아닐까 한다. 행복의 대상이 크든 작든 모두가 행복을 느끼는 사회가 되었으면 좋겠다.

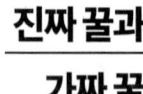

진짜 꿀과 가짜 꿀

'꿀'이란 것은 정감이 있으면서 왠지 따뜻하고 영양이 많아 보이고 달콤함이 묻어나는 용어이다. 네이버 국어사전에서 꿀을 찾아보면 "꿀벌이 꽃에서 빨아들여 벌집 속에 모아 두는, 달콤하고 끈끈한 액체. 그 성분은 대부분 당분(糖分)이며 식용하거나 약으로 쓴다."라고 적혀 있다.

어릴 적 몸이 약하여 부모님께서는 들깨를 수확하시고 사 오신 꿀에다가 들깨를 섞어서 들깨 꿀을 만들어 항아리에 넣어 주셨는데, 들깨의 고소함과 꿀의 단맛이 어우러져 입안 가득히 부모님의 정성이 느껴졌다. 한참 자라는 시기였기에 혀가 즐거웠던 기억이 난다. 요 며칠 전에 지인으로부터 수확한 들깨를 얻었는데 왠지 어릴 적 그 생각이 나서 들깨 꿀을 만들어 아이들에게 주고 싶다는 생각이 들었다. 기존에 먹던 꿀의 양이 적어서 꿀을 새로 구입하기로 했다. 서울 강서구 마곡에 있는 어느 가게에서 지난번 꿀을 구입한 생각이 나서 그곳으로 향했다. 유명한 브랜드는 아니지만 그 집의 지인이 직접 양봉을 한다는 말을 믿고 그 집에서 구입을 하면 진짜 꿀을 먹을 수 있겠다고 생각했던 것이다.

가격을 물어보니 십만 원을 달라고 했다. 언제였던가? "꿀은 가격이 비쌀수록 좋은 꿀이다"라고 하는 말이 생각이 나서 구입하게 되었다. 아무런 의심도 하지 않고 구입한 꿀을 가방에 넣고 집으로 갔다. 아이들에게 좋은 꿀을 먹일 생각에 마음이 뿌듯하기만 했다. 그날 저녁 군에서 제대한 아들이 말했다. 이런 종류의 꿀은 이만 원이면 살 수가 있다고 한다. "그럴 리가 있니?" 아들은 유사한 제품을 인터넷에서 찾아서 보여 주었다. 아들의 말이 맞는 것 같다. 사양벌꿀인데 그 가격이 맞았다. 이때 구입한 꿀의 포장지에서 작은 글씨를 다시 보게 되었다. 분명히 100% 사양벌꿀이라고 적혀 있었다. 사양벌꿀에 등급이 있는 것인가? 어떻게 이만 원짜리도 있는데 십만 원을 요구한 것일까? 궁금증이 생기면서 동시에 약간의 배신감이 느껴졌다.

그동안 꿀에 대해 너무도 무지했다. 그래서 공부를 하기 시작했다. 꿀의 종류며 꿀의 효능도 같이 찾아봤다. 꿀은 수확을 하는 시기에 따라 아카시아꿀과 밤꿀 그리고 잡화꿀 등이 있다고 한다. 이는 모두 천연 꿀이라고 할 수 있다. 그리고 사양벌꿀이라고 표기된 것은 양봉을 할 때 설탕을 벌통에 넣어서 벌에게 먹여 꿀을 생산한 것이다. 하지만 설탕을 먹였다고 하여 꿀이 아닌 것은 아니다.

사실 맛과 색상이 아카시아꿀과 비슷하여 구분하기 힘들다고 한다. 그리고 가격 면에서도 훨씬 저렴하다. 이는 좋고 나쁨의 문제가 아니고 생산 방식이 다른 것이다. 양봉 분야에서는 천연 꿀과 사양벌꿀을 구분하는 방법으로 탄소 동위 원소비를 측정하여 한국양봉협회의 기준으로는 -22.5, 식약처의 기준으로는 -23.5 이하이면 천연 벌꿀이라고 판단을 할 수가 있다고 한다. 시중에는 너무나도 많은 꿀의 종류가 나와서 유통이 되고 있는데 소비자 입장에서 안심하고 믿을 수 있는 기준이 있어 다행이었다. 기존에 가지고 있었던 가짜 꿀이라는 개념은 조금씩 수정을 해야 할 것 같다. 꿀을 먹다 보면 바닥에 꿀이 결정화되어 덩어리가 지는데, 이에 대한 원인은 보관 시 온도의 영향을 받아 낮은 기온일 경우라고 한다. 꿀의 결정화에 대해서 정보를 접하고 나니 안심이 되었고 참 다행이었다. 나의 무지와 잘못된 정보를 버리고 옳은 정보를 가지고 구매 활동을 할 수 있게 된 것이 정말 고마울 따름이었다. 이 꿀이 건강에 도움이 되면 더없이 좋겠다. 그리고 사람과 사람 사이의 믿음이 얼마나 중요한 것인가에 대해서도 다시 한번 더 생각하는 계기가 된 것 같아 다행이다.

 작은 경험을 통하여 평소에 전혀 생각하지 못했던 공부도 하고 일어난 일에 대해 새로운 판단 기준이 생기게 되었다. 믿음이라는 것은 쌓기는 무척이나 힘들지만 무너지는 것은 순식간이라는 것을 알게 되었다. 하지만 속인 사람도 나쁜 의도가 아니라 본인도 모르는 내용이거나 그 사람의 특별한 사정이 있는지도 모른다. 그렇다고 그 사람을 미워할 필요는 없다고 생각한다. 각자의 위치에서 각자의 삶을 살아가면 될 테니까 말이다. 이 경험을 통하여 새로운 배움이 있다면 오히려 내가 고마워해야 할지도 모르겠다.

새롭게 천연 벌꿀을 구입했다. 들깨에 잘 버무려서 올겨울 보양식으로 먹어 보려고 한다. 아이들에게도 같이 먹게 하여 추운 겨울을 잘 날 수가 있다면 얼마나 좋을까? 들깨 꿀 덕분인지 겨울 내내 감기가 얼씬도 못 하는 것 같다. 그리고 추위를 잘 견뎌서 내년 봄에 멋지게 피어날 수양벚꽃을 같이 보는 날을 기다려 본다.

까치 설날

"까치 까치 설날은 어저께고요. 우리 우리 설날은 오늘이래요."

윤극영 시인의 동요인 〈설날〉이다. 우리 문화에서의 설날은 음력으로는 정월 초하룻날로 한 해 첫째 달의 첫째 날이고, '어저께'는 음력 마지막 날인 섣달 끝 날인 그믐날이다. 설날에 까치를 등장시켜서 오늘의 설날을 더 빛나게 하는 조상님들의 지혜가 담겨져 있는 것 같다.

고 서정범 교수는 무속과 민속 연구 분야에서 그 권위를 인정받았는데 섣달그믐날은 작은설로 명명하고 작다는 의미로 '아치설'로 불렀다고 한다. 이것이 발음상 '까치설'이 되었다고 하는데 일리가 있는 주장으로 보인다. 24절기를 보면 소한이 있고 대한이 있고 소서가 있고 대서도 있다. 이것을 유추해 보면 설날 앞날을 작은설이라고 하는 것에 대한 유래로 맞는 듯하다.

고려의 승려인 일연이 쓴 삼국유사에 나오는 설화를 보면 신라 시대 소지왕 때의 일로 왕후는 어떤 스님과 눈이 맞아 왕을 제거하기 위한 계획을 세웠다고 한다. 이에 하늘에서 도왔는지 용과 돼지, 쥐와 용, 마지막으로 까치가 도와서 왕의 목숨을 구하였다고 한다. 이에 소지왕은 십이지신에 모두 도움을 준 동물들을 넣었다. 까치는 넣을 자리가 없어서 보은을 한다는 의미로 음력 설날의 앞날을 정하여 까치의 설로 정하였다는 설이 있다. 이는 주장하는 사람에 따라서 까치가 아니라 까마귀라고 이야기하는 사람도 있다고 하는데 하여튼 재미있는 설화인 것 같다.

다른 나라에서는 비둘기를 평화의 상징으로 여기기도 하는데 우리에게 익숙한 까치는 보통 동물들이 발달한 후각과 시각 측면에서는 사람보다 훨씬 더 발달해 있고 냄새에 대한 기억력이 뛰어나다. 그래서 까치가 울면 조상님들의 입장에서 멀리 나간 자식의 냄새를 까치가 기억하여 자식이 오거나 낯선 손님이 온다고 하여 반가운 새로 여기곤 했다. 까치는 예전 조상님들이 살기 시작할 때부터 길조로 불렸다. 까치에 대한 이야기는 부모님의 세대나 할아버지의 세대부터 많이 들어 전혀 낯설지가 않다. 하물며 과학계에서도 까치의 두뇌는 상당한 정도의 지능을 가지고 있다고 이야기하는 사람도 있는 것을 보면 까치는 우리 조상님들이 좋아하는 새임에 틀림이 없는 것 같다.

보통 설날이 되면 가족과 친척과 친지들이 모여서 서로 담소도 나누고 혈육의 정을 느낀다. 시골이 고향인 사람들은 도시에서 생활을 하다가 명절 설날에 바리바리 싼 선물을 들고 부모님이 계신 곳으로 향한다. 요즘에는 명절에 고속도로 통행료도 면제를 해 준다고 한다. 누가 뭐라고 해도 민족의 대이동이 이루어지는 것이다. 기쁜 마음으로 모여서 어르신들께 세배를 드리고 세뱃돈을 받고 어르신이 연세가 많을 때는 오히려 용돈을 드리는 경우도 있다. 씨족 사회에서는 주로 같은 종씨들이 모여 살았는데 그 마을의 제일 큰 어른 댁에 가서 차례와 세배를 드린다. 인원이 많다 보니 마루에 상을 차리고 마루 밑단과 마당에도 모여서 절을 하곤 한다. 다음은 두 번째 어른 댁으로 간다. 이렇게 인사를 드리다 보면 어느새 점심때가 되는데 가는 집집마다 들러 떡국을 먹다 보면 점심때가 되어도 배가 고프지 않게 된다. 호주머니엔 세뱃돈이 가득하다. 천 원짜리가 몇 개인지 백 원짜리가 몇 개인지 세는데 흐뭇한 느낌은 세상을 모두 가진 듯하다. 돈의 일부분은 바로 점빵(가게)으로 달려가서 풍선을 사기도 하고 줄줄이 사탕을 사기도 한다. 구슬치기 친구들은 왕구슬과 일반 구슬을 사면서 왠지 부자가 된 기분을 만끽한다. 마을 회관의 앞마당에는 멍석을 깔고 어른들의 윷놀이판이 벌어진다. "윷이요", "모요" 큰 나무로 만들어진 윷을 던지는 사이사이로 막걸리가 오가면서 한바탕 왁자지껄한 소리가 온 마을을 덮는다. 설날이 되면 어른들은 설빔이라고 하여 새 옷을 구입해 자식들에게 입힌다. 물론 새로 산 고무신도 신긴다. 세상에 설날만큼 기쁜 날은 없을 것이다. 색동옷을 입고 온 마을을 휘젓고 다니다 보면 어느새 새 옷은 흙 때가 묻어 헌옷처럼 보인다. 어른들이 "어디서 놀다 왔냐?"라고 야단(?)을 치시면 또다시 동네 먼 곳으로 도망을 가기도 한다. 해가 어둑어둑해질 무렵이 되어서야 집엘 조심조심 들어가곤 한 것이다.

그 시절의 어린이는 도시로 가서 장년이 되어 사회에서 중요한 일을 하는 등 도시에서 삶의 터전을 마련하고 살아간다. 바쁜 와중에 하루나 이틀 정도의 시간을 내어 고향을 가거나 고향에 부모님이 계시면 잠시 둘러보는 정도가 되었다. 부모님이 계시지 않은 경우는 타지에서 설을 지낸다. 그때 그 시절의 어르신들은 많이 돌아가시고 지금은 뵐 수가 없다. 비록 과거와 현재는 설을 지내는 모양은 다르지만 그 마음만은 정이 담기고, 색동저고리가 지금은 유명 브랜드 옷을 입는 모습으로 변했지만 새옷을 입는 기쁜 설렘으로 맞이하는 것은 비슷할 것 같다.

  가족들과 만나는 사람도 있는 반면 가족이 없이 쓸쓸하게 외롭게 지내는 이들도 있을 것이고 가족들이 북에 있는 경우도 있을 것이다. 모두 모두 설날만큼은 서로가 서로에게 위로를 전하면서 마음만이라도 따뜻하게 지내면 좋겠다. 색동옷을 입은 어린이가 손에 손을 잡고 앞마당에서 뛰어노는 모습을 상상해 보니 어느새 입가에는 옅은 미소가 지어진다.

주공아파트와
영어 이름의 아파트

  1980년대, 서울이 점점 확장되면서 주택의 부족을 해소하기 위해 산업 단지를 만들듯이 한국주택공사에서는 5층짜리 아파트를 대규모로 지었다. 그 당시에는 5층이라도 낮은 층은 아니었는데 지금처럼 인구가 늘어날 것이라고는 예측하지 못했을 것이다. 분당이나 일산에서는 그 이후 15층 중층 아파트를 짓고 분양하였다. 그 당시엔 주택 청약을 통해서 분양을 받을 수 있었다. 그 당시 아파트를 분양받기 위한 통장인 청약 저축은 주공에서 짓는 아파트를 분양받을 때 필요한 통장이고 ― 2015년부터 신규 가입이 중단된 것으로 안다 ― 주택 청약 부금은 5만 원에서 50만 원 사이로, 매월 납입을 하면 민영 주택 또는 민간 건설 국민 주택 아파트를 분양받을 수 있었다.

  분양만 되면 대박이 나는 것으로 생각하여 청약률이 대단하였다고 한다. 하지만 모든 곳이 그런 것은 아니고 일부는 미분양이 발생하기도 하였다. 5층짜리 주공아파트는 9평도 있었고 11평, 큰 평수는 25

평도 있었다. 지금의 단위로 보면 84m²가 전용 면적으로 하여 25평 아파트가 되는 것이다. 11평의 구조를 보면 방이 2칸인데 하나는 작은 방이고 하나는 거실 겸 방으로 사용되었다. 부엌에는 가스레인지가 있고 그 앞은 겨우 한 사람이 지나갈 정도의 공간이었다. 잠을 방에서 자면 마루가 별도로 없으니 밥을 먹기 위해 모두 기상을 하고 식탁보다는 밥상을 펴고 밥을 같이 먹었다. 아파트 층수가 낮아서 단지 내 쾌적성은 높은 편이었고 곳곳에 놀이터를 찾기는 어렵지 않았다. 시소며 미끄럼틀이 기본으로 있고 철봉도 있었다. 하지만 시간이 흐름에 따라 미끄럼틀은 녹슬게 되고 시소도 타지 않으니 먼지만 자욱해졌다. 단지 내의 어린이들은 모두 학원에 가 있어서 놀이터에서 노는 아이는 보기가 드물었다. 그래서 놀이터는 여름이 되면 풀이 무성하여 학원에 간 어린이들 대신에 늘 고양이들의 놀이터가 되곤 했다. 아파트 단지 내에는 은행나무가 있는데 어느새 5층 아파트의 키보다도 더 크게 성장했다. 아파트 관련 업계에서는 저층 아파트 옆의 나무가 아파트 정도의 높이가 되면 재건축을 해야 한다는 우스갯소리가 들리기도 했다.

   평수가 작은 덕분에 자연스럽게 부지런해지게 되고, 어떻게 하면 경제 상황이 나아질까를 고민하게 된다. 저층 아파트에 사는 동안에는 자녀들에게도 얻는 것이 많다. 세월의 기다림은 유한하고 자연의 이어짐은 연속적인데 유한한 시간 속에 한 획을 긋는 배움이 있어 다행이라고 생각한다. 지금의 부족함과 아픔이 유한할 것으로 생각되고 희망을 가진다면 힘들게 세월을 기다리는 것은 다소 경감이 되리라 본다.

기다림이 개척보다는 쉽다면 쉬울 수가 있어 다행인지도 모른다. 그 기다림이 너무 길지 않기를 바라면서 지낼 수도 있을 것이다. 이 긍정적인 사고방식이 서로 간 좋은 시너지가 되어 잘되는 경우도 많은 것 같다.

중층 정도의 아파트는 관리 사무소에서 아파트 관리를 철저히 하여 노후화가 덜 되나 저층에서는 낡은 채로 그대로 두는 경우가 많고, 주인보다는 세입자들이 저렴한 전세나 월세를 찾아서 거주를 하는 경우가 많다. 건물 관리나 단지 내 관리는 쉽지 않았을 것이다. 현재의 용적률이 낮으니 삼종 일반 주거 지역인 경우 용적률로 300%까지 건물을 지을 수가 있어서 일부 서울 강남의 경우는 저층 아파트에서 재건축을 하게 되면 대박이라는 말도 있었다. 하지만 서울의 변두리이거나 지방의 경우엔 재건축 시에 분담금이 과다하여 시도도 못 하는 경우도 있다고 한다. 아파트 단지가 클 경우엔 아파트 내에 초등학교를 짓는 경우도 있다. 요즈음 말로 하면 '초품아' 즉 '초등학교를 품은 아파트'라는 뜻이다. 학부모 입장에서 보면 어린 자녀들이 횡단보도를 건너거나 차가 많이 다니는 곳으로 학교에 입학을 하게 되면 걱정이 많이 되기 때문에 횡단보도를 건너지 않거나 아니면 단지 내에 학교가 있는 것을 더 선호할 수도 있다.

저층의 아파트는 토지 및 주택 소유주들의 동의율이 높기 때문에 재건축에 대한 선호도가 높다. 일단 시작을 하면 쉽게 진행되기도 하지만 단지 내 상가와의 알력으로 인하여 10년에서 20년이 걸리는 경우도 있다. 하지만 시간이 지나면 언젠가는 진행이 된다. 아파트가 완공되면 외관부터가 다르다. 최고 층수가 35층짜리도 있고 50층에 육박하는 단지도 있다. 외부에서 보면 스카이라운지도 설치되어 있고 정문의 조명등이 화려하고 규모 면에서도 웅장하여 마치 고급 주택으로 들어가는 느낌이 든다. 정면에서 보면 두 개의 동을 서로 연결하는 것이 지붕 위에 마치 다리를 놓은 듯한 모습으로 보이기도 한다. 아파트의 외벽은 대리석으로 하여 마치 궁전을 연상시키면서 고급스러운 멋을 자랑한다. 누구나 보면 한 번쯤 살고 싶은 느낌이 든다. 단지 내의 조경을 보면 수백만 원에서 수천만 원을 호가하는 소나무가 숲을 이루고 큰 바위와 나무들을 조경으로 사용한다. 어떤 곳은 열대 우림으로 착각할 정도로 나무들을 심어 놓는다. 인공 폭포를 만들어 놓기도 한다. 그러니 얼마나 좋겠는가? 단지 내에는 조경 시설만 있고 자동차는 모두 지하에 주차한다. 그야말로 지상에서는 아이들이 마음 놓고 뛰어놀 수도 있고 사색에 잠기면서 커피를 마시는 호사도 누릴 수 있다. 어떤 단지는 6개 라인의 수영장을 만들어 운영하기도 하고 골프 연습장을 갖춘 곳도 있으며 내부에서 운동을 할 수 있는 헬스장을 구비한 곳도 있다. 운동이라면 예전 아파트에도 할 수 있었는데 그때는 농구장이나 테니스장 정도였다. 물론 지상 외부에 설치되었는데 그 당시엔 지하 주차장이 없어 차량도 모두 지상에 주차했다.

요즈음에는 한 집에 자동차가 2대 이상인 집이 많다. 단지 내 주차장이 협소하여 놀이터를 주차장으로 바꾸거나 나무를 베어 내어 주차장을 확보하고, 심지어는 단지 내 인도를 없애고 주차를 할 수 있게 공사를 하기도 한다. 구 아파트 단지 내에서는 지상에 주차를 하는데 날씨가 영하 10도 이하로 떨어지면 경유를 사용하는 자동차의 시동이 잘 걸리지 않아 불편하기도 했다.

 이렇게 예전 아파트와 신규 아파트는 하늘과 땅 차이라고 해도 지나친 표현이 아니다. 심지어 수도관이 낡아서 수도꼭지를 틀면 녹물이 나오는 경우도 있다. 수도 계량기가 낡아서 제대로 사용한 물의 양이 측량되지 않는 경우도 있다. 배관이 낡아 중앙난방인 경우 저층에는 난방이 되지 않아 방바닥이 찬 경우도 있다고 한다. 아파트가 약 40년이 지나게 되면 내부 시설은 거의 마모가 되어 엘리베이터며 각종 시설들이 노후화가 진행된다. 연수가 많이 되다 보면 단지 내에 있는 나무들이 우람하게 자라 여름이 되면 제법 녹음이 우거진다. 단지 내에는 농촌처럼 농약을 치지 않기 때문에 매미가 기승을 부린다. 초등학생 자녀를 둔 학부모들은 매미채를 들고 어린 자녀와 함께 매미를 잡기도 한다. 어떨 때 운이 좋으면 20여 마리나 매미를 잡아 오기도 한다. 처음에는 재미로 잡지만 집으로 매미를 가지고 오면 시끄럽기도 하고 서로 간 싸움이 벌어지기도 해서 다시 놓아주는 경우도 있다.

 매미는 땅속에서 7, 8년 동안 굼벵이 시절을 보내다가 여름에 잠시 나와 생을 마감한다고 한다. 짝짓기를 위해 수컷은 열심히 울어 댄다. 귓가에 들리는 매미 소리는 듣는 사람에 따라 동심에 젖기도 하고 심한 소음으로 인식을 하는 사람도 있을 것이다. 굼벵이에서 나와 허물을 벗게 되면 날개를 활짝 펴는 매미로 탄생한다. 재건축을 하게 되면 나무는 없어지고 땅은 파헤쳐져서 매미는 자취를 감추게 될 것이다. 조경한 일부에만 흙이 그대로 있고 나머지는 콘크리트나 다른 탄성 포장재로 땅을 덮는다. 다시 매미가 살아오기는 쉽지 않은 환경이 된다.

마천루처럼 솟아오른 아파트는 이름조차도 생소하다. 인근에 숲이 있으면 '포레'라는 용어를 사용하고 브랜드 있는 시공사의 경우엔 그 브랜드를 사용한다. 한국말보다는 영어식 발음이 많다. 아파트 이름이 긴 것은 영어로 10글자가 된다고 하니 웬만한 사람은 외우기도 힘들 것 같다. 우스갯소리로 시어머니가 찾아오지 못하게 아파트 이름을 어렵게 한다는 이야기도 있다. 하물며 현관에서부터 보안이 잘되어 있어 카드를 대거나 비밀번호를 눌러야 하고 엘리베이터도 자동으로 해당 층으로 안내를 한다고 한다. 통과해야 하는 문이 많아 아들 집에 가기가 어려워 가지를 못하는 경우도 발생할 것 같다.

순수한 우리말로 지으면 왠지 촌스럽게 보인다는 이유도 있고 영어 이름을 사용해야 있어 보인다는 이유도 있다. 조선 시대 때 중국 사대주의 사상으로 보면 글씨를 쓸 때 한자로 쓰면 유식해 보이고 한글은 일반 국민들이 사용하는 것으로 여겼던 적이 있다. 지금은 세계의 중심이 미국에 가 있어서 영어를 사용해야 왠지 유식하게 생각을 하는 것은 아닌지 생각해 본다. 영어 이름을 사용하지 말아야 한다는 것은 아니지만 영어 이름으로 획일적으로 되어 있는 단지가 많아서 아쉬움이 있다. 아파트 고유의 지명이나 특징들이 사라지는 경우가 있어 약간의 안타까움으로 남는다. 40년이 넘은 아파트가 재건축이라는 과정을 거쳐서 탄생한 아파트는 더 오랜 시간 동안 많은 사람들에게 사랑을 받을 것이고 그 속에서 새로운 문화가 꿈틀거리면서 주거 문화를 선도할 것이라는 말에는 이견이 없다. 일반 주택과는 너무나 다른 풍경으로 인하여 서로 간에 새로운 벽이 아니기를 바라고 같은 사회라는 공간에서 공존하여 소통하는 형태가 이루어지고 동시대를 살아가는 같은 사회의 일원으로 남기를 소망해 본다.

청와대 관람

'청와대'는 대한민국 대통령의 집무실과 관저로 사용되었던 시설이며 일반인의 접근이 힘든 곳이다. 그런데 2022년 5월 10일부터 청와대가 개방이 되었다. 청와대 하면 김신조 사건이 생각난다. 1968년, 북한 정찰국 소속 공작원 소속 31명이 청와대를 습격한 사건이 있었다. 침투한 31명 중 29명은 사살되었고 그중에 1명이 투항을 하였는데 바로 김신조 소위였다. 그래서 김신조 사건이라고도 한다. 김신조는 기자 회견에서 "내래 박정희 모가지를 따러 왔수다"라고 밝혀 온 국민을 놀라게도 하였다. 그 이후 인왕산과 북악산의 통행이 금지되고 국민들에게는 주민등록번호가 부여되기도 하였다.

청와대는 역사적으로 대한민국의 상징인 곳이다. 청와대는 옛날로 치면 임금이 업무를 보고 기거하는 곳으로 그 권위가 하늘을 찌를 것이다. 불과 얼마 전까지도 청와대는 일반인이 감히 접근조차 할 수 없는 경비가 삼엄한 곳이었는데, 청와대 본관 내부까지 일반인이 들어갈 수 있었다는 것은 실로 놀라운 역사석인 사건임에 틀림없다. 청와대 앞의 경복궁을 보아도 그 담벼락의 높이로부터 그 권위가 느껴진다. 그 당시 기술로써 엄청난 높이로 축조를 하였는데 그 내부는 보이지도 않는다. 청와대도 마찬가지이다. 외부에서 보면 흰색 울타리가 있는데 내부 건물이 보이기는 하지만 삼엄한 경비 태세를 갖추고 있어 근처에 얼씬하기도 힘들다. 당연히 대통령이 있는 곳이라 접근을 하는 것에 어려움이 있다는 것을 이해하는 데 어렵지 않다. 그리고 굳이 접근하려고 할 필요도 없다. 하지만 이제는 청와대가 개방되었다. 역사는 청와대 개방에 대해서 정확하게 평가를 할 것이지만 중요한 것은 개방을 할 당시 필자는 그 역사의 현장을 목격할 수 있는 행운을 얻었다는 것이다. 절대 권력이 있었던 곳을 본다는 것은 큰 의미가 있다. 그만큼 변화하는 사회 환경 속에서 적응을 하며 하나하나 발을 내디뎌 볼 수 있어 다행이다.

과거 이승만 대통령부터 문재인 대통령까지 청와대에서 집무를 해 왔다. 청와대는 푸른 기와를 상징한다. 미국의 백악관과 같이 대통령 집무실 및 관저 그리고 대통령을 보좌하는 기관을 통틀어 표현하기도 한다. 청와대는 1948년 이승만 전 대통령이 조선 총독 관저를 대통령 집무실로 이용한 것이 그 시초라고 한다. 청와대 내 해설사에 따르면 과거엔 경무대라는 이름으로 불리다가 현재의 본관은 노태우 전 대통령 때에 신축을 하였다고 한다. 공사는 현대건설에서 하였는데 고 정주영 현대그룹 명예회장이 문고리 하나하나 등 신경을 많이 썼다고 전하고 있다.

세세함과 웅장함이 같이 공존하며 본관은 전통 기와 방식으로 기와가 날씨에 따라 색상이 달리 보인다고 한다. 특히 겨울철에 보는 푸른 기와는 장관이라고 하는데 꼭 한 번 눈이 오는 날 방문해 볼 수 있기를 기대한다. 청와대 본관 앞의 잔디 광장은 규모 면에서 웅장하여 보는 이의 마음이 뚫리는 것 같았다. 녹지원이라는 이름으로 조성된 잔디 광장 가운데의 소나무는 이렇게 큰 규모의 크기와 단아함은 예전엔 본 적이 없어 입이 다물어지지 않았다. 수령이 310년이나 되는 한국산 반송(盤松)이 있어, 녹지원이라는 이름이 붙여졌다고 한다.

또한 해설사의 말에 의하면 영빈관은 1978년에 준공되었다고 한다. 건물의 기둥은 모두 18개이고 그중에서 4개로 이루어진 앞쪽 기둥의 높이는 약 13m 정도인데, 보통 2층 건물의 높이보다 높았다. 둘레도 3m 정도라고 하니 웅장하게 보였다. 다른 기둥은 기둥 가운데에 틈이 있어서 쌓은 흔적이 보이는데 이 기둥에는 틈이 보이지 않았다. 전라도 어느 지역에 있는 통으로 된 바위를 다듬어 세운 것이라 한다. 권위를 상징한다는 의미에서 보면 요즈음 건축할 때 평당 얼마의 건축비와는 비교도 되지 않을 것 같다.

현재는 전직 대통령들이 식수를 하기도 하고 곳곳에 전직 대통령의 흔적도 보여 역사의 한 현장을 직접 눈으로 확인할 수 있다는 것이 실로 경이로웠다. 청와대 앞쪽에 위치하고 있는 경복궁은 고려의 서울인 개경으로부터 도읍을 한양으로 옮기는 작업을 하여 현재의 경복궁이 되었는데 조선왕조 600년의 역사가 고스란히 새겨져 있었다. 예전의 경복궁은 임금이 업무를 본 곳이고 현재의 청와대는 대통령이 기거하며 집무를 본 곳이다. 경복궁은 옛 궁전이라 관람할 수 있고 청와대는 관람할 수 없는 기존의 상식의 선을 넘는 실로 위대한 일로 받아들여지고 있다. 청와대 개방이 국민에게 소중한 기억으로 남았으면 하는 바람을 가져 본다. 해설사의 말처럼 눈이 오는 날 청와대의 기와가 더욱 빛이 난다고 하는데, 언제 한 번 더 방문을 해 보고 싶다.

지인의
정년퇴직

　가까운 지인으로부터 연락이 왔다. 정년퇴직을 하였다고 한다. 사회생활을 시작한 지가 33년, 거의 한 세대가 지나가는 세월을 사회에서 직장 생활을 한 것이다. 시쳇말로 "산전수전 공중전까지 지냈다"라는 말이 있는데 보통 겪을 수 있는 경험 이외의 경험까지 할 때 주로 사용하는 말이다. 1년을 365일로 계산할 때 12,045일이 지난 것이고 시간을 보면 289,080시간이다. 실로 엄청난 시간 동안 사회생활을 한 것이다. 물론 실제로 일을 한 시간은 한 달을 20일이라고 생각할 때 약 3분의 2로 계산하면 맞을 것 같다. 그래도 어마어마한 시간이다. 보통 사회에 첫발을 내딛으면 길고 긴 시간 동안 근무하고 월급을 받는 형태로 시작을 한다. 사회의 경험이 없고 뭔가 뚜렷한 아이디어가 없는 상태에서 주로 선택하는 방법이다. 아마 많은 수의 젊은이들이 이 방법을 선택했을 것이다. 그 당시엔 어디든지 취직만 되어도 주위에서 부러움을 받았는데 시간이 지남에 따라 소득의 원천이 근로 소득임을 직시하게 되곤 했다. 특별한 지식이 없어도 그저 성실하게 출근을 하면서 월급을 받는 일이 많다. 그러나

한 해 두 해 지나며 어느새 월급의 굴레에서 벗어나면 낯선 환경으로 인식하여 오히려 더 힘들어하는 경우도 있는 것 같았다.

요즈음 시골에서는 도둑을 막거나 또는 기타 다른 목적으로 개를 키우는 경우가 있는데 주로 마당에 목줄을 채우고 키운다. 이 개의 경우 목줄을 하고 몇 년을 기르다 보면 어느새 개는 목줄을 풀어 놓아도 멀리 가지 않고 본인이 기거를 한 주변에서만 머무른다고 한다. 이는 익숙해진 현재에 만족을 하고 주는 먹이를 받아먹는 것에 익숙하기 때문이라고 한다. 물론 사람과 개의 경우는 다르지만 익숙한 것에서 벗어나지 않으려는 것에는 약간의 공통점이 있어 보인다. 한때 젊은 시절에는 현재가 불만족스러워 사업을 구상하기도 하고 또 다른 회사에 전직을 생각하는 경우가 있었다. 하지만 이내 새로운 곳에 적응하기도 전에 지금까지 지내 온 것에 다시 빠지곤 했다. 이렇게 지내다 보면 10년과 20년은 금방 지나간다. 사회생활의 햇수가 지남에 따라 경험과 경륜이 쌓이면서 성장을 하게 되는데 이는 모든 사람에게 다 같이 적용되는 것은 아닐 것이다. 각자 저마다의 상황들이 다르기 때문에 다양한 방법으로 접근을 해야 할 것이다.

경제적인 면은 차치하더라도 33년을 지낸다는 것은 존경을 받을 만하다고 본다. 그 성실성과 책임감의 무게가 더해져서 그 시절들을 녹여 낸 것은 실로 대단하다. 정년쯤에서는 지내 온 세월에 대한 정리와 지인들에 대한 정리를 하거나 다른 방법으로 변화를 주게 된다. 이는 사회이 경험들을 초월하고 또 다른 준비를 하는 과정이라고 생각한다. 그저 지나온 세월에 충실만 하였을 경우에 미래가 보장이 되면 좋은데 사실 현실은 그렇지 못하다. 열심히는 하였는데 아이들 학교 보내고 생활비로 사용하다 보면 겨우 집 한 칸이 남는 경우가 대부분이다. 이 중에는 투자를 잘하여 퇴직쯤부터 10년에서 20년 정도는 큰 무리 없이 지낼 수 있는 여유를 가지는 경우도 있다. 이는 젊은 시절부터 남들과 다른 노력을 하여 이루어 낸 퇴직자 중의 일부분만이 누릴 수 있는 노력의 결과일 것이다.

노후에 자금이 얼마나 필요한지는 사람에 따라 다르다. 도심에서 중산층으로 살려면 "약 300만 원의 자금이 필요하고 시골에서는 200만원의 자금이 필요하다"라는 통계들을 보았다. 하지만 이 또한 사람의 상황에 따라 차이가 날 것이다. 어떤 사람은 도심에서 숨만 쉬어도 150만 원이 든다고 한다. 반대로 시골에서는 먹고사는 것은 부지런만 하면 난방비 및 몇 가지 필수적인 요소만 제외하고는 거의 생활비가 들지 않을 때도 있다. 물론 돈이 다다익선으로 많으면 좋겠지만 대부분 그 근본적인 고민을 하게 된다. 평온한 노후가 되려면 금전적인 것도 그렇지만 친구나 지인 등 인맥 또한 중요하다. 가장 큰 것은 건강 문제일 것이다. 아무리 돈이 많아도 건강하지 못하면 모든 것을 잃기 때문이다. 건강 측면에서 고려하면 돈은 순서에서 다음으로 밀리기도 한다. 하지만 돈을 필수재로 받아들이는 것이 현실이지 않은가?

지인은 정년퇴직을 하고 후배들에게 말했다.
"가능하면 퇴직을 먼저 하세요."

이유를 물어보니 퇴직 후에 누리는 자유와 만끽할 수 있는 정신적인 해방감, 자연에서 느끼는 잔잔한 기쁨이 더 크다고 했다. 정년까지 기다리지 말고 조금 앞당기라고 말했다. 그러나 많은 사람들은 경제적인 사정으로 정년까지 일을 하고 어떤 경우는 계약직으로 남아 일을 더 하기도 한다. 어떤 것이 더 현명한지에 대한 판단은 각자의 몫일 것이다.

하여튼 직장 생활을 33년이나 했다는 것은 존경받기에 충분하다고 해도 과언이 아니다. 제2의 인생을 설계하는 데 충분한 시간을 가지고 무리하지 않고 시간들을 향유하면서 이웃과도 소통하며 사회에 재능 기부 등 기여를 할 수 있으면 좋겠다. 퇴직하기 전까지 사회에서 도움을 받고 배웠다면 정년 이후에는 배운 것을 베풀며 새로운 배움을 향하여 나아가길 기대한다. 나는 정년퇴직을 맞이한 지인에게 "건강하고 제2의 인생 설계를 잘하시고 건강하시길 기원합니다"라고 마음을 담아서 축하의 꽃다발을 보냈다.

그분은 추가적으로 퇴직을 하면서 후배에게 뭔가를 이야기하고 싶은 것이 있는 모양이었다. 전화벨이 울리고, 당부의 이야기를 전했다.

"사회생활을 하다 보면 타인들과 협력해야 하고 때로는 갈등이 생기기 마련이다. 이럴 때 서로를 이해하려는 생각이 있으면 한결 부드럽게 넘어갈 수 있는데 가정에서부터 이러한 이해심을 키워 간다면 사회생활에 도움이 되리라 본다. 일어난 일에 대해 원망하기보다 타인의 입장에서 생각하는 습관을 들인다면 더욱 풍요로운 사회생활이 될 것이다. 지금의 작은 생각들을 모아서 건전하고 올바른 큰 생각으로 발전시키길 바란다. 한편 내가 아무리 옳은 생각으로 타인에게 접근을 하더라도 전혀 다른 방향으로 받아들일 수도 있는데 이런 상황이 생기더라도 보다 슬기롭게 대처를 하기 위해 타인에 대한 이해도를 높일 필요가 있다. 사회생활에서는 정답이 있을 수가 없다. 다른 환경에 처해지고 다른 생각들을 가진 사람들의 활동이라 그때그때 다른 결과가 나오지만 내 마음에 대한 기준을 가지고 유연하게 대처한다면 한결 현명하게 사회생활을 할 수가 있을 것이다. 이 모든 것을 잘 받아들이고 슬기롭게 대응해 나가기를 바란다. 그리고 평소와는 다르게 시간이 많이 남는다면 자기가 좋아하는 취미는 반드시 가지라고 당부한다. 자신의 존재와 기쁨을 느끼기에 취미가 있으면 좋다고 한다. 평생을 같이 할 수 있는 친구를 꼭 사귀어야 한다. 그 친구는 배우자가 되면 더 좋을 것이고, 마지막으로 뭐니 뭐니 해도 건강이 최고다."

아쉬움을 뒤로 하고 살며시 수화기를 내려놓았다. 직접 전화를 하여 후배에게 유익한 말을 전해 준 선배가 있어 고맙기만 하다.

나에게 맞는 옷이란 것은?

식물에게는 껍질이라는 것이 있어 외부의 공격으로부터 자신을 보호한다. 누구든지 자신의 생명을 지키기 위하여 저마다의 방법들이 있는 것 같다. 소나무 종류들은 진액을 만들어서 땅 위로 흘려보낸다. 그러면 그 향에 의해 해충이 오질 못하게 되고, 소나무 밑의 다른 식물들은 잘 자라지 못하게 한다. 저마다의 능력과 필요에 따라 자기를 지키기 위해 누가 시키지 않아도 노력을 한다. 아니 노력보다는 본능에 가까울 것이다.

우리는 매일매일 그날 날씨에 맞는 옷을 입고 일상을 시작한다. 너무 크지도 않고 꽉 끼지도 않는 편안한 옷을 입는다. 하지만 어떤 날에는 같은 옷을 입어도 몸이 찌뿌둥하고 불편할 때가 있다. 옷이 불편하다는 것은 옷의 어떤 부분이 내 몸의 상태와 변화에 적응을 하지 못하는 것이다. 이런 불편함 속에서 하루를 지낸다면 하루가 무척이나 길게 느껴질 것이다. 일을 하다가 중간에 옷을 갈아입는다는 것은 불편한 일이다. 보통 아침에 입은 옷은 저녁까지 그대로 입고 지낸다. 정말로 불편하다면 중간에 옷을 갈아입을 수도 있을 것이다. 하지만 이것은 쉬운 일이 아니다.

옷이라는 의미는 내 몸을 편안하게 감싸 준다는 것이며 어떤 방향으로 몸을 움직여도 편안함이 유지되는 것이다. 여기서 우리가 살아가는 사회 속에서 옷의 의미는 무엇일까? 지금 종사하고 있는 일에 대한 지위의 자리일 수도 있고 나에게 보내는 찬사이거나 관심과 응원일 수도 있을 것이다. 자신이 판단하기에 훌륭하거나 중요성에서 크지 않은데도 큰 찬사가 오면 마음이 어쩐지 약간은 불편할 수도 있다. 나의 능력보다 지위가 훨씬 위일 경우는 왠지 모를 어색함이 있어 불편할 수도 있다. 높으면 좋고 낮으면 나쁜 것인가? 크면 좋고 작으면 나쁜 것인가? 기쁘게 해 주면 좋은 것이고, 지적을 당하면 나쁜 것인가? 이는 나의 의지와는 상관없이 남의 선택에 의해서 나의 마음이 흔들리는 것인데 왠지 수동적인 느낌이 너무나 강하다. 이치에 맞고 상황에 맞는 옷이란 어떤 것인가? 나의 능력에 맞고 나의 체격에 맞고 나의 그릇에 맞는 옷, 나의 마음을 편하게 해 주는 옷이 아닌가 생각해 본다.

비록 그 옷이 남이 보기에는 남루해 보이지만 내가 편하다고 하면 나쁘다고 할 수 있겠는가? 물론 사회생활에서는 어느 정도 갖추어 입기는 하겠지만 남루하다면 스스로 불편함을 느끼고 다시 옷을 갈아입게 될 것이다. 나의 몸과 나의 마음에 맞는 그저 편한 모습이 진짜 나의 옷이 된다면 이 또한 행운이 될 것이다. 타인이 보기에 멋지기는 하나 언제나 아슬아슬한 지위라고 하면 불편한 마음은 오래 지속이 될 것이다.

나의 위치에 맞는, 나의 생각이 편한, 나의 능력에 맞는 그런 옷을 입으면 좋겠다. 이제는 아무리 좋은 옷이라고 해도 내 마음이 편하지 않다면 거절할 수 있는 용기가 생긴 것 같다. 그것의 가치는 남이 아닌 내가 결정을 하는 선택권을 가지고 있다면 더욱 빛날 것이다. 작은 것도 아름답고 조금 모자란 것도 크게 볼 수 있는 혜안이 있다면 아무리 남루한 자리라 하더라도 만족을 얻고 마음속에서 빛이 날 것이다.

진정으로 나의 자리는 어디인가? 진정으로 내가 원하는 옷이란 무엇인가? 스스로에게 묻고 스스로의 답을 기다려 본다. 언젠가는 그 해답이 조용히 걸어와서 말을 걸어 줄지도 모를 일이다. 조금만 더 시간을 가져 보는 것은 어떨까? 늦어도 주체자는 나이고 평가를 하는 사람도 나임을 마음속으로 다져 본다. 어떤 곳에 가치를 두는가도 떨어지는 낙엽을 보면서 돌아보게 된다. 조금은 낮아도 조금은 모자라도 나의 몸에 편하다면 그것에 만족하는 것이 좋다. 화려한 옷이 남들 보기에 좋은 평을 받을 수도 있겠지만 나의 역할이 제한된 시간 속에서 무대 위의 연극을 하는 것에 불과하다면, 진정으로 내가 선택한 나에게 맞는 옷이 훨씬 편하고 행복할 것이다. 화려한 옷을 과감하게 거절할 수 있는 용기를 갖고 선택할 수 있어야 한다.

어디까지가
이웃인가?

요즈음 베이비 부머 세대들의 은퇴가 한창이다. 그 세대 이후에 태어난 사람들도 명예퇴직이라 하여 직장을 그만두고 제2의 인생을 시작하는 사람들이 늘고 있다. 직장 생활을 30여 년 한 분들이라 사회생활에서 쉼이 필요한 시기인 것이다. 이는 각자의 영역에서 원하는 것이 서로 다를 수 있지만 마음속에 그리는 것 중에 전원주택을 꿈꾸는 분들이 많다고 한다. 서울을 기준으로 보면 강서구 쪽에 집이 있는 경우엔 김포 지역을 염두에 두고, 관악구나 동작구의 경우는 과천이나 안양을 생각하고 남동쪽에 집이 있는 경우엔 성남시나 조금 더 가면 광주 아니면 이천이나 여주에까지 지역을 확대하여 알아본다고 한다. 전원주택까지 1시간 이내면 좋겠지만 이는 경제적으로 부담이 되어서 1시간 30분 정도까지 무난하다고 한다. 다만 2시간이 넘는 경우엔 금액은 저렴하지만 물리적인 거리로 인해 약간의 부담이 되기도 한다. 요즈음에는 굳이 자동차가 아니어도 지하철이 서울 외곽까지 가고 있어 그 범위는 점점 넓어지고 있다. 경기도 여주 지역에는 지하철이 운행되고 있는데 신분당선인 판교에서 출발하여 여주

역까지 약 50분이면 도착할 수 있다. 그래서 그런지 몇 년 전에만 하더라도 여주 시내에 아파트가 많지 않았는데 지금은 여주역 인근에 아파트 공사가 한창이고 거의 완공이 된 곳도 있는 것 같다. 여주역 인근에는 대형 유통 마트가 있고 초등학교가 있어 서울에서 출퇴근을 하는 사람도 있다. 다른 측면에서 보면 서울의 아파트에 거주를 하다가 외곽에 나가서는 아파트에 살지 않고 흙을 만지면서 살아 보겠다는 사람도 늘고 있다. 그래서 대지 약 100평 정도에 30평 규모의 집을 지어서 매매하는 경우도 있는데 30평은 아파트와 달리 실평수이기 때문에 아파트의 약 40평은 될 것으로 생각한다. 아파트에서의 생활은 주로 내부에서 이루어지나 전원주택의 경우는 집 내부와 외부를 오가면서 생활하기에 집 내부가 약간은 좁아도 그렇게 좁게 느껴지지 않는다고 한다. 바닥에 잔디를 심고 담벼락 안쪽에는 유실수나 소나무를 심기도 하고 그래도 터가 남으면 상추 등 야채를 심어서 먹을 수도 있는 전원주택을 마음속에 그리는 것이다.

　기존 마을에 들어가면 원주민들의 텃세가 싫어서 새로 분양하는 곳으로 가기도 하고 아니면 기존의 마을과는 약간의 거리가 있는 곳에 터를 잡아서 신축을 하는 경우도 있을 것이다. 이는 각자 취향에 따라 다를 것이다. 너무 외딴곳에 있는 경우는 방범이나 기타 취약한 면이 있고 요즈음에는 조그마한 터만 있어도 개발의 바람이 거세다. 낮은 산은 여지없이 나무를 베어 내고 굴삭기로 평탄 작업을 하여 금방 토목 공사가 시작된다. 기존 마을과는 옹벽을 쌓기도 하고 인근의 농지가 있으면 과감하게 농지를 매입하여 단지를 넓힌다. 이렇게 하여 토지엔 토목 공사가 진행되고 필지를 나누어 평당 약 100만 원 정도에 분양을 한다. 남한강의 조망이 좋은 경우엔 200만 원이 넘는 경우도 있다고 분양 업자를 통해 들었다. 토목 공사가 진행되어 분양을 받아 신축을 하게 되면 짧게는 3개월 길어도 6개월이면 집을 짓는다. 아파트에서 지낼 때와는 전혀 다른 환경이 된다. 이 생활에 만족을 하는 경우도 있지만 지루함에 다시 서울로 회귀하는 경우도 있다고 한다. 그래서 자신이 전원생활에 적합한지를 알아보려면 먼저 해당 지역에 전세로 1년 정도 살아야 자기의 취향을 알 수 있다고 한다.

만약 기존의 마을과 인접해 있는 경우에는 상수도 등 기반 시설이 갖추어져 있지 않는 경우도 있는데, 상수도와 도시가스가 문방구점에서 연필을 사듯이 하면 되는 것이 아니기 때문에 인입 공사를 먼저 진행하고 본공사를 한다. 이는 도로가 사도(개인 소유의 도로)일 경우 도로주의 승인이 있어야 공사를 진행할 수 있어 시간이 많이 소요된다. 본공사가 진행될 때 자기 집 공사가 더 잘되게 하기 위해 공사 업자에게 많은 요청을 하는 경우도 있다. 공사 도중에 우연히 측량하여 본인의 건물 일부가 다른 사람의 토지 내에 있는 경우도 있다. 이때 서로 간에 강하게 이야기를 할 경우에 다툼의 여지가 있을 수 있는데 갈등이 심할 경우엔 물리력이 동원되기도 한다. 전원생활을 꿈꾸면서 전혀 다른 경험을 함으로써 서로 마음의 상처가 되기도 한다. 도시의 아파트에서도 이웃에 누가 사는지 전혀 모르게 지내는 경우가 있는데 전원에서는 외부에서 생활을 하는 경우가 많아서 이웃과 자연스럽게 소통을 할 때가 많다. 이웃 간의 경계가 어디까지인지 미리 정할 수는 없지만 도시에서의 이웃처럼 지내면 어떨까 생각해 본다. 예전처럼 누구 집에 숟가락이 몇 개가 있는지까지는 알 필요가 없지만 그렇다고 원수가 되어 지낼 필요는 없는 것 같다. 그렇다고 사회생활 할 때의 동료나 친구처럼 수시로 만나서 지내면 정작 전원생활에서 지내는 즐거움은 사라질지도 모른다. 자연을 벗하면서 사람과의 관계는 최소한으로 유지하며 지내면 전원생활의 맛을 알 수 있고 사람은 사회적 동물이라 약간의 소통 정도만 유지를 하고 지내면 새로운 환경에 좀 더 빠른 적응과 마음의 풍족함을 누리지 않을까 생각해 본다. 사회생활을 하는 도중에 사람 사이의 관계에서 지친 사람들은 자연이 더욱 그리울 것이고 그 속에서 새로운 기쁨을 느끼며 자연의 성실함을 배우면서 자연과 소통하며 지내는 분들이 점점 늘어나기를 소망해 본다.

이웃과는 그때그때 상황에 따라 다른 것 같다. 오면 오는 대로 가면 가는 대로 흘러가면 될 것 같다. 이웃이라고 해서 반드시 친해야 하는 것은 아닌 것 같다. 친하다는 것이 오히려 불편할 수도 있고 마음의 먼 거리가 오히려 편할지도 모른다. 적당한 거리를 두고 지내면서 서로 간에 깊이 있게 관여를 하지 말고 자연스럽게 대하면, 친해질 인연이라면 다가올 것이고 그렇지 않은 인연이라면 아무리 노력해도 거리가 생길 것이다. 인연에 대해서도 선택을 할 수 있는 상황이 된다면 바라볼 수 있는 여유와 함께 행복감은 더욱 크지 않을까 생각해 본다.

일터에서
일할 수 있는 행복

 코로나19가 창궐한 지가, 2023년, 현재 만 3년이 지나면서 사회 활동이 많이 줄어들었다. 서로 간에 민폐를 끼치지 않으려는 노력이 있고 만남 자체를 조금 줄이는 것으로 서로 간 배려가 되었다는 인식이 있다. 처음엔 이상하였는데 이젠 서로에게 그런 마음이 있다고 해도 이해를 하는 경우가 많다. 어쩌면 이것이 고착화되어 가는 것에 약간의 두려움이 생기기도 한다. 60세가 넘은 분들보다는 젊은 층이 사회 활동을 더 해야 하는 상황인데 제약이 생기고 위축이 되고 비대면으로 미팅을 하는 경우가 늘어나 약간 걱정이 된다. 학생들의 경우에는 학교에서 공부만 하는 것이 아니기 때문에 사회 교육에 대한 부분에 대해 우려의 목소리도 들린다.

 학창 시절에는 친구와 부대끼면서 갈등이 생길 때 해결에 대한 고민도 하게 되면서 사회생활을 배운다. 그런데 비대면으로 인해 노트북 화면이나 스마트폰 화면에 익숙해지면 실제로 사람을 만나는 것이 위축될 수 있다. 앞으로 학생들이 사회의 주축이 될 텐데 여러 부류의 사람을 겪으면서 새로운 아이디어를 내고 개척하는 정신과 문화를 배워야 경쟁력이 있는 사람으로 성장을 할 텐데 하는 생각을 하게 된다. 기업들의 기업 활동이 위축되고 거리두기가 지속됨에 따라 자영업자의 생계는 위협을 받고 있는 것이 불과 얼마 전까지만 해도 그랬다. 자영업자는 특히 한국에서 많다고 한다. 전체 업종에서 약 25%라고 하는데 이는 한국의 경우에서 보면 적은 수치가 아니다.

기업이 위축되니 기업에서는 새로운 사원들을 뽑는 것이 줄어들게 되고 자영업자의 시간 단축이나 폐업 등으로 채용에 대한 부분이 줄어드는 것이 사실이다. 점점 어려운 일은 하지 않으려고 하고 정작 하고 싶은 일자리를 찾는 것이 하늘의 별 따기라고 하면 이는 개인의 문제를 넘어선 사회의 문제로까지 확대된다. 코로나19가 점점 풍토병으로 변한다는 소식도 들린다. 일종의 감기 바이러스처럼 같이 가야 하는 상황이라면 어떤 대처가 옳다고 할 수 있을까? 사회적으로 보는 관점에서는 경제가 활성화되어야만 보다 윤기 있고 활기찬 사회가 될 것이고, 개인 문제의 관점에서 본다면 일자리가 있고 일자리가 없는 것은 엄청난 차이가 날 것이다. 크든 작든 일자리라도 있는 것이 이 어려운 시기를 잘 헤쳐 나가는 방편이 될 것이다.

어느 일자리든지 편하고 좋은 것만 있는 것은 없을 것이지만 생존의 문제로 돌아오면 이 또한 호사스러운 생각일 수도 있다. 아무쪼록 해를 이어 갈수록 어수선한 것은 모두 걷어 내고 밝고 희망찬 일들이 많아지기를 기대해 본다. 일자리가 있는 사람은 일자리를 잘 지키기를 바라고 일자리가 없는 경우에는 더 좋은 일자리가 머지않아 생길 것이다. 라고 긍정적으로 생각하였으면 하는 바람과 함께 모두가 행복한 사회가 되었으면 하는 소망을 담아 본다.

퇴사한 직원이
찾아온 이유

봄날의 초입에 전화벨이 울렸다. 스마트폰 화면에 초계국수라고 하는 글이 떴다. 뭐지? 혹시 스팸인가?

조심스럽게 "여보세요"라고 말했다. "저 K입니다"라는 말이 수화기에서 들렸다. 혹시 약 3년 전에 퇴사한 친구인가? 맞았다. 반가웠다. 퇴사를 할 땐 서로 이야기를 나누지 못하고 퇴사를 하여 급한 일이 있었나 보다 생각하고 있었다.

언젠가 카카오톡을 하기도 하였는데 나중에 잘되면 찾아뵙겠다고 했다. 나와는 거의 20년 차이가 나는 친구라 전화하기가 쉽지 않았을 텐데…. 지방에 볼일이 있어 갔다가 돌아가는 길에 얼굴을 보고 싶다고 했다. 퇴사한 직장에서 그것도 20년이나 연배가 위인 사람을 찾기란 여간해선 쉽지 않았을 것이다. 예전의 그 목소리 그대로였다. 점심을 같이 먹기로 했다. 인근의 식당에서 같이 식사를 했다. 반가운 후배라 하고픈 이야기가 많았다. 그 후배는 현재 식당을 경영한다고 한다. 직원으로는 정직원이 2명, 아르바이트생이 2명이고 식당 내부는 약 50평이 된다고 한다. 매월 월세를 지불하고 있고, 직원의 월급을 주어야 해서 월 매출을 상당히 많이 올려야 되는 것으로 보였다. 그리고 메뉴가 계절 음식이라 여름에는 그런대로 운영이 되나 겨울이 되면 매출이 80%나 줄어든다고 한다. 코로나19 영향으로 영업하는 데 약간의 애로가 있었던 적이 있다고 한다.

30대에 창업을 하여 운영하는 모습에 큰 박수를 보내고 싶다. 젊은 시절의 경험이 먼 훗날 좋은 결과로 이루어지길 바란다. 현재의 고민에 대한 이야기를 나누면서 약간의 눈시울을 붉히기도 했다. 마음으로 주고받는 이야기라 그런지 모르겠다. 앞날이 잘 되기를 바라는 마음에서 몇 가지 첨언을 해 주었다. 사업을 진행하면서 챙겨야 할 일들이 많을 텐데 요즈음에는 운영을 하는 그 자체가 대단한 것이다. 선배로서 한 이야기가 잔소리가 아니었길 바라 본다. 퇴사를 하기 전에 상담을 하였으면 퇴사를 말렸을 것이다. 하지만 이미 퇴사를 한 상태이기 때문에 잘되기를 바라는 방법밖에 없는 것이다. 지금의 자본 상태와 운영을 위한 노력 등에 대한 이야기, 지속 가능한 현금의 흐름이 발생될 수 있는 상황에 대한 이야기 등 해 주고 싶은 이야기가 많았다. 진심으로 잘되기를 바라면서 몇 가지 당부만 하고 이야기를 마쳤다. 새로운 사업에 대한 구상과 잘 챙겨야 하는 일 등에 대한 이야기도 같이 했다. 30대 후반이라 강하게 푸시를 할 수도 있겠지만 신중하게 접근을 하라고 첨언해 주었다. 자본주의에서 추구해야 하는 것이 무엇인지 알고는 있지만 과하지 않게 서로의 생각에서 교집합을 확인하면서 이야기를 이어 갔다.

잘되었으면 하는 마음에 붓펜으로 '사업대박기원'이라고 적고 '난'까지 그려서 전해 주었다. 젊고 패기 있고 긍정적인 마음을 가진 친구가 잘되기를 진심으로 기원했다. 언젠가 다시 연락이 온다면 잘되기 위해 전한 말들에 대해서 과한 부분이 있다면 미안하다고 사과를 하고 싶다. 왜냐하면 본인이 생각하고 있는 부분이 있는데 괜히 선배랍시고 잘되기를 바라는 마음이라는 핑계로 잔소리를 하였으니 얼마나 싫었을까! 나의 선한 의도가 상대방에게 그대로 전달된다고 장담할 수가 없는 것이다. 다만 그 친구가 필요에 의해 물어 올 경우에 답을 주는 것은 맞겠지만 물어보지도 않았는데 호랑이에게 건강에 좋다고 잔뜩 풀을 준 기분이었다. 풀이 건강에 좋다는 것은 알지만 그 친구에게는 전혀 다른 생각을 하고 있는지도 모른다. 같은 상황이라도 생각의 차이가 있다는 것을 인지할 필요가 있는 것 같다. 후배를 통하여 또 하나 배울 수가 있어서 그 후배에게 고마움을 전하고 싶은데 그때가 언제쯤일까? 기다려 본다.

따뜻한 이불 속

올해는 여느 해와 같이 겨울이 매섭다. 바람도 많이 불고, 무엇보다 옷소매 사이로 스며드는 공기가 살을 때린다. 뼈가 시리다는 표현이 잘 어울리는 것 같다. 사회생활을 하다 보면 토요일과 일요일이 무척이나 기다려진다. 새벽에 일터로 나가고 밤에 들어오는 평일에 늦잠을 잔다는 것은 있을 수 없는 일이다. 하루 이틀이 지나면 수요일 또 이틀이 지나야 토요일이 된다.

난방이 잘되지 않는 옛 아파트인 경우에는 전기장판이 제일이다. 그나마 따뜻한 곳이 있어 다행이다. 전기장판에 두꺼운 이불을 덮고 자면 어떨 땐 약간의 땀이 나기도 한다. 추운 날엔 새벽에 일어나는 것이 여간 힘든 일이 아니다. 그래도 꼭 일을 해야 한다면 일정한 시간에 일어나야 한다. 그럼에도 5분만 더 10분만 더 잠을 자는 경우가 생기게 된다. 따뜻한 곳에서 더 있고 싶은 마음이다. 이는 젊은 시절이나 장년 시절이나 마찬가지인 것 같다. 다만 책임감과 꼭 해야 하는 사안이 있을 때 이불을 박차고 일어나야 한다. 하지만 대부분 특별한 일이 없을 때는 따뜻한 이불 속의 유혹을 뿌리치지 못한다. 아무리 토요일이라고 해도 새벽에 일찍 일어나는 경우가 있는데 의지력의 차이인 것 같다.

근자에 남양주시에서 피부과 의사를 하는 친구에게서 카카오톡이 왔다. 휴일이면 어김없이 뒹굴뒹굴한다고 하는데 이는 누구나 마찬가지가 아닐까? 바로 공감했다. 젊은 시절에는 노력이 과해도 하룻밤 푹 쉬면 피곤이 풀리지만 오십 대 후반의 나이가 되면서 무리하기보다는 스스로 조심을 하게 된다. 건강에 신경을 쓰기 시작하는 시기라 볼 수 있다. 몸의 외부보다는 내장 기관에 더 탈이 날 수 있기를 알기 때문인가? 몸을 핑계로 게으름을 합법화하려는 것은 아닌지 모르겠다.

아기 땐 가장 따뜻한 곳이 부모님의 품일 것이다. 세상의 어떤 곳보다 가장 안전한 곳일 것이다. 그 따스함이 평생을 살아가는 원동력이 된다고 주장해도 과언이 아닐 것이다. 청소년기를 보내면서 세상에 반항도 해 보고 청년기를 거치면서 세상에 나를 던져 보기도 하고, 장년을 거치면서 겸손도 배우게 되고 노년을 앞두고 이것저것 생각이 많아질 수도 있다. 이제는 나의 따스함보다는 누군가가 따스함을 느낄 수 있는 품이 되어 주어야 하지 않을까? 이 또한 정답이 있는 것 같지는 않다.

나이 60세가 넘은 아들에게 "밥을 잘 챙겨 먹거라"라는 어느 할머니의 말씀이 귀에 맴돌았다. 자식을 위하는 부모님의 마음은 세상에서 가장 귀하고 의미 있는 것이다. 이불 속을 생각하니 이야기가 부모님의 따스함으로 전달이 되는 것 같다. 추운 날씨가 되면 부모님의 정이 그리워지고 부모님이 돌아가신 경우엔 부모님 산소가 얼지는 않았는지 생각한다. 날씨가 좀 풀리면 산소에 가서 풀도 뽑고 앉아도 보고 돌아가신 부모님과 이야기를 하는 기회가 주어진다면 좋을 것 같다. 부모님의 산소가 평지에 있거나 산 중턱에 있기도 한데 위치가 다름에 따라 바람과 햇빛의 양이 다를 수 있다. 자식 된 도리(?)를 생각하면 비록 몸은 도시에 있지만 그래도 마음은 산소에 가 있을 때가 있는 것이다. 어떤 분들은 산소가 멀어 현지인을 고용하여 벌초를 대행한다고 하는데, 직접 벌초를 하여 자식 된 도리를 다하는 사람도 있는 것 같다. 어떤 것이 옳다고는 말하기 어려우나 각자의 환경에 따라서 결정하게 된다. 직접 벌초를 하게 되면 육체적으로는 힘이 들지만 부모님을 뵙고 온다는 마음의 위안과 안정감이 있어 좋을 것이고, 벌초를 대행하면 시간에 대한 활용을 할 수 있어 좋을 것이다. 부모님 산소에 벌초를 다닐 정도의 다리 근육을 가졌다면 복된 것으로 생각하고 운동을 꾸준히 하는 계기가 될 것이다. 요즈음에는 부모님이 돌아가시면 화장을 하는 경우가 많아서 가까운 곳에 있는 납골당으로 모시기 때문에 벌초를 할 일이 없는 경우도 있는데, 이는 각자의 사정에 따라 다를 것이다. 아침의 이불 속에서 시작하여 부모님의 산소에까지 이야기가 이어지는데 공통점은 따스함과 안정감이 아닐까 생각한다. 이 따스함이 있다면 고마움을 알고 아울러 산소에 갈 다리의 근육이 있고 감사함을 안다면 잔잔한 마음의 평화와 작은 소망이 사회로까지 점점 번지게 되기를 소망해 본다.

도시락을 먹으면서

일본 말로 도시락을 '벤또'라고 한다. 어릴 때는 도시락보다는 '벤또'라는 말을 더 많이 사용하였다. 양철로 이루어진 사각형 모양의 금색으로 된 두꺼운 책 크기의 도시락이다. 보리밥을 싸기도 하고 특별한 날에는 쌀밥을 싸기도 하는데 주걱으로 꾹 눌러서 한 숟가락이라도 밥을 더 담으려고 하곤 했다. 여유가 있으면 계란프라이를 밥 위에 놓기도 한다. 어김없이 도시락을 열면 계란프라이는 뚜껑에 붙어 있었다. 한겨울 교실에는 공기를 덥히기 위해 석탄을 사용한 난로가 있었다. 난로 위에는 습도를 조절하고 물을 따뜻하게 하기 위해 주전자를 올려놓았다. 난로 위에 도시락을 올려놓는 것은 반장이나 반에서 힘이 센 녀석만이 가능한 일이었다. 한창 먹성이 좋을 때라 1교시 또는 2교시만 끝나면 배에서 신호가 왔다. 쉬는 시간은 10분인데, 도시락 하나쯤 먹는 데는 충분한 시간이었다. 포만감을 느끼면서 수업을 들으면 약간의 졸음이 오기도 했다. 밥을 먹었음에도 불구하고 4교시를 마치고 이어지는 점심시간이 무척이나 기다려졌다. 막상 그 시간이 되면 도시락은 먹은 뒤라 텅 빈 도시락 뚜껑과 젓가락을 가지고 교실 순회를 하곤 했다.

　십시일반으로 밥과 반찬들을 조금씩 친구들로부터 배급받았다. 김치며 멸치볶음, 소시지를 얻으면 그날은 횡재이다. 이렇게 많이 먹고도 하교 시가 되기 전에 또 배에서 신호가 오고는 했다. 급히 집으로 향하여 가스레인지 위에 냄비를 바로 올리고 물을 끓였다. 물이 끓기도 전에 라면을 집어넣었다. 운이 좋은 날에는 계란을 넣어 휘휘 젓는다. 라면이 채 익기도 전에 젓가락이 냄비로 향했다. 후루룩후루룩, 라면 한 개쯤은 금방 없어지고 국물까지 모두 마셔 버렸다.

　천연덕스럽게 저녁을 먹고 나서 밤 10시경 라디오를 켰다. '이종환의 별이 빛나는 밤에'를 들었다. 구수한 목소리로 팝송을 소개하고 어떤 이의 손 편지 사연을 듣기도 했다. 진행자의 구수한 목소리가 감동을 배가 시켰다. 이때쯤 또다시 배에서 신호가 왔다. '꼬르륵꼬르륵.' 다시 부엌으로 가서 가스레인지에 불을 켜고 라면을 끓였다. 한창 먹성이 좋은 시절이었나 보다. 다행히도 이렇게 많이 먹고도 살은 찌지 않았다. 아마도 움직임이 많은 시절이라 기초 대사량이 높았었나 보다.

　요즈음 코로나19가 거의 3년이 넘어가고 있는데 지나온 중간중간에 변이에 변이가 생겼다. 2년이 지날 즈음엔 오미크론이라는 이름으로 확진자가 하루에도 만 명이 넘었다. 3년이 지나는 시점에서는 확진자 숫자보다는 중환자 위주로 관리와 진료가 되는 것 같다. 식당에서는 마스크 착용 의무가 해제되어 전보다는 사람들의 이용이 늘어 가고 있는 것으로 보였다. 어떤 분들은 코로나19 시점부터 점심을 매번 외부에서 먹기가 부담스러워 보온 도시락을 준비한다고 한다. 도시락의 구조를 보면 3층으로 되어 있었다. 제일 아래에는 국물을 담을 수 있는 통, 그 위에 밥그릇, 그 위에 반찬통이 놓이는데 반찬통 안에는 김치 등을 담을 수 있는 작은 통이 들어 있었다. 국물이 흐르지 않도록 둥글게 돌리면서 잠그는 뚜껑이 있었다. 보온 도시락을 준비하면 점심때 어느 정도 보온이 유지가 되어서 미지근한 정도가 된다. 밥의 양은 예전의 거의 5분의 1도 되지 않는 양이지만 허기를 면할 정도는 되었다. 굳이 계란프라이가 아니어도, 소시지가 없어도 괜찮다.

그저 김치에 마른반찬 몇 점이면 된다. 여기에 과일 한두 점 정도면 훌륭한 도시락이 된다. 동료들이 있는 경우는 동료들과 같이 도시락을 먹으면서 얘기를 나눌 수가 있어 장점이 되기도 한다.

요즘 혼밥이 사회적으로 이슈가 되는 용어라고 하는데 혼자 먹는다는 것은 기성세대에서는 조금은 낯설게 느껴지지만 젊은 층에서는 쉽게 발견할 수 있는 것 같다. 기성세대와 같이 식사를 하기 싫은 것보다는 혼자가 좋아서 그렇다는 설문 조사를 보면 전혀 이상할 것이 없다. 오히려 자연스럽다. 식당을 가면 몇 명이냐고 물어보지만 당연히 혼자 오는 사람도 있다. 그래서 1인석을 창가 쪽으로 배치하여 편하게 먹을 수 있도록 한다. 시대의 변화 속에 밥을 먹는 방법에 대해서도 다양한 의견이 있다면 적응을 하는 것이 더 자연스러운 현상일 것 같다.

현대인들은 아무래도 활동량이 적기 때문에 예전에 비해서 적게 먹어도 된다. 보통 적게 먹어서 탈이 나는 경우보다 많이 먹어서 탈이 나는 경우가 많은 것 같다. 당뇨병만 보더라도 예전에는 먹을 것이 부족하여 많지 않았는데 현대인들에게는 흔한 질병으로 보인다. 그만큼 영양 상태는 좋은데 움직임이 적어서 자연스럽게 찾아오는 질병인 것 같다.

적게 먹어도 식후 자리에 앉아 있으면 속이 더부룩하다. 20분 정도 산책을 하면 한결 소화도 잘되고 오후에 졸음도 덜 온다. 이마저도 젊은 층에서는 오전에 온 카카오톡을 보거나 커피를 마시기 위해 앉아서 움직임이 덜하다. 그러나 장년층이 되면 소화에 약간의 도움을 주고자 걷기를 시도하는 사람이 많이 늘고 있는 것 같다. 인근이 산이라도 있으면 어김없이 걷기를 시도한다.

사람은 어떤 환경이라도 적응을 하는 것인가 보다. 도시락을 싸 와서 먹는 것도 혼자 먹는 것도 이제는 대세의 흐름 속에 적응이 되어 간다. 고물가에 점심값조차도 아껴야 하는 젊은 층도 보이고 식후 땡이라고 하는 아메리카노를 점심 후에 들고 길을 걷는 사람도 많이 보인다. 변화하는 시기에 맞게 그 일상들을 즐기면서 걸어가는 현대인들에게 때로는 큰 박수를 보내고 싶을 때가 있다.

출판사에서 연락이 오다

평소에 떠오르는 생각들을 글로 정리하는데 제법 많은 양이 되었다. 출판을 하기 위해 모 출판사에 출판을 의뢰했다. 검토 후 연락을 받기로 하고 며칠을 기다렸다. 자서전 형식의 글은 주로 자비출판을 한다고 한다. 몇 군데 자비출판의 경우에 지출되는 비용에 대해 견적을 받았다.

1쇄에 300권 또는 500권으로 정하고 소통이 잘되는 한 곳으로 연락을 했다. 곧 원고를 보내고 출판사와 계약서를 작성했다. 계약금 중도금 잔금의 형식으로 금액을 지불한다고 한다. 출판을 하면 초기 저자가 가지고 가는 책을 제외하고 나머지는 출판사에서 판매를 하는데 영업 등에 대해서는 출판사가 알아서 한다고 한다. 오프라인 및 온라인에서 판매를 한다.

추가로 전자 북을 만들어 판매하기도 한다. 판매가 될 때 출판사와 일정한 비율로 수익을 배분한다. 책을 만들기 전에 표지 디자인을 받는데 약 3가지 시안으로 받을 수 있다. 특별하지 않으면 그중에서 고르면 되는데 서사의 생각과 차이가 많을 때는 저자의 의도가 반영되기도 한다. 원고의 본문은 맞춤법이나 외래어 표기 등 출판사에서 전체적으로 교정을 한다. 한 번 본 것을 1교라고 한다. 1교까지 원고 전체에 대해 대대적인 수정 작업을 하고 내용을 보다 부드럽게 하고 민감한 이야기는 삭제를 하기도 한다.

약 5~6회 정도 전체를 수정한 원고로 정했다. 이 정도가 되면 원고를 더 이상 보는 것은 지루할 수도 있다. 여기서 보다 나은 내용이 되는 것은 양보하고 얼른 출판사에 1교 수정한 내용을 보내고 말았다. 보통 3교까지는 추가 비용이 없다고 한다. 교정을 본 후에 내용이 추가로 수정이 되는 경우엔 추가 비용이 들기도 한다. 이 단계에서는 내용 추가보다는 오타 정도 수정을 하는 것은 가능하다고 한다.

출판사에 원고를 보내면 출판까지 약 50일 정도 걸린다고 하는데 이는 서로 간 얼마만큼 소통이 되느냐에 달려 있다고 한다. 원고 내에 포함되는 표나 그림 등은 별도의 파일로 하여 보낸다. 표와 사진의 위치가 맞는지 확인하는 과정이 필요한 것이다. 이 과정이 지나면 본문 전체적인 디자인에 들어가게 된다. 이 과정에서는 본문의 수정이 힘들다고 봐야 한다. 목차와 본문 내용과 내용 사이의 간격 등을 결정하면 출판을 결정하는 단계에 다다른다. 특별한 이견이 없으면 출판을 승인하게 되고 출판이 이루어진다.

출판사와 인연이 되면 출판 후기를 남기기도 하고 마지막 글에 출판사의 수고로움에 대한 고마움의 글을 추가하기도 한다. 출판사와 소통이 잘

된다면 추가적인 원고도 동일한 출판사에 의뢰를 하게 된다. 다음에 특정한 주제를 정하여 원고를 준비하면 출판사에서도 좀 더 긍정적으로 출판을 할 수 있을 것으로 생각한다. 그리고 원고를 보내기 전에 책의 제목을 미리 정하여 계약서에 작성을 하면 이 제목으로 하여 진행을 하는 데 어려움이 없다. 저자와 출판사의 작품이 곧 나오기를 기대한다. 1쇄를 찍고 2쇄 3쇄가 계속되면 더 좋을 것이 없다. 저자의 의도가 독자에게 제대로 전달이 되어야 하고 독자가 깊은 감동을 받거나 유익한 정보를 제공할 경우에 독자는 반응하는 것 같다. 하루에도 수십 권의 책이 발간이 될 텐데 그중에 일부분만이 2쇄 3쇄 이상을 진행하는 것 같다. 생각의 깊이가 깊어지고 서로 간에 공감을 하면서 소통을 하는 역할을 책을 통해서 이루어진다면 이보다 더 좋은 것은 없을 것으로 본다.

지금의 영상 시대에서 종이 시대로의 회기는 힘들겠지만 종이로 된 책은 시대를 초월하여 시대상을 반영하고 지혜를 지속적으로 전달하는 매체가 될 것으로 본다. 한번 발간된 것은 지속적으로 저장이 될 것이다. 영상이 지워지는 것과는 다르게 말이다. 한 권의 책이 나온다는 것은 저자의 깊은 고민과 출판사의 노력이 들어간 한 편의 공동 작품이 된다. 그리고 한 권의 책들이 모여서 이 시대의 지성을 리드하고 사회를 바르게 이끌 수가 있다면 더할 나위가 없을 것이다. 저자의 입장에서는 정신의 산물로서 오랜 기간 집중한 결과이므로 독자의 입장에서는 충분히 영향을 받아 뭔가를 새롭게 재생산을 하는 데 일조한다면 좋을 것 같다.

윷놀이와
투자 성향

어릴 적 설날 아침엔 설빔을 입고 세뱃돈을 받을 생각에 아침 일찍 일어났다. 찬물이지만 기특하게도 스스로 세수를 하고 부모님과 같이 큰댁 할아버지께 세배를 하러 집을 나섰다. 세배를 하면 백 원을 주실까 아니면 오백 원을 주실까 기대에 부풀었다. 큰댁 작은댁 차례차례로 절을 하고 집으로 가서 부모님께도 절을 했다.

그 이후 세뱃돈을 더 받을 욕심으로 다른 어른이 집에 오시기를 기다렸다. 이번 설에는 수입이 만 원을 넘을까 아니면 오천 원 정도가 될까 기대되었다. 열심히 세배를 하고 방에 들어가서 결산을 해 보니 한 오천 원은 되었다. 그래도 괜찮은 수입이었다. 이것으로 풍선도 사고 딱지도 사고 아니면 구슬을 살 수가 있었다. 형형색색 풍선을 구입하여 바람을 넣어 방에 두었는데 며칠이 지나면 바람이 빠져 버려서 볼품이 없어졌다. 딱지는 친구들과의 놀이에서 비장의 무기이다. 최대한 납작하게 접어야 친구들과의 딱지치기에서 이길 수 있었다. 그리고 구슬은 엄지손톱만 한 구슬을 주로 가지고 놀았는데 때로는 엄지발가락만 한 왕 구슬을 가지고 있으면 대장이 된 기분이었다.

세월이 흘러 세뱃돈에도 인플레이션이 붙어서 천 원으로 올랐고 인심이 후하신 어른은 삼천 원을 주시기도 했다. 그러면 금방 만 원이 채워졌다. 그런데 몇 년 전만 해도 보통 만 원을 세뱃돈으로 주었는데 조폐 공사에서 오만 원권을 인쇄하고 나니 세뱃돈은 오만 원이 대세가 되어 버렸다. 받는 쪽은 기분이 좋은데 주는 쪽은 약간의 부담이 생긴 것이다. 불과 몇 년 사이에 인플레이션이 일어났다.

돈의 가치가 그만큼 떨어진 것일까. 아니면 인심이 후해진 것일까. 세뱃돈의 액수보다 줄 사람 그리고 받을 사람이 있다는 것이 행복한 것이 아닐까 생각한다. 명절 때 온 가족이 모이면 어른들의 덕담도 듣고 요즈음처럼 형제자매가 적을 때는 사촌들과도 같이 지낼 수 있어 좋은 것이다.

분위기가 무르익으면 윷놀이 한판이 벌어지곤 했다. 나무로 된 윷을 준비하고 큰 달력 뒤에 윷판을 그린다. 사각형 모서리에 둥근 원을 그리고 그 사이에 작은 동그라미를 4개를 그린다. 그 동그라미 가운데에 약간 큰 원을 그리고 가운데 원과 사각 동그라미 사이엔 작은 동그라미 두 개를 그리면 윷판이 완성된다. 시작점을 표시하고 윷놀이 규칙을 정한다. 재미있게 하기 위해 '백(back)도'를 정한다. 보통은 '도'라고 하면 한 칸 앞으로 가는데 백도는 뒤로 한 칸을 가는 것이다.

이는 경우에 따라 좋을 수도 있고 좋지 않을 수도 있다. 왜냐하면 말이

하나도 없을 경우에 '백도'가 되면 말 한 개가 그냥 밖으로 나올 수 있기 때문이다. 그리고 최초의 말이 도의 위치에 있을 때 추가로 던진 윷이 백도가 나오면 그 말이 밖으로 나올 수 있기 때문이다. 윷놀이를 할 때 보면 그 사람의 성격이 나오는 것 같다.

천천히 말을 한 칸씩 안전하게 옮기는 사람도 있고 모험적으로 말을 한꺼번에 몇 개를 겹쳐서 옮기는 경우도 있다. 이때는 윷의 모 아니면 도이다. 한꺼번에 나서 이길 수도 있지만 상대방에게 잡히면 처음부터 다시 시작해야 하는 경우도 있어 상황에 맞게 결정해야 한다.

윷놀이를 하면서 경제적인 투자 성향을 알 수 있다. 말을 하나하나 옮기는 것은 은행에 저축을 하여 돈을 불리는 스타일이고, 말을 한꺼번에 합쳐서 옮기는 것은 하이 리스크 하이 리턴의 경우이다. 주식이나 부동산 투자인 경우에 해당될 것이다.

물론 주식이나 부동산에도 중도를 유지하고 자본을 지키면서 하는 경우가 훨씬 많다. 이는 개인의 성향에 따라 다를 것이다. 하나씩 옮기는 것은 시간이 지나면 한 바퀴를 돌겠지만 상대방에게 잡히기 쉬워 게임에 지기 쉽고, 물가 상승률보다 못한 경우가 발생할 수도 있다. 한꺼번에 합하는 것은 잘되면 바로 이길 수 있지만 자칫 잘못하면 상대방에게 잡혀 게임에서 질 수 있다.

적당한 것은 두 개 내에서 업어서 가거나 약간의 위험을 감수하더라도 세 개 이상을 업어서 가면 빨리 말을 뺄 수도 있다. 위험을 분산하며 게임에서 이기는 방법이다. 윷놀이에서 투자의 세계를 생각해 보니 명절에도 경제를 염두에 두면 경제생활에 도움이 될 것이라 생각한다.

　명절의 풍경은 극과 극인 것 같다. 찾아오는 사람이 없어 독거노인으로 지내는 분도 있고 고아원에서 찾아갈 어른이 없어 외롭게 지내는 어린이도 많을 것이다. 모두 모두 즐겁고 행복한 명절이 되어야 할 텐데 모두가 따뜻한 명절이 되는 날이 오기를 기대해 본다. 한 해를 시작하는 설날이지만 음력설은 절기상 입춘과 비슷하다. 입춘이라고 하면 봄의 시작으로 보이는데 아직 봄이라고 하기엔 추운 날씨다. 봄이 와서 봄의 시작이라기보다는 봄을 미리 맞이하고 봄을 열어 가는 입춘의 의미로 보는 것이 좋을 것 같다.
　설날을 맞이하여 따스한 봄을 기다려 본다. 따스한 햇살이 어느 해보다 더 포근할 것으로 기대하고 따스한 마음만큼 사회도 더 따스하기를 바라 본다.

복을 기원하는 의식

일 년을 시작하는 1월은 음력으로 정월이라고 한다. 1월 1일을 정월 초하루라 하고, 1월 15일은 정월 대보름이라고 한다. 음력 1월은 한 해를 시작하는 의미가 깊어 한 해의 운을 빌고 액을 막아 주는 의식을 하기도 한다.

정월 대보름에는 땅콩이나 호두 등을 먹는데 1년 동안 전염병이나 피부병 등 액운을 없애 준다고 하는 의미라고 한다. 액에 대해서는 안 좋은 일이 생기면 액땜을 했다고 생각하고 더 큰 재앙이 없기를 바란다는 의미를 가진다.

삼재라고 하여 십이지를 기준으로 9년에 한 번씩 돌아온다. 연장에 의한 액, 전염병에 의한 액, 배고픔에 의한 액을 삼재라고 칭하는데 드는 삼재 또는 나는 삼재의 구간도 있다. 옛부터 우리나라의 많은 사람들은 삼재를 피하기 위해 의식을 하기도 했다.

또 각 월마다 다가오는 액을 막기 위해 제비나 견우직녀 등이 동원되기도 했다. 우리가 살아가는 동안에 좋은 일과 좋지 못한 일이 번갈아 가면서 생기는데 좋지 못한 일은 막아 주고 좋은 일은 생기기를 바란다는 의미에서 기복이라고 한다. 운맞이 의식과 큰일이 생겼을 때 잘 해결하게 해 달라고 빌기도 한다. 일정한 장소에서 의식이 행해지는데 의식의 주체자가 되는 사람들의 이름과 생년월일, 그리고 육십간지를 한지에 적어서 의식의 흥을 돋우기 위해 국악의 타악기인 장구 위에 올려놓는다. 장구의 채를 사용하여 좌우로 울림통을 치면서 그 사람의 이름과 생년월일을 호명하는 의식이 벌어진다.

이윽고 본 의식이 이루어지는 장소에서 액운을 몰아내는 예비 의식이 진행된다. 의식의 주체가 되는 사람은 청주를 6잔 따르고 시루 위에 있는 사발에 막걸리를 따른다. 촛불을 밝히고 향을 2개 꽂는다. 가운데를 향하여 절을 3번하고 좌와 우를 45도 각도로 보고 절을 3번 한다. 곧 대감놀이가 시작되면 의식을 하는 사람은 삿갓을 쓰고 대감 옷을 입는다.

의식의 주체는 의식의 대리인에게 금액을 지불하고 삿갓 끈에 현금을 끼운다. 좌측 손에는 방울을 쥐고 우측 손에는 신의 그림이 있는 부채를 들고 흔든다. 대리인의 얼굴은 약간 상기된 듯 붉은색을 띠게 된다. 가벼운 발놀림과 뜀뛰기를 하고 곧이어 장구와 징의 장단에 맞추어 한바탕 신의 놀음이 시작된다. 이때 대리인은 내가 어떤 대감이라 말하고 정성으로 차린 의식을 해 주어서 주체자에게 고맙다고 하면서 마음의 걱정거리를 하나하나 얘기하고 마음을 읽어 주는 말을 한다. 그러면 의식의 주체자는 자기의 상황에 대해 맞추는 것을 보고 신기해한다.

주체자는 액운을 막아 달라고 빈다. 신의 대리인은 깃발을 가지고 흔든다. 붉은 깃발, 파란 깃발, 흰 깃발, 연두색 깃발이다. 각각의 의미가 있는데 보통 파란색이나 연두색을 뽑으면 다시 뽑게 하고 흰색도 마찬가지다. 붉은 깃발을 뽑으면 운이 좋다고 한다. 심지어 만세 삼창을 외치기도 한다. 색색의 깃발을 바닥에 두고 깃발 사이에 성의를 표시할 것을 요구한다. 의식의 사이사이에 성의를 표하고 운을 준다는 의미로 주체자에게 부채로 바람의 기운을 불어넣는다. 그러면 금전과 좋은 운이 그의 호주머니로 들어온다는 뜻이다. 이때 호주머니를 열거나 웃옷의 끝을 펴서 운을 받는 시늉을 한다.

다음 의식은 시루떡을 머리 위에 올리고 외부로 나가는 것이다. 시루떡 위에는 흰색 종이로 싸인 뭔가가 있다. 곧 시루떡을 성의와 같이 받게 된다. 그리고 고사용 돼지가 준비된다. 돼지 한 마리는 제물로 바친다는 의미인데 내장을 빼고 배를 가른 상태에서 포크 모양의 큰 도구를 이용하여 돼지 복부와 등을 관통하여 돼지를 세우게 된다.

돼지 아래는 포크 기둥이 있고 그 밑에는 소금이 놓인다. 1개의 기둥만으로 돼지가 중심을 잡는다. 돼지 위에는 만 원짜리 몇 장을 올리고 비는 의식이 시작된다. 이윽고 돼지는 완전히 균형을 잡고 중심을 잡게 된다. 아마 이는 신이 돼지에게 왔기에 돼지가 중심을 잡고 선다는 의미인 것 같다. 의식의 주체자로 하여금 경외감이 생기게 하는 장면인 것 같다.

또 다른 의식에서는 부엌의 식칼이 사용되기도 한다. 대리인은 얼굴이 상기된 상태에서 식칼로 얼굴을 스치고 본인의 혀 위를 가로지르기도 한다. 그런데 얼굴이나 혀에는 상처가 나지 않는다. 평소에 일반인이 이런 행동을 하면 필시 상처가 날 것임에 틀림없다. 절대로 흉내는 금물이다.

 의식 중에 빠지지 않는 것이 있다. 북어이다. 북어의 입에 구멍이 있어 그 구멍을 막아 달라면서 성의를 표할 것을 요청한다. 지느러미 등 구멍이 있는 부위에도 성의로 구멍을 모두 막아 달라고 한다. 때로는 북어의 입에 흰색 얇은 종이를 끼우고 불을 붙인다. 어느 정도 종이가 타면 북어의 꼬리를 잡고 공중으로 돌려서 던진다. 그러면 북어의 입 방향이 주체자의 입장에서 먼 곳으로 향하게 된다.
 대리인은 대추와 밤을 징의 안쪽에 쏟고 개수를 확인하고 짝수가 되면 그에게 봉지에 넣어서 건네어 준다. 어떤 경우는 대리인이 붉은 천을 머리 위로 뒤집어쓰기도 한다. 이때 주체자는 붉은 천을 대리인의 뒤쪽으로 이동하여 벗기게 되는데 아마 이는 악운을 벗겨 내는 것이 아닌가 조심스럽게 추측해 본다. 너무 일찍 벗기거나 너무 늦게 벗길 경우 대리인은 주체자에게 뭐라고 토를 다는 경우도 있다. 이는 그때마다 상황에 맞게 행동을 하면 되는 것이다. 의식이 진행되는 동안 주체자는 질문을 받게 된다. 옛 조상 중에 이런 분이 없었냐고 물어보기도 한다.
 복을 받는 상황에서는 성의를 표시하거나 손바닥을 모아서 기도하는 표시를 한다. '동자신'이 올 때도 있는데, 대리인은 어린이 한복을 손으로 잡고 어린이의 말투로 흉내를 내면서 의식을 진행한다. 어려운 말로 대답을 하면 동자신은 말한다. "나는 그런 것 모른다"라고 하고 과잣값을 요구하기도 한다. 말에 거침이 없고 생각나는 대로 구술하기도 한다.

마음을 울리는 하이라이트 의식은 조상신이 등장하는 것이다. 대리인은 돌아가신 조상님께 올리기 위해 한복을 미리 준비해 둔다. 이는 들어오는 조상이 누구인지 대부분 대리인이 미리 알고 옷을 준비하는 것이다. 돌아가신 조상의 음성과 식습관과 말투를 그대로 흉내를 내는 경우가 많다.
어떤 경우는 조상의 행동과 목소리가 너무나 정확하여 소름이 돋는 경우도 있다. 대리인이 말하는 것 모두를 맞추는 경우는 드문데 맞추지 못하였다고 해도 그냥 넘어가면 된다. 이는 대리인의 성향에 따라 다르다. 취할 것은 취하고 버릴 것은 버리면 되는 것이다. 조심하라는 것을 조심하면 된다. 대리인은 주체자 조상님의 표정과 목소리를 최대한 비슷하게 하려고 한다. 마치 연극배우가 무대에서 연극을 하듯이 한다. 어떨 때는 주체자가 전혀 모르는 조상이 등장할 때도 있는데 확인이 어려운 경우도 있다. 이때는 친척 중에 연세가 많은 어른께 여쭈어보면 확인을 할 수가 있다. 조상님이 돌아가실 때는 폭은 짧고 길이는 긴 삼베 가운데를 찢는 의식도 함께 진행한다. 아마도 생과 사를 가르는 의식이 아닌가 생각해 본다. 의식이 진행되는 동안 외운 내용을 이야기할 때도 있고 신이 말하는 것을 그대로 전달을 하는 경우도 있다고 한다.

때로는 큰일이 일어날 수 있으니 다른 의식을 추가할 것을 요구하기도 한다. 어느 것이 사실인지 구별하기는 쉽지가 않다. 하지만 의식을 하는 목적이 복을 기원하고 악을 물리쳐 달라는 것인데 정성을 들이는 의식을 더 요구할 때 조금은 난처하다. 이는 요구자의 성향에 따라 다른 것 같다. 주체자는 고객이며 대리인은 의식을 행하는 사람이기 때문에 고객의 기분에 맞추어 주는 경우도 있지만 그렇지 못한 경우도 있는 것 같다.

헝겊을 묶어서 매듭을 짓고 그 매듭 속에 성의를 표시하여 헝겊을 흔들어 매듭을 풀어지게 하는 의식이 있다. 어쩌면 일상생활 속에서 받은 스트레스를 조상님과 대리인을 통해 나의 마음을 알아준다는 의미에서 마음을 풀어 주는 효과가 있을 것 같다. 그리고 출입문 안쪽에 음식상을 추가적으로 마련하기도 한다. 이는 행사를 진행할 때 들어오는 신과 동행하는 이가 있다고 하는데 이들도 소홀히 할 수가 없기에 작은 술잔과 작은 음식 그리고 술을 담은 잔을 상 위에 마련하는 것이다.

현대는 과학 시대이다. 하지만 여전히 많은 사람이 이런 의식을 진행한다고 한다. 보통 대리인은 정월달의 낮에 의식을 하는데 밤에도 하는 경우가 있다고 한다. 코로나19가 오기 전에는 하루에 3번이나 하는 경우도 있었다고 한다. 이것을 보면 사람들은 겉으론 미신이라고 무시하기도 하지만 내면으로는 뭔가에 믿고 의지하고자 하며 복을 비는 경우가 많은 것 같다. 의식 중에 자주 등장하는 말이 있다.

"오면 온 줄 아니? 가면 간 줄 아니?"

조상님이 우리 눈에 보이지 않으니 온 줄도 모르고 간 줄도 모르는 것이 당연한 것이다.

눈에 보이는 것이 다가 아니고 뭔가가 있다고 한다. 이는 그대로 전부를 받아들이기도 내치기도 힘든 약간은 애매한 부분이다. 내일의 복을 기원하기 위해 비는 것으로 경제적으로 부담이 되지 않으면 좋을 텐데 금액이 부담되는 것은 사실이다. 성의 표시를 하는 액수가 많기 때문에 어느 선이 적당한지 정하는 것은 쉬운 일이 아닐 것 같다. 고객의 입장에서 보면 적정한 정도를 검토해 보는 것도 의미가 있을 것 같다.

옳고 그름을 떠나서 언제 기회가 되면 사람들이 왜 이러한 의식을 원하는지 알고 싶다. 또 실제로 기원한 복이 오는 경우가 많은지 궁금하다. 의식을 하는 대리인의 능력과 신뢰성에 대해서도 무엇을 기준으로 판단을 할 수 있을까?

궁금한 것이 한두 가지가 아니다. 주로 3년에 한 번씩 행사가 진행되는데 많은 사람들이 복을 기원하고 액운을 없애는 의미를 가지고 엄숙하게 진행이 된다. 아무쪼록 행사를 진행한다면 현재와 미래가 무탈하고 복이 많이 오기를 기대해 본다.

내 땅 네 땅의 경계

옛날 '지적공사'의 현재 이름은 '한국국토정보공사'이다. 경계 측량을 공신력 있게 실시한다. 본사가 있고 각 시도에 지사를 두고 운영을 하는데 측량하고자 하는 사람이 그 땅의 주인이거나 계약을 한 경우에 한하여 접수를 진행한다고 한다. 먼저 주소를 이야기하고 소유주를 확인하면 담당자와 측량을 실시할 날짜를 정하게 된다. 해당 날짜가 되면 담당자 2~3명이 현장에 나온다. 측량을 하는 목적을 물어보고 측량을 하는 기준점은 GPS를 이용하여 정한다. 기준점에서 한 명이 대기하고 다른 한 명은 측량하고자 하는 지점을 바꾸어 가면서 확인을 한다. 그 지점이 맞는다면 해당 지점에 깃발을 꽂기 위해 서로 소통을 한다. 요즈음엔 빨간색 나무 막대기를 해당 지점에 꽂는다. 임야인 경우엔 파란색 헝겊이 달린 긴 막대기를 꽂게 된다. 그래야 눈에 잘 띄기 때문이다. 깃발을 꽂기가 어려운 바위 등이 있는 경우에는 '래커'라고 하는 페인트를 뿌려서 경계를 표시하기도 한다. 이렇게 진행이 되는 동안 인접 토지와의 경계 측량인 경우엔 인접 토지 주인도 입회를 하게 해서 서로 간 다툼이 없도록 상호 확인을 한다.

 우리나라는 1945년에 해방이 되고 1950년 전쟁을 치르면서 그 당시에 있었던 지적도가 사라지는 경우가 있었다. 새로 만들어진 지적도의 경우 연필로 경계를 표시했는데 연필의 굵기와 선의 각도에 따라 실제와는 다르게 표기되기도 했다. 그런데 지금은 GPS로 진행을 하기에 비교적 정확하고 예전에 측량을 한 것과는 차이가 나는 경우도 있다고 한다. 측량을 실시한 토지 소유주의 입장에서 보면 토지의 경계선에 약간의 변경이 생겨 땅을 얻는 경우도 있고 반대의 경우도 있다고 한다.

 새로운 땅을 구입하거나 다른 용도로 사용할 경우엔 주로 측량이 진행되는데 나의 소유와 상대방 소유지에 대한 경계는 명확하게 하는 것이 좋다. 미래에 생길 충돌을 막는 최선의 방법이 될 것이다. 측량을 하면서 애매한 경우도 있다. 예를 들면 측량을 하기 전에는 주차를 할 수 있는 공간이 있었는데 새롭게 측량을 해 보니 주차장 입구가 다른 사람의 소유로 되어, 새로운 펜스를 쳐 기존의 자리에는 주차를 하지 못하는 경우도 발생한다. 서로 간에 협의가 되면 땅을 인정하면서 주차를 할 수 있을 텐데, 토지주와 협의가 안 되면 이런 일이 발생할 수도 있다. 이는 인색하다는 측면으로도 바라볼 수도 있지만 경계를 서로 간에 확실하게 할 필요도 있기에 어쩔 수 없다.

 어떤 경우는 집 앞의 도로가 공도(公道)인 줄로 알았는데 사도(私道)라는 것을 알게 되는 경우도 있다. 그 사도에 인접한 집의 대문이 차지하고 있었는데 이 경우도 마찬가지로 측량을 하기 전에는 본인 집의 대문이 남의 땅을 침범하였다는 사실을 몰랐던 것이다. 이처럼 측량을 해 보니 남의 땅인 사도를 침범하였다면 상호 간에 곤란한 경우가 발생될 수 있다. 관청에서는 땅의 사용료를 청구하라고 하지만 '이웃 간에 그렇게까지 해야 하나'라고 생각을 할 수도 있다. 하지만 내 땅을 몇백 년 동안 갖는 것도 아닌데 아파트의 평수처럼 자로 잰 듯이 주장만 하지 않으면 그 사이에서의 평화는 이루어질 것으로 보인다.

19세기 러시아의 대문호 톨스토이의 작품《사람에게는 얼마만큼의 땅이 필요한가?》를 보면 악마가 '파홈'을 유혹하여 시작점에서 출발하여 괭이로 원하는 만큼의 땅을 표시하여 해가 지기 전까지 돌아오면 땅을 주겠다고 하였다. '파홈'은 땅을 많이 가질 욕심으로 계속 앞으로만 전진했다. 반환점에서 발걸음을 돌려야 돌아올 수 있는데도 욕심이 과하여 계속 가다가 어느새 해가 넘어가는 것을 보고 죽을힘을 다해 달리기 시작했다. 도착점에 도착을 하자마자 고꾸라지고 심장 마비로 다시는 일어나지 못하게 되었다. 그곳에서 사는 바시키르 원주민들은 괭이를 사용하여 그를 묻었는데, 땅은 불과 2m만 필요하였다고 한다. 내가 가질 수 있는 그릇이 이만큼인데 이것보다도 더 많이 가지려고 하다가 목숨까지 잃는 어리석음을 일깨워 주는 이야기이다.

약간의 욕심을 버리면 얻을 수 있는 평화를 생각하면서 일상생활 속에서 더 큰 기쁨을 누리는 것이 현명한 삶이 아닌가 생각해 본다. 순한 마음과 품성을 가지고 현재의 삶 속에서 자연을 즐기며 살아 있음에 감사하며, 흙과 함께 지내고 할 일을 찾아가는 삶의 형식이 좋은 것 같다. 많이 가지지는 못해도 그 속에서 기쁨과 행복을 느끼며 살아가는 모습이 좋아 보인다.

정리와 비정리의 차이는
어디까지인가?

편안한 휴일을 보내고 있다. 겨울의 끝자락인데 아직 바람은 차다. 봄을 준비하는 자연의 반응인가? 아파트 주차장의 한구석엔 어느새 명자나무의 싹이 보인다. 명자나무는 번잡하거나 화려하지는 않지만 포근한 분들의 마음처럼 은은하면서도 깔끔한 느낌을 준다. 한편으로는 맑고 순결한 느낌도 보여서 아가씨 나무라고도 한다. 매년 이 꽃을 보지만 손톱만 한 빨간색의 꽃을 피울 때면 완연한 봄이 되었구나, 라고 생각하곤 하였다. 자연은 올해도 어김없이 싹을 틔운다.

이즈음에 중고등학교에서는 학생들의 입학 및 학교 선생님들의 발령으로 약간은 어수선한 시간이 찾아온다. 학교 선생님들은 4년 혹은 5년이 지나면 다른 학교로 옮기는 경우가 있다. 회사로 보면 다른 부서로 가는 것인데 학교의 경우는 회사보다 이동의 부담이 크다고 볼 수 있다. 어쩌면 전혀 새롭고 낯선 환경에서 모르는 사람들과 만남이 진행되는 것이다. 연차가 높은 분들을 보면 새로운 학교에 부임해도 한두 분 정도는 지인이 있게 마련이다. 힘을 실어 드리기 위해서 동료들이 새로운 학교로 동행을 하기도 한다. 교장이 직접 선생님을 맞으면서 꽃다발을 건네주는 경우도 있다고 한다. 이는 새로 부임하시는 분도 맞이하는 학교도 서로를 존중하는 분위기가 되어 한결 부드러워진다. 다른 학교로 떠나기 전에 본인이 사용하던 책상 및 캐비닛의 물건을 미리 정리하여 다른 선생님이 바로 사용할 수 있도록 배려를 하시는 분도 계신다. 이는 서로에 대한 예의이자 도리이다. 하지만 선생님의 성격이나 시간적으로 맞지 않아서 책상 정리를 미리 하지 못하는 경우도 있다. 이렇게 되면 공간이 없어 약간의 불편함과 다시 정리를 해야 하는 번거로움이 있을 수 있다. 이는 성격 차이일 수도 있으나 상대방으로서는 여간 난감한 일이 아닐 수 없다.

일반 회사에서도 그 직원이 평소에 얼마나 일을 깔끔하게 처리하는지는 그 직원의 책상을 보면 알 수 있다고 한다. 서류들이 있어야 할 자리에 있어야 찾기 쉽다. 자주 보아야 할 자리에 있는지 아니면 장기 보관 장소에 있는지 구분하기가 용이한 경우는 언제 무슨 상황이 되어도 신속하게 처리할 수 있다. 책상 위의 서류가 막 섞여 있으면 그 서류들을 찾는 데 시간을 소비하게 되고 막상 해야 할 업무에는 시간이 부족해진다. 야근을 해야 하는 상황 등이 발생하여 업무 효율이 떨어지는 결과가 될 수 있을 것이다. 요즈음에는 종이보다는 자료들을 모두 컴퓨터의 기억 장치에 보관을 하는 경우가 많다. 이 또한 평소에 파일을 잘 정리하여 두면 필요할 경우에 빠르게 루트를 타고 들어가 자료를 찾아서 업무를 신속히 처리할 수 있고, 효율성 면에서 상당히 좋을 것이다. 책상 위의 서류나 컴퓨터

바탕 화면의 공통점은 정리가 필요하다는 것이다.

책상 위를 정리한다는 것은 머릿속에도 정리가 된다고 볼 수 있다. 이것이 습관이 된다면 간결하면서도 신속하게 업무를 처리하여 본인뿐만 아니라 주변 사람들에게도 좋은 영향을 미칠 것이다. 그렇지만 세상을 살다 보면 같은 상황인데도 정반대의 해석을 하는 경우도 있고 전혀 다른 사고방식을 가진 사람도 볼 수 있다. 이런 관점에서 보면 정리를 잘하는 사람이 일 처리 능력이 있는 것은 당연한 것이다.

하지만 이것은 보편적인 생각으로 반대의 경우도 반드시 존재하니 마음을 끓이는 경우가 없었으면 한다. 서로 다양성을 인정한다면 더 밝은 분위기가 될 것이다. 개인에서 시작하여 사회에까지 확대한다면 더 건전한 사회가 될 것으로 본다. 기본은 항상 기본인 것, 누라 뭐라고 해도 항상 이것이어야만 되는 것이다. 수학에서 보면 '공리'라는 것이 있다. 다른 관점에서 보면 철학에서도 '공리'라는 것이 있다. 그 사전적인 의미로 보면 "일반 사람과 사회에서 두루 통하는 진리나 도리"라고 명시되어 있다. 수학이나 논리학에서 증명이 없이 자명한 진리를 의미하며 다른 그 어떤 명제를 증명하는 데 전제가 되는 원리로 표현할 수 있을 것이다.

학문적으로 해석하면 충분히 이해가 되는 말이다. 하지만 일상생활에서 적용을 하기엔 조금 무리가 있다. 예를 들면 부모 자식과의 관계에서 자식은 부모의 몸으로부터 시작이 되었는데 이는 반드시 그래야만 하는

'공리'로 볼 수 있을 것이다. 의미대로 하면 부모는 자식을 정성을 다해 성장을 시키고 자식은 부모가 나이가 들면 봉양하는 것이 예전에는 지극히 당연한 일이었다. 부모는 자식의 젖은 자리를 마른자리로 갈아 주고 자식은 부모가 돌아가시면 삼년상을 치르는 등의 일은 지극히 당연한 것이었다. 하지만 현대 생활에서는 상황에 따라 변화가 일어나고, 때로 언론에 보도되는 것을 보면 공리와는 다른 현상이 심심치 않게 뉴스거리가 되는 경우를 보게 된다. 마음이 아픈 일이다. 하지만 아직은 선한 행동을 하는 사람들이 훨씬 더 많기에 살 만한 세상이라고 할 수 있을 것 같다.

또 다른 예로 친구지간의 우정을 생각하면, 친구의 사정이 어려우면 있는 것 없는 것 모아서 서로의 우정을 위해서 도움을 주는 경우가 있다. 옛 문헌을 통해 보이기도 한다. 사자성어로 '죽마고우'라 하여 그 의미를 보면 "대나무 말을 타고 놀던 친구"로, 어릴 때부터 가까이 지내며 자란 친구를 지칭할 때 부르는 말이다. 어릴 때부터 같이 지냈으니 그 우정이란 것의 깊이가 얼마나 깊겠는가? 짐작하고도 남는다. 하지만 현대에서 보면 친구의 우정을 빙자해 사업에 끌어들이기도 한다. 상대 친구는 우정을 생각하여 거절을 못 하는 경우가 있다. 부탁을 들어주고 나중에 후회할 만한 일이 생기면 서로에게 무척 당황스러울 것이다.

부모와 자식 간이나 친구 간의 우정이 옛 시절에는 '공리'라는 말에 견줄 수 있었다. 그러나 요즘은 그 본래의 의미에서 조금 희석되고 전혀 다른 방향으로 해석이 되어 안타깝기도 하다. 하지만 이런 관점에 너무 집

사회생활 속에서의 생각들을 공감하며

착하면 기존의 생활에 지장을 미치는 경우가 있어 약간의 혼란이 초래되기도 한다.

하지만 대부분은 우리가 생각하는 보편적인 생각이 저변화되는 세상이기를 바란다. 만약 그렇지 못한 경우를 보게 되면 눈을 감아야 할까? 귀를 닫아야 할까? 아니면 주제넘게 그 사람을 교화하는 데 주력해야 할까? 지금 생각해 보면 너무나 다양한 사고를 하는 사람들을 보게 되어 내가 알고 있는 그 무엇이 항상 옳다고 주장을 하는 것이 어려워졌다. 반대의 경우도 있다는 것을 인정하는 것이 옳은 일일 것이다. 어쩌면 그저 바라보고 귀로 듣는 것으로만 하고 지켜보는 것이 어떤가 생각해 본다. 별다른 의견을 넣지 않고 관조만 하면 오히려 갈등이 적게 생기지 않을까 생각하는데, 왠지 씁쓸한 느낌이 드는 것은 어쩔 수 없나 보다.

외사촌 형과의 전화 통화

오랜만에 아침에 산엘 올랐다. 매서운 바람이 뺨을 할퀴더니 어느새 봄바람이 친구 하자고 얼굴로 살포시 다가왔다. 반갑고 시원한 느낌이었다. 작년에 다녔던 아침 산행 길이었는데 올해 다시 산행을 시작할 수 있게 되어 고맙고 다행스러웠다. 산 중턱을 돌아 꼬불꼬불한 길을 걸었다. 한 걸음 한 걸음이 가벼웠다. 바람과 함께 앞으로 가는 도중에 작년 봄에 흐드러지게 핀 철쭉꽃을 바라보았다. 눈을 맑게 정화시켜 주는 느낌이 들었다. 올해에도 그런 행운을 누릴 수 있기를 바란다.

문득 철쭉꽃에 시선이 갔다. 아니나 다를까 꽃봉오리에 약간은 물이 오른 느낌이었다. 실제 그렇게 보이는 것이 아니라 마음의 눈이 벌써 봄의 한가운데로 가 있어서 그런지 모르겠다. 경칩이 지나고 춘분이 내일모레인데 마음의 눈으로 보아서 꽃봉오리에 물이 오른 것이라고 생각이 드는 것인지도 모르겠다.

즐거운 생각을 하고 있는 중에 전화벨이 울렸다. 아침에 전화하시는 분이 누구지? 스마트폰의 화면을 봤다. 외사촌 형님이었다. 반갑게 전화를 받았다. "어떻게 지내냐?", "세상이 잘되어야 할 텐데" 등 살아가는 이야기를 나누었다. 다행히 사회를 보는 시각이 비슷했다.

아무리 부모 자식 간에도 생각이 다르면 불편함이 많을 텐데 외사촌 형과는 현실을 대하는 태도나 사고방식이 비슷했고, 미래를 열어 가는 의미 등에 많은 도움을 받을 수 있었다.

외할아버지와 외할머니의 이야기를 하셨다. 처음 듣는 이야기이지만 흥미로웠다. 외할아버지는 이태서, 성격은 긍정적이시며 진취적이셨다. 뭔가를 하시려는 도전 의식과 상대를 배려하는 마음이 있으셨고 인자하신 분이셨다고 한다. 외할머니는 황봉선, 키는 작으시고 정이 많으셨다. 손자가 배가 고픈 기색이면 일 바지(여성들이 통으로 입을 수 있는 고무줄 바지) 속에 호주머니에서 사탕을 꺼내 다른 손자가 보지 않는 장소로 데리고 가서 입속에 넣어 주셨다고 한다. 이렇게 한 명씩 손자를 불러서 사탕을 주셨다고 하니 손자에 대한 사랑이 남달랐던 것으로 보인다.

외할머니는 어머니의 어머니이신데, 외사촌 형의 말씀에 의하면 외할머니의 딸이 한 명이라 그런지 어머니에게 많은 기대와 정을 주셨다고 한다. 인자하시고 남에게 불평을 얘기하는 것을 본 적이 없다고 한다. 그리고 누군가와 다투는 것을 본 적이 없다고 한다.

손위 사람이 손아래 사람에게 사랑을 베푸는 것을 내리사랑이라 하는데 외할머니는 어머니에게 많은 정을 주셨다. 필자가 어머니에게서 내리사랑을 듬뿍 받게 된 것 또한 행운이라 생각했다. 외할머니를 뵙지는 못했지만 외사촌 형을 통해 이야기라도 듣게 되어 다행이고 고맙게 생각했다.

뿌리 없는 나무가 없듯이 사람도 부모 없는 자식이 없을 것이다. 그 사랑 속에서 자라게 되고 그 사랑에 대한 그리움이 또 다른 사랑으로 전달되는 것 같다. 친척은 친족과 외척을 함께 아우르는 용어인데 이 용어처럼 아버지 쪽과 어머니 쪽을 뿌리라는 측면에서 보면 같은 마음으로 바라보는 것이 옳은 것이 아닌가 여겨진다.

그날은 행운이 있는 날인지 또 다른 외사촌 형으로부터 전화 통화를 하게 되었다. 금융권의 임원이신데 부울경(부산, 울산, 경남)을 총괄하는 직책을 맡으셨다고 한다. 금융권에서 별을 다신 것이다. 기분이 좋고 자랑스러웠다. 금융권에서의 경쟁은 상상하는 것보다 훨씬 치열할 텐데 직장생활을 하면서 기울인 노력이 빛을 발하게 되어서 좋았다. 이분도 부모님이 그리울 땐 산소엘 가고 업무가 바쁠 땐 사진이나마 보며 지낸다고 한다. 필자의 입장에서 보면 외사촌이고, 외사촌 형의 입장에서 보면 고종사촌이다. 촌수로 사촌지간이면 가까운 사이이다. 요즈음 아이들의 경우에는 형제나 자매가 없으면 사촌조차도 없어지는 것이 아닌가 우려도 된다. 시골에서는 서로 간에 왕래가 빈번하였는데 요즈음에는 물리적인 거리로 아니면 코로나19로 인해서 또는 살아가기가 바빠서 그런지 자주 보지는 못하고 있다. 하지만 전화번호를 알고 있고 언제든지 소식을 전할 수가 있어 다행이고 고마웠다. 항상 건강하시고 하시는 일 모두 잘되시기를 빌어 본다.

사람과 사람 사이에서 생각의 차이가 적고 큼에 따라 대하는 정도가 다르다. 젊은 시절에는 생각의 차이가 많이 나더라도 맞추기 위해 노력을 하였는데 이제는 근본적으로 사람이 바뀌는 것은 쉽지가 않다는 것을 알게 되었다. 그럴 때에는 주식에서 말하는 손절매처럼 관계를 정리하는 것이 어쩌면 정신 건강에 좋은 것 같다. 바꾸려고 노력하기보다는 내가 바뀌는 것이 더 쉽고, 내가 바뀌려는 노력으로 스트레스를 받는다면 이 상황을 회피하는 것이 좋을 것 같다는 생각들이 최근에 들기 시작했다. 그리고 생활을 하다 보면 나와 생각이 맞는 사람이 있기 마련이고 그와 소통을 하는 것이 정신 건강에 훨씬 더 좋을 것이다. 보통은 자연과 소통을 하는 것이 평온한 마음을 유지하는 데 도움이 되는 것 같다. 전화 통화든 만남이든 외사촌과 마음이 통한다는 것은 그나마 다행이고 축복이다. 더 확대하여 보면 생각이 맞는 사람이 이 세상에 한 사람이라도 있으면 큰 위안이 되고 살아갈 맛이 나는 것이다. 특별한 가식이 없이 마음을 주고받을 수 있는 사이가 되도록 내가 먼저 준비하면 좋으련만…. 우선 시도라도 해 본다. 이렇게 또 하루를 살아 본다. 외할머니가 손자에게 사탕을 주는 그런 마음으로 말이다.

말을 하는 자와 하지 않는 자의 차이

'언어'라는 말을 네이버 국어사전에 검색하면 "생각, 느낌 따위를 나타내거나 전달하는 데에 쓰는 음성, 문자 따위의 수단. 또는 그 음성이나 문자 따위의 사회 관습적인 체계."라고 작성되어 있다. 단순히 전달을 하는 것에 포커스가 맞추어져 있고 듣는 입장에 대해 생각을 바꿔 보면 전혀 다른 표현 방식이 될 수도 있을 것 같다. 분명히 적당한 표현을 하였는데 듣는 입장에서 전혀 다른 의미로 받아들인다면 본래의 의미와는 다른 상황이 되는 것이다. 깊은 생각 없이 던진 돌멩이에 개구리는 치명상을 입을 수도 있는 것이다.

언어라는 것은 표현을 하라고 있는 것이지만 이는 상황에 맞는 적당한 표현이 되지 못하면 누군가는 마음의 상처를 입게 된다. 돌멩이를 던진 쪽보다는 돌멩이를 맞는 쪽이 더 큰 치명상을 입게 된다. 나는 전혀 그렇지 않은 의도로 던졌지만 상대방이 작지 않은 상처를 입는다면 누구의 잘못인가? 던진 쪽인가? 아니면 맞은 쪽인가?

일어나는 상황들에서 쉽게 적응하는 것이 쉬운 일은 아닌 것 같다. 스스로 변화를 주기 위해서 교육이라는 것을 통하면 도움이 될 것 같다. '교육'의 국어사전 정의로는 "지식과 기술 따위를 가르치며 인격을 길러 줌"이라고 되어 있다. 가르침을 얻으면 기본적으로 인격을 길러 줄 것 같은데, 이는 어느 정도의 연령 때까지만 가능할 것 같다. 사람은 연령이 깊어갈수록 새로운 것을 받아들이는 것이 쉽지 않다. 내가 아는 상식과 습관이 굳어져서 변화를 주기가 쉽지 않은 것이다. 이것은 작게는 본인의 문제이지만 사회적으로 볼 때는 다수가 함께 공존하기에 보다 촘촘한 접근이 필요할 것 같다. 분명히 언어라는 측면으로 보면 말을 하는 자와 듣는 자가 있기 마련이다. 그리고 언어라는 수단이 있지만 말을 하지 않는 경우도 분명히 존재한다. 말을 하면서 직접 표현하는 것은 지극히 좋은 것인데 이야기에서 자기만 포커스를 맞춰 상대방의 감정을 전혀 고려하지 않는다면 돌멩이를 던지는 꼴이 될 수도 있다. 아무리 작은 돌멩이라고 해도 맞는 사람은 조금의 아픔이라도 있게 마련이다.

언어를 던진 사람은 마음이 아주 편할 수도 있다. 아니, 어쩌면 더 불편할지도 모른다. 하지만 표면적으로는 전혀 상처를 입는 것으로 보이지 않을 수도 있다. 경우에 맞는 일이건 경우에 맞지 않는 일이건, 옳은 생각을 한 사람이 상처를 입는 경우가 더 많아 보이는 것은 어찌된 일인가? 그 상처의 깊이는 상황에 따라 다를 것이다. 하지만 해결 방법은 없는가? 혹자는 말한다. 반대로 하면 되지 않는가?

하지만 그럴 경우 마음에 혼란이 더 크게 생길 수도 있다. 이때 적용시킬 수 있는 한 방법으로 인맥 다이어트를 하면 어떨까? 보통 다이어트를 한다고 하면 몸의 살을 빼는 경우인데 우리 마음속 인맥에도 때로는 다이어트가 필요하다. 사람과의 관계에 있어서 모두 잘할 수는 없는 것이다. 이때는 과감하게 전화기에서 수신 차단을 하고 그를 잊고 서로 간 필요한 관계를 맺지 않으면 어떨까? 스스로 생존하기 위해 소극적인 복수라 표현해도 괜찮을 것 같다. 그래야 살 수가 있다면 참 좋은 방법일 것이다.

다른 측면에서 보면 돌멩이를 던진 사람은 자기가 돌멩이를 던졌다는 인식조차도 하지 않는데, 돌멩이를 맞은 쪽에서는 두고두고 왜 이런 일이 일어났는가부터 시작하여 그 상황을 자꾸 되새김질한다. 스스로 속을 긁는 생각을 계속하는 것이다. 이를 객관적으로 보면 돌멩이를 던진 사람보다는 맞은 사람이 자신을 더 괴롭히는 경우일 수도 있다. 우리가 살면서 몇백 년을 사는 것도 아닌데, 혼자서 고민에 고민을 하면서 지내는 모습은 결코 바람직하지 않다. 내가 생존을 하기 위해서는 과감하게 그를 패싱하는 것이 옳을 수도 있다. 세상엔 완벽한 사람도 없고 100% 다른 사람을 괴롭히기 위해서 태어난 사람도 없다. 다만 그때그때의 상황이 그렇게 만든 것이라고 털어 버리고, 좋은 것을 보는 것이 좋지 않을까 생각한다. 그래서 이것으로 인해 더 나은 방향으로 발전할 수 있고 생산적인 일을 통해 성장할 수 있다면 좋겠다. 눈을 들고 어깨를 펴고 자연을 바라보자. 분명히 예쁜 것이 눈에 들어올 것으로 확신한다. 유치원에서 배운 것과는 분명히 다를 수 있다.

토요일 오후 TV를 켜면 '동물의 왕국'이라는 프로그램이 있는데 강자가 약자를 잡아먹는 장면을 보게 된다. 잔인하기는 하지만 눈을 떼지 못하는 이유는 어쩌면 우리가 살아가는 사회가 이와 비슷한 경우가 많기 때문이다. 강자는 약자를 생각할 겨를도 없이 배고픔을 해결해야 하고 약자는 목숨을 잃을 수도 있으니 사력을 다해서 도망을 가는 것이 당연하다. 사람 사이에서도 생명의 파괴까지는 가지 않지만 상대방의 마음을 파괴하고 고통 속으로 몰아넣는다고 하면 지나친 표현일까? 상대방의 입장을 충분히 고려하여 생각해 보는 지혜가 필요할 것 같다.

적어도 감정을 가진 사람이라면 더 정교하고 세밀한 접근이 있어야 한다. 이렇게 된다면 서로 상처는 훨씬 덜 입게 될 것이다. 강자는 강자대로 살고 약자는 약자대로 사는 이상적인 생태계가 되는 것을 기대만큼 바라지는 않지만, 최소한 사람 관계에서만큼은 기대 이상의 사회가 되면 좋겠다. 어쩌면 사람이 사는 동안에는 서로 행복한 노력을 하는 실마리는 가지고 가는 것이 좋을 것 같다. 하지만 눈을 부릅뜨고 귀를 크게 열고 관조하는 자세도 때로는 필요한 것 같다. 상대방을 위해서라기보다는 나를 위한 것인지도 모르겠다. 비록 초기엔 찬바람이 불기도 하겠지만 종국에 생존의 방법이 될 수 있다면 기분 좋게 적용해 보는 것은 어떨까? 어떤 형태의 상처를 받았다고 해도 그 상처는 클 수도 있고 아무것도 아닐 수도 있다. 다만 자신이 느끼는 것만큼일 것이다. 좀 더 객관적으로 보면 나에게는 큰 상처가 상대방에게는 작을 수도 있고 그 반대일 수도 있다. 하지만 그 상처란 것이 전혀 없는 사람은 이 세상에 없을 것이다. 형태와 개수 그리고 깊이가 다를 뿐인데 누구나 있는 것이고 나도 예외 없이 있다. 이는 지극히 당연한 것이 아닌가? 이러저러한 상처가 있는 것을 과감하게 객관화시키고 드러내는 것도 한 방법일 것 같다. 세상에 나온 그 상처가 오히려 승화되어 다른 사람에게 감동을 줄 수도 있을 것이다.

1991년 영화 〈러쉬(Rush)〉의 사운드트랙 중 〈Tears in Heaven〉라는 곡을 에릭 클랩튼(Eric Clapton)이 작곡하였다. 그는 이 곡으로 그래미 어워드 최우수 남자 팝 보컬상을 받았고 미국에서 가장 많이 팔린 싱글 곡으로 인정받게 되었다. 전 세계인에게 감동을 준 이 곡의 이면에는 에릭 클랩튼의 아픈 사연이 있다. 그의 4살 난 아들이 죽음에 이르는 아픔을 이 곡으로 승화한 것이다. 상처가 상처로만 끝나지 않고 역경을 이겨 내고 밑거름이 되어서 화려한 꽃으로 피어난 것이다.

아침에 보는
흑백 영화

아침 일찍 간단히 가방을 챙기고 집을 나섰다. 아침 일찍이라 지하철 속에는 사람이 많지 않았다. 특별한 경우가 아니면 자리에 앉을 수 있었다. 다행이었다. 습관처럼 무선 이어폰을 귀에 꽂아 유튜브 영상을 보거나 아니면 뉴스 기사를 검색했다. 지하철 속의 많은 사람들은 스마트폰을 통하여 기사를 읽거나 만화를 보기도 하고 아니면 게임을 즐기면서 목적지로 이동했다. 간혹 책을 읽는 사람이 보이기도 하는데 그 숫자는 극히 드물었다.

내가 앉은 자리의 앞쪽 사람이 눈에 들어왔다. 어림잡아 50대 후반 정도로 보이는 아저씨였다. 머리는 염색을 한 것으로 보였고 흰색의 마스크를 착용하고 있었다. 검정색 재킷 속에 흰색 티를 입었고 바지는 검정색이며 신발은 짙은 고동색의 편한 구두로 보였다. 구두 덮개의 위쪽이 안쪽으로 말려 들어가서 발등을 누를 것 같았다. 손에는 종이로 된 쇼핑백을 들고, 다른 한 손에는 신문을 들고 있다. 몇 정거장 가지 않아 곧 신문을 꺼내더니 본인이 펼 수 있는 공간만큼만 신문을 펼쳤다. 신문 1면을 보더니 이내 경제면을 보고 있었다. 옆에 앉은 사람도 그 사람이 보는 신문으로 눈을 돌렸다. 남이 읽는 신문에 눈이 가서 읽는 경우는 그 자체로 재미가 있다. 집중도 잘된다. 신문을 들고 있는 사람이 다음 장으로 넘기기 전에 먼저 읽어야 하기에 그럴지도 모른다. 옆 사람이 자기의 신문을 보는 것을 눈치채면 신문을 빨리 넘기거나 눈치를 주는 경우도 있다. 그러면 그 순간 약간 불편한 기운이 느껴진다.

  맞은편에 앉은 나는 큰 글씨만 보이고 신문 속의 기사는 보이지 않았다. 신문은 여러 장으로 되어 있어 정리를 하지 않으면 금방 헝클어지고 구겨진다. 그분은 성격인지 정리하지 않고 그대로 접었다. 접는다기보다는 구겨 넣는다는 표현이 더 가까울 것 같다. 신문을 다 읽었는지 본인의 등 뒤로 신문을 넣고 다른 신문을 펴서 읽기 시작했다. 제목만 읽는 것인지 신문을 넘기는 속도가 빨랐다. 본인의 목적지에 도착했는지 가지고 온 종이 쇼핑백을 챙기고 신문을 쇼핑백 손잡이와 동시에 잡았다. 그 순간 등 뒤에 둔 신문을 놓고 가는 것인가 걱정하고 있었는데 마저 챙겨 들더니 머리 위로 올렸다. 아마 머리 위의 선반에 신문을 올리려고 한 것 같았다. 하지만 선반이 없는 지하철이었고 그는 신문을 구긴 채로 지하철에서 내렸다.

  매일매일 타는 지하철 속의 풍경은 다양하지만 오늘의 모습은 흑백 영화를 보는 듯했다. 지하철에서 신문을 읽는 사람을 보는 것은 흔한 풍경이 아니다. 짧은 시간이지만 그 사람이 사는 세계에 대해 상상해 보았다. 새로운 변화보다는 예전의 모습을 간직하며 나이 이슥함에 편함을 느끼는 것으로 보였다. 특히 다 읽은 신문을 지하철에서 이미 없어진 선반에 올리는 모습은 생각보다는 그저 몸이 기억하고 있는 것을 행동에 옮긴 것으로 보였다.

 새로운 것과 옛날 것에 대한 조화 그리고 빠름과 느림에 대한 조화, 어느 것이 옳고 그름이 아닌 눈에 보이는 그 자체를 존중하는 모습이면 어떨까? 때로는 존중하고 미워하는 마음이 천 갈래 만 갈래로 갈라져 어느 종착역에 도달하면 무엇을 생각하였는지도 모르는 경우가 있다. 전혀 생각을 하지도 않았는데 명쾌한 답이 머릿속에 떠오를 때도 있다. 생각이 많은 것이 좋은지는 모르겠다. 하지만 해답을 찾을 수 있다는 것은 분명하다. 해답을 찾기도 전에 문제를 잊어버리는 경우가 있기도 하지만 말이다.
 그날은 많은 것을 생각하지 않았는데 머리가 맑아지는 느낌이었다. 흑백 영화를 보여 준 그분에게 고마움이 느껴진다.
 가끔은 수채화를 보는 듯한 느낌이 참 좋다.

04

삶이 힘들 때의 생각들을 공감하며

삶과 죽음의
기준이 뭘까?

입춘이 지난 지 일주일째였다. 어느새 낮엔 영상의 기온으로 금방 꽃이 필 것 같았다. 숨을 깊이 들이마시니 찬 기운보다는 약간의 시원한 감이 있어 좋았다. 지난해 가을까지 예쁨을 뽐내던 길가의 꽃들도 추운 겨울을 보내고 새로운 움틈을 준비하고 있는 것처럼 보였다.

풀들을 보면서 어떤 상태가 살아 있는 것이고 어떤 상태가 죽은 것인가를 생각했다. 땅속의 기운을 흡수하여 성장하며 줄기와 잎을 키우는 것이 살아 있는 상태이고, 성장이 없으면서 수분을 차단한 상태를 죽었다고 하는 것에 대해 다시 생각해 보았다.

사람의 생은 유한하다. 50년을 사는 사람도 있고 100년 이상을 사는 사람도 있다. 각자 운명에 따라 사는 날이 다르다. 대체로 사람은 숨이 멎게 되면 죽음이라고 본다. 하지만 우리가 작은 존재로 보는 길가의 풀을 보면 주로 1년생으로 그 자리에서 자라고 열매를 맺어 새로운 기운을 내뿜는다.

봄이나 여름에 시작을 하여 가을을 지나 겨울이 되면 줄기와 잎은 시들고 뿌리만 남아 봄에 다시 싹을 틔운다. 뿌리 부분도 모두 마르면 씨앗을 퍼트려 다음 해 봄에 새로운 싹을 틔운다.

겨울에 잠시 수분을 멈추는 것과 싹을 틔우는 것이 연속적인데 사는 것과 죽는 것에 대한 경계를 단정 짓는다는 것은 보는 시각에 따라 다를 것이다.

오랜 기간 싹을 피울 수 있는 1년생 풀이 오히려 사람보다 더 오래 산다고 보는 것이 무리가 없을 수도 있다. 고개를 들어 하늘을 보고 고개를 숙여 땅을 보면 분명히 경계도 있고 형태도 다르다. 보편적으로 산은 위로 솟아 있고 바다는 아래에 위치한다. 긴 역사를 보면 산이 바다였던 때가 있었고 바다가 산이었던 때가 있었다고 한다. 산 위에서 조개껍데기 화석이 나오는 것이 그 증거라 할 수 있다. 산이 항상 산이 아니고 바다가 항상 바다가 아닌 것이다. 그 세월을 사람이 가늠하기엔 너무 아득하기에 '산은 위로 바다는 아래로'가 맞는 표현일 것이다.

그러나 이것을 옳고 그름의 문제로 보면 항상 맞는다고 단정 짓기에는 약간의 무리수가 있을 수도 있다. 자연에 비하면 사람의 인생은 극히 짧은 시간일 것이다. 짧은 시간으로는 자연보다 훨씬 위대하다고 볼 수도 있겠지만 긴 시간으로 인간은 극히 미약한 존재가 된다. 내가 생각하는 높고 낮음이 항상 옳다고 할 수는 없을 것이다. 지금 위치에서 높은 것을 바라는 경우도 있고 낮음을 향하는 경우도 있는데 높고 낮음보다는 평온함을 바라고 지내는 것이 좋은 것이 아닌가 생각해 본다.

문득 길가의 벚나무를 봤다. 누가 돌보지 않아도 자연이 주는 물과 흙으로 생명을 유지해 가고 있었다. 홀로 뿌리를 내려 수분을 흡수하고 싹을 틔우는데, 어떤 벚나무는 나무 주변에 넝쿨이 자라 나무를 타고 칭칭 감아 올라가서 나뭇가지를 휘게 하는 경우도 있다. 벚나무보다 더 높은 위치에서 예쁨을 자랑하듯 꽃을 피우기도 한다. 벚나무보다 칭칭 감긴 넝쿨이 더 빛이 나는 것이다. 하지만 벚나무는 싫다고 거부를 하지 않는다. 넝쿨은 한번 감으면 수분을 차단당해도 그대로 있다. 벚나무는 스스로 노력해서 튼튼한 줄기 기둥을 이루는데, 넝쿨은 남이 해 놓은 토대 위에 올라서 빛을 바라보는 일만 하는 것이다. 이렇게 같이 공존을 한다.

정말이지 조화로웠다. 누가 먼저이고 누가 나중이 없었다. 때로는 마른 풀과 새싹을 틔우는 것의 경계가 보는 시각에 따라 다르듯 나무와 넝쿨도 공존 공생을 하면서 각자의 위치에서 최선을 다하는 것이다. 같이 자란 어떤 나무는 하늘을 찌르듯 높이 자라고 어떤 나무는 환경에 적응을 하여 땅과 가까이 지내기도 한다. 이 또한 자연에서는 조화롭고 평온하다.

자식이 자라는 동안 부모는 생을 마감하는 날짜가 점점 가까워진다. 비통하고 하늘이 무너지는 느낌이 받는가 하면 호상이라고 하여 자식들이 웃음을 짓기도 한다. 조실부모를 하였다고 하여 자식이 잘못된다고 단정 지을 수는 없으며 부모가 오래 사신다고 하여 자식이 잘된다는 보장이 있는 것도 아니다. 주어지는 그 환경에 어떻게 극복하고 마음을 먹느냐에 따라 결과가 달라지는 것이다. 산이 항상 산이 아닐 수도 물이 항상 물이 아니듯이 나쁜 것이 항상 나쁜 것이 아닐 수도 있는 것이다. 기쁨이 있다고 하여 항상 좋은 것만도 슬픔이 있다고 하여 항상 슬픈 것만도 아닌 것 같다.

어떤 때는 기쁨과 슬픔이 동시에 오기도 하고 기쁨과 슬픔이 없이 항상 평온한 상태일 때도 있다. 우리의 마음은 상황에 따라 달라진다. 다만 내가 어떻게 느끼고 받아들이는지에 따라 달라지는 것처럼 보인다. 주어지는 환경에서 너무 기뻐하지도 너무 슬퍼하지도 말고 그저 평온하게 지켜보는 것이 어떤지 조심스럽게 생각하여 본다. 옳고 그름의 문제라기보다는 마음의 상태를 정돈하면서 긴 호흡으로 집중하여 본다. 눈을 감고 조용히 들숨과 날숨에 집중을 해 본다.

오늘을
산다는 것은?

어느새 붉고 노란 자연의 물결이 머리 위에도 발밑에도 뒹구는 시간이 왔다. 흘러가는 것이 어디 시간뿐이랴? 푸르름이 짙어지면서 젊음을 뽐내던 잎사귀들이 어느새 색을 바꾸었다. 저마다 자연에 따라 붉은색으로 때로는 노란색으로 변했다.

약 2년 전에 가지치기를 한 은행나무는 아직도 색이 푸르다, 다른 은행나무는 어느새 노란색으로 화려함을 뽐내는데 말이다. 식물은 생명을 이어 나가기 위해 뿌리로 수분과 영양분을 흡수하고 잎으로 광합성을 하면서 성장을 한다. 가지를 자르면 광합성을 하지 못하기 때문에 영양분이 더 필요하다면 새로운 가지와 잎을 내어 추가적으로 광합성을 시도한다. 이는 누가 시키지 않아도 자연스럽게 행해지는 것이다. 스스로 그런 것이 자연이지 않은가? 스스로 질서가 잡혀 가는 것이다. 새로운 생명도 지는 생명도 지극히 자연스러운 현상이다. 자연계에서 사람은 유독 새로운 생명에게는 희망과 기대를 가지고 생을 마감하는 생명에게는 슬픔과 사라짐을 생각한다. 정도의 차이가 있겠지만 일부의 동물에게도 이러한 감정이 있어 보이는데 사람만큼은 아닌 것 같다. 아니면 사람들과 달리 동물은 말을 하지 못해, 슬픔을 표현할 방도가 없어 그런지도 모르겠다.

 몇 년 전이었던가 해상에서 사고가 나서 많은 인명이 운명을 달리했던 기억이 난다. 몇 달 동안 그 슬픔에 눈물을 남몰래 훔친 적이 있었는데 어느새 이제는 기억이 옅어지고 있다. 사람은 망각의 동물이라고 그랬던가? 기쁜 일이든지 슬픈 일이든지 시간이 지나면 기억이 희미해지나 보다. 하지만 시간이 지날수록 기억에서 더욱 또렷한 것도 있기 마련이다. 이는 처한 환경이 다르거나 아니면 생각하는 사고방식이 다르면 그럴 수도 있다. 아니면 너무나 기쁘거나 슬픔이 있을 경우는 그 반대일 수도 있을 것이다.

 어떤 상황이든지 극한 기쁨이나 극한 슬픔은 시간이 지나도 후유증으로 오래 남는다. 마음의 깊은 상처와 함께 말이다. 마음의 상처가 없이 지내는 것이 평온한 일상이 될 것이다. 어떤 이는 "지루한 일상이 반복되어 너무나도 지겹다"라고 말한다. 하지만 지루한 일상은 강한 슬픔도 없고 강한 기쁨도 없는 것이다. 그저 잔잔한 느낌만 있을 뿐이다. 복잡하고 다양한 사회일수록 예측이 불가능한 일들이 많이 생기는데, 이런 일이 일어나지 않는 것만 해도 다행일 수 있다. 아무런 이유 없이 엘리베이터에서 사고가 일어나고, 윗집과 아랫집 사이에서 불미스러운 일이 생기고, 아니면 가상 현실에서 상대방의 얼굴을 보지 않는다고 하여 씻을 수 없는 상처를 주는 경우도 있다.

너무나 기쁜 날도 없고 너무나 슬픈 일이 없으면 어떤가? 다만 현상에 대해 느끼고 이해하는 능력만 있어도 좋지 않을까? 고대 그리스의 시인 소포클레스는 "당신이 허비한 오늘은 어제 죽은 이가 그토록 살기를 원했던 그의 내일이다"라고 말했다. 하루를 선물받은 오늘이 얼마나 소중한 것인가를 강조하면서 내일의 걱정은 내일로 미루고 오늘을 가치 있게 살기를 말하는 것이다. 보통 사람들은 뭔가 영화의 한 장면처럼 다이내믹(dynamic)하고 멋진 일이 벌어지고 항상 기쁨이 있기를 바라기도 한다. 하지만 현실 세계는 어쩌면 그와는 정반대의 일들로 채워지곤 한다. 비록 오늘이 지루하더라도 지루한 느낌을 아는 것만으로도 더없이 행복한 것이 아닐까? 비약이라고 해도 좋다. 오늘을 느낄 수 있다면 그 자체만이라도 얼마나 좋은가?

과거 언제였던가? 도저히 이러한 것들에 대해 받아들이고 이해하기 힘이 들었는데 유독 오늘에서야 머리뿐만이 아니라 가슴으로도 조금은 이해가 되니 이제야 철이 드는 것일까? 아니면 이제야 세상을 조금은 알게 되는 것인가? 어제가 있어 감사하고 오늘을 느낄 수 있어 고맙다. 그리고 내일을 꿈꿀 수가 있어서 얼마나 큰 행운인가? 어제에 대한 생각은 언제든지 할 수가 있다. 내일은 어떤 일이 생길지 모르나 내가 가진 오늘을 소중하게 생각하고 옆에 있는 사람과 서로 사랑하며 행복을 추구할 수 있다는 것에 감사할 따름이다.

고락상평
(苦樂常平)

　지난주에는 일 년 중에서 낮의 길이가 최고로 길다고 하는 하지가 지났고 이번 주에 장마가 시작된다고 한다. 예년 같으면 마른장마라고 하여 장마철이지만 비는 오지 않는 해가 있었다. 그런데 올해는 달랐다. 가뭄이 지속되어서 농민들의 가슴을 태웠는데 해갈에 도움이 되었기를 바라본다. 지난밤에 천둥 번개를 동반한 폭우가 쏟아졌다. 비가 마치 양동이로 물을 퍼붓는 것 같았다. 인근에 있는 개천의 절반이 물에 잠기게 되었다. 평소에 개천가 변으로 산책을 하곤 하였는데 그날은 통제를 하고 있었다. 혹시 모를 사고를 미연에 방지하고자 구청에서는 미리 예방을 하고 있는 것이었다.

　경기도 일원의 산에 올라가려고 발을 내딛는데 신발이 흙 속에 빠지려고 했다. 몇 걸음 올라가지 않고 뒤돌아 하산을 했다. 혹시 모를 곳에서 산사태가 날 수도 있고 아니면 또 다른 형태의 사고도 우려가 되기 때문이었다. 산의 중턱까지는 시청에서 편백나무 조림을 하고 있었다. 아직은 어린 묘목이지만 이번 비에 쑥쑥 자라기를 바라 본다. 초기에 식수를 하고 나면 어느 정도 뿌리가 자라기 전까지는 물을 주는 것이 좋다고 하는데, 식수 차량이 산 중턱까지 올라와 물을 주는 모습을 본 것이다. 충분히 뿌리가 자라면 그때는 더 깊이 뿌리를 내려서 땅속 깊은 곳의 수분을 흡수한다. 그래서 큰 나무들은 웬만큼 가물어도 잎이 마르지 않는 것이다.

 몇 년 전, 느티나무와 은행잎이 말라 가는 시기가 있었다. 이미 풀 종류들은 말라 있고 나무의 잎마저 마르니 가뭄이 심했던 것이다. 다행히 비가 내려 해갈이 되었지만 만약 가뭄이 지속되었다면 아마 큰 나무들도 고사를 하지 않았을까 싶다. 이번 비는 농사에도 도움이 되고 나무들에게도 큰 도움이 될 것이다.
 매년 그랬지만 하천이 범람하여 축대가 무너지고 일부 여행객들은 불어난 물에 휩쓸려 가는 사고를 당하기도 한다. 올해는 이러한 사고가 나지 않기를 바라 본다.

 가뭄과 폭우는 상반된 의미를 가지고 있다. 가뭄은 식물에게는 치명적이지만 폭우가 내리면 단시간에는 해갈에 도움이 된다. 그러나 폭우가 지속될 경우 산사태 등 자연에 해가 될 수도 있다. 사람의 입장에서는 어떨까? 가뭄이 지속될 때는 더위가 기승을 부려서 힘들고, 폭우가 지속될 때는 이동에 제한이 생기고 조난 사고나 축대 등이 무너져서 피해를 입게 된다. 어느 것이 항상 좋고 어느 것이 항상 나쁜 것은 아닐 것이다.

'고락상평(苦樂常平)'이라는 성어가 있다. '괴로움과 즐거움은 항상 일상에 있다'라는 의미이다. 즐겁다고 너무 기뻐하다 보면 어느새 괴로움이 찾아오고, 괴로운 일이 있을 때는 왜 이렇게 괴로운가를 생각하면 마음에서 냉탕과 온탕이 교차해 마음의 파도가 더욱 심하게 일렁인다. 기쁘다고 지나치게 기뻐할 것도 없고, 괴롭다고 너무 괴로워할 필요가 없을 것 같다. 기쁘다고 항상 기쁜 것이 아니고 괴로우면 곧 기쁜 날이 온다는 의미로 여긴다면 어떨까? 마음의 고요함을 유지하기 위해서는 지나치게 한쪽으로 치우치는 것은 지양을 하고, 있는 그대로를 받아들이고 그대로 적응을 하는 것이 어떨까 생각해 본다. 마음의 고요함이 천금보다 귀한 것임을 깨닫기 위해서는 얼마의 세월이 더 필요할까?

'방하착' 하시게

'방하착(放下著) 착득거(着得去)'라는 말이 있다. 방하착은 불교에서 주요한 화두로 사용이 되는데 '내려놓는다, 또는 버린다.'라는 의미로 해석이 되고, 착득거는 '가지고 간다.'라는 의미이다. 무엇을 버리고 무엇을 가지고 간다라는 말인가? 중국 당나라 시절에 엄양 스님과 조주 스님 간 대화에서 이 용어를 사용했다고 한다.

"아무것도 가지고 있지 않습니다."

"방하착 하시게."

"내가 가지고 있는 모든 것을 내려놓았는데 왜 이리 아직도 마음에 집착이 생기는지 모르겠습니다."

"이제 더 이상 내려놓을 것이 없습니다."

"그러면 '착득거(着得去)' 하시게."

'방하착'과 '착득거'는 반대되는 용어로 보이는데 내려놓는다는 의미는 번민과 집착을 내려놓는다는 것이다. 내가 내려놓는다는 것조차도 내려놓아야 진정한 방하착이 된다는 것은 다소 이해하기 쉽지 않다. 착득거는 다소 세속적인 어감이 더 강하다. 방하착을 하면 마음이 편해지고 착득거 하면 마음이 불편하다는 이분법적인 사고로 단순히 해석하기보다는 좀 더 심오한 고민이 필요하다.

현대를 살아가면 여러 가지 마음의 고민이 생기게 마련이고 그 잔상들이 금방 사라지기도 하지만 며칠이 지나가도 계속 남기도 한다. 내가 옳다고 생각한 것에 대해 내가 고민하게 되는 아이러니가 발생한다면 옳고 그름의 문제인지? 아니면 선택의 문제인지?

우선 무엇을 내려놓을 것인가? 욕심, 권력, 아니면 재산 등 번민이 일어나게 되는 그 무엇인가에 대한 포괄적인 범위부터 정하는 것이 어떨까? 이는 사람마다 저마다의 사정에 따라 달리해야 할 것 같다. 고민이 무엇인지와 그 크기부터가 다를 것 같다. 이름하여 번민이라는 용어로 통칭을 할 수 있는 것인가? 아니면 물질과 정신으로 구분하는 것이 바른 방법인가? 뭔가가 복잡한 사고 체계로 접어드는 느낌이다. 아무 생각도 하지 않는 상황에서 다시 시작을 하기로 한다. 하나둘씩 떠오르는 생각부터 정리를 하고 가치관을 다시 생각해야 하는 로직(logic)을 짜는 데 긴 시간의 작업이 될 것 같다.

하지만 분명한 것은 번민이 생기는 것이 분명히 있다는 것이고 빈민을 해결하고 싶다는 의지가 있다는 것이다. 여기서 한 가지 전제를 달아야 하는 것은 완전 해결은 쉽지 않다는 것이다. 뭔가를 해결할 수 있는 도구는 단지 도구일 뿐이며 마음의 근본은 아니다. 이것이 모든 것의 일부분에 지나지 않는다. 번민의 종류를 나누지는 않았지만 그리고 해결의 실마리를 완전히 찾지는 못했지만, 시도를 하는 중간에 마음 갈림길이 가닥을 잡으면서 정리가 되었고 어느 정도는 평온한 마음에 접근이 된다는 약간의 믿음이 생겼다. 아니 평온한 상태의 희망이 생기는 것인지도 모르는 일이다.

내 마음에 대한 정리도 이렇게 힘이 드는데 하물며 남을 바꾸겠다는 오류를 앞에 두고 있었다. 그도 분명히 어떤 고귀한 정신세계를 구축하고 있을 텐데 나의 작은 정신으로 그를 바르게 한다는 우매한 생각으로 살아가니, 온통 마음이 부대끼고 벗어나고픈 생각이 드는 것이 아닌가 생각한다.
방하착으로 시작하여 욕심의 한계를 생각하려다가 우매한 마음을 가진 내가 무엇을 바꾸려는 생각을 하는가에 대한 것으로 생각의 줄기가 와 있는 나 자신을 발견했다. 번민에 대한 해결을 하진 못했지만 조금은 개운한 느낌이 드는 것은 무엇인가? 아니면 절대자로부터 받은 선물인가? 답을 얻는 과정 속에 있음이 고마울 따름이다.

등대와 관제탑

어부는 이른 새벽에 만선을 기대하면서 닻을 배 위에 올리고 출항한다. 배는 아무것도 보이지 않는 칠흑 같은 어둠 속으로 향한다. 온종일 이리저리 부지런히 움직인다. 시야에 보이는 곳으로 가기도 하지만 정반대로 가는 경우도 있다. 이윽고 밤이 되고 돌아갈 시간이 된다. 어디로 가야 하나? 사방을 둘러보아도 무엇 하나 보이지 않는다. 이때 저 먼 곳에서 가는 한 줄기 빛이라도 보이면 얼마나 반가운지? 어부가 아니면 모를 것이다. 등대 주위로 나오는 빛줄기가 방향을 잃은 어선을 인도한다. 등대는 '여기가 선박이 바라볼 수 있는 목표이자 희망의 등불입니다'라고 하는 의미로 볼 수도 있겠다.

굳이 등대를 네이버 국어사전에서 찾아보면 "항로 표지의 하나. 바닷가나 섬 같은 곳에 탑 모양으로 높이 세워 밤에 다니는 배에 목표, 뱃길, 위험한 곳 따위를 알려 주려고 불을 켜 비추는 시설이다."라고 설명이 되어 있다.

등대 하나로 인해 선박을 살리고 선원을 살릴 수가 있는 것이다. 등대의 역할은 이만큼 중요하다.

한편 구름 위의 고요한 곳에서는 비행기가 이동하는데 사방의 어느 곳이 맞는 길인지 도무지 알 수가 없다. 한국공항공사에서는 관제탑을 다음과 같이 설명한다. "관제탑이란 항공기를 안전하고 능률적으로 운항하기 위한 관리 및 통제를 하는 시설"로 항행 안전을 위해 항공교통관제 업무를 담당한다. 항공기의 이착륙에 관한 지시를 내리거나 비행장을 정리하기도 한다. 관제탑은 주로 비행장의 활주로, 주기장(駐機場) 등 비행장 전체를 잘 볼 수 있는 장소에 위치한다. 구름 속이든 구름 위이든 비행기 조종사인 기장은 관제탑과 쉼 없이 방향이 제대로 맞는지 안전한 운항을 하고 있는지 상호 교신을 한다. 승객의 생명 줄을 좌우한다고 해도 과언이 아닐 것이다. 한순간도 놓칠 수가 없는 것이다.

화물을 싣고 나르는 비행기도 있지만 사람이 타는 비행기의 경우는 작게는 몇 명 많게는 몇백 명을 태우고 구름 위를 오르내린다. 그 무게감은 어마어마할 것이다. 무게감도 있지만 기장과 관제탑의 교신에 의해서 수백 명의 생명이 달려 있다고 한다면 그만큼 책임의 무게도 엄청날 것이다. 하늘에도 길이 있다고 하는데, 일반인이 볼 때는 저 넓은 공중에 그어진 선도 없는데 항로가 있다는 것이 신기하다. 관제탑이 이끄는 곳으로 매번 이동을 하기에 그렇게 부르는 것이 아닌가 한다.

선박과 비행기는 등대와 관제탑이 절대적인 영향을 미치게 되는데 하물며 사람이 살아가는 곳에서도 등대와 관제탑과 같은 역할이 있으면 얼마나 좋을까? 단순히 길만 안내하는 것이 아니라 나아갈 때는 나아가고 쉴 때는 쉬어야 하는데 마냥 내닫는 우리는 어떤 등대를 또는 어떤 관제탑을 가지고 있는 것인가? 해상에서는 어선과 선원을 지키지만 사람에게는 어떤 역할이 등대가 되는 것인가?

각자 추구하는 바가 다르다. 돈을 추구하여 돈의 등대로 마냥 달릴 수도 있을 것이고, 사회적인 지위에 이끌려 앞뒤 가리지 않고 불나방처럼 덤빌 수도, 그리고 어떤 방향성이 없이 그저 향할 수도 있을 것이다. 이는 각자의 영역이기는 하지만 저마다의 항로를 향하고 있고 저마다의 빛을 향해 달리고 있는 것이다. 방향성을 가지는 것은 정말로 중요하다. 여기서 더욱 중요한 것은 그 방향성이 각자가 판단을 하였을 때 옳으면서 원하는 방향이 되었으면 좋겠다. 각자가 방향성을 정했을 때 그 결과에 대한 내용도 각자가 판단할 수가 있을 것이다. 주변에 등대와 관제탑이 되어 주는 그 무엇이 있다면 큰 행운이 아닌가 생각한다. 만약에 등대와 관제탑을 찾지 못했다면 스스로 그 역할을 하면서 나아가는 모습도 좋을 것이다. 가는 길은 다르지만 진정으로 자기 자신이 원하는 것이면 더욱 좋을 것 같다. 그러면 타인의 판단에 덜 신경을 쓰면서 하고자 하는 것을 추구하면 자기만족 또는 자아실현에 좀 더 가까이 접근을 하지 않을까 생각해 본다.

화가 난다는 것은

2023년도가 시작된 지 엊그제 같은데 벌써 한 분기가 지나고 있다. 세월의 흐름은 나이가 들어 감에 따라 점점 속도가 빨라진다고 하는데 그 말이 맞는 것 같다. 이와 같이 한 달이 지나는 것을 느끼다 보면 어느새 12월이 금방 다가올 것 같다. 필자의 경우 한 달이 지나는 것을 느낄 때는 지하철 정기권을 충전할 때이다. 한번 충전을 하면 30일간 사용을 할 수가 있기에 한 달이 지남을 느끼게 된다. 시간이 흘러가는 속도감에 취해서 감성에 빠지기도 하고 다른 한편으로는 세운 목표를 달성하기 위해서 달려온 과정 속의 성과를 봐야 하는 현실적인 모습이 되기도 한다. 그때그때마다 다른 느낌으로 다가온다.

누구에게나 마찬가지로 24시간이 주어진다. 특별한 사람이건 일반사람이건, 나이가 많건 나이가 적건, 남자이건 여자이건 모두가 같다. 젊은 시절에는 강한 추진력과 다양한 정보로 저돌적으로 살았다면, 나이가 들면서 세상의 이치를 조금씩 알려고 노력하게 되었다. 그러다 보니 행동이나 말에서 조심스러워졌고, 자신감이 없다기보다는 내가 한 말과 행동에 대해 책임감을 갖게 되었다. 타인에게 어떤 영향을 미칠지에 대해 조금은 고려하게 되었다는 뜻이다. 하지만 같은 말과 행동을 하더라도 항상 같은 결과가 나오는 것은 아니다. 다양한 상황 속에서 차이가 나는 관점들을 인식하는 것이다. 젊을 때는 하나 더하기 하나는 둘이 되는 것이 맞는데 이제는 둘이 될 수도, 셋이 될 수도, 어쩌면 영이 될 수도 있는 상황을 받아들여야 한다. 그 다양성이 옳고 그름의 문제를 떠나서 생각했던 과정과 예상한 결과가 너무나 다르게 보일 때가 있다. 좋은 결과를 위해 어떤 과정을 거치고 어느 장단에 맞추어야 할지 혼동이 되기도 한다. 그렇다고 아무것도 하지 않을 수는 없겠지만 그래도 말과 행동을 조금씩 고치는 것이 오히려 나을지도 모른다. 하루하루 산다는 것은 어떤 이에게는 행복의 연속일 수도, 어떤 이에게는 불행의 연속일 수도 있다. 가끔은 행복이 찾아오고 가끔은 불행이 찾아오기도 한다. 이 또한 긍정적으로 받아들여야 마음이 평온해진다.

중국의 역사에서 조조나 유비, 손권은 중국의 통일을 이루지 못했는데 진나라는 삼국의 통일을 이루었다. 그런데 그 후손들이 난을 일으켜서 화를 내면서 싸우다가 결국 망하게 되었다.
고구려의 연개소문은 당태종에게 큰 패배를 안겨 줄 정도로 큰 공을 세웠다. 그런데 그의 아들들은 서로 화를 참지 못하여 오랜 기간의 역사가 한 번에 사라지게 되었다. 이처럼 역사 속에서의 화가 나라의 흥망성쇠와 밀접한 영향을 미친다. 개인 또는 사회에서도 마음을 다스리지 못해 큰 해를 입는 경우가 더러 있다.

화는 내도 문제가 되고 참아도 문제가 된다. 역사를 보더라도 화를 내면 더 큰 화가 생기고 참으면 속병이 난다. 이러지도 못하고 저러지도 못하는 것일까? 여기서 잠깐 생각을 해 보자면 화의 주체가 상대방인가 아니면 나인가를 점검해야 한다. 상대가 잘못을 했으면 상대방이 주체가 되고, 내가 잘못을 했으면 내가 될 것이다. 이 모든 판단은 각자의 판단 기준이 있다. 그것을 사각형의 박스로 비유하자면, 이 사각형의 모양은 각자 조금씩 다르다. 어떤 사람은 정사각형이고 어떤 이는 길쭉한 모양의 사각형이다. 이 사각형을 가지고 일어난 일에 덮어씌우면 사각형 안으로 들어오는 것도 있고 사각형을 벗어나는 일도 있을 것이다. 자, 그러면 사람마다 그 형태가 다르다고 하자. 지금 내가 화를 내는 일이 다른 사람의 입장에서 보면 전혀 화를 낼 필요가 없는 일일지도 모른다. 사회에서 생활을 하다 보면 매일매일 화나는 일이 발생할 수 있는데, 만약 나 혼자 있다면 화가 나지 않을까? 아마 아닐 것이다. 어떤 구실을 대더라도 화날 일을 스스로 만들 것이다. 이는 습관일지도 모른다. 다른 사람과 같이 있어도 화가 나고 혼자 있어도 화가 난다는 것은 근본적으로 외부의 영향보다는 내면의 영향이 더 큰 것이다. 화낼 일이 없어도 나의 마음은 주어지는 환경에 뭔가를 트집 잡아 화를 내는 상황을 만든다. 그 감정에 대해 해결이 되어도 그중에서 가장 작은 것이라도 불평을 하게 되고 또다시 화가 나게 된다. 세상보다도 더 변화무쌍하고 크기도 더 큰 것이 사람의 마음인 것 같다. 이런 마음을 내가 다스릴 수가 있다면, 세상에서 또는 내 마음속에서 일어나는 여러 가지 파도를 무난히 잔잔하게 만들 수 있을 것이다. 하루를 산다는 것은 하루 중에 일어나는 파도를 윈드서핑처럼 잘 타는 것일 수도 있고, 그 파도에 휩쓸려 물에 빠져 허우적거리는 고통을 당하는 것일 수도 있다. 우선 세상보다도 더 큰 마음이 있다는 것에 위안을 느끼고, 그 큰마음의 파도에 몸을 실어 흘러가는 대로 가는 잔잔한 평화를 누려 볼 수 있는 마음의 창이 있기를 기대하면서, 하루하루를 살아가는 것이 어떨까 생각해 본다.

지금 나의 계절은
어디쯤일까?

우리나라에는 봄, 여름, 가을, 겨울 4계절이 있다. 보통 3월과 4월 그리고 5월을 봄이라 하고, 6월과 7월 그리고 8월을 여름, 9월과 10월 그리고 11월을 가을, 마지막으로 12월과 1월 및 2월을 겨울이라 한다. 하지만 요즈음에는 봄과 가을은 점점 짧아지고 여름과 겨울이 점점 길어지는 것 같다. 어쩌면 봄과 가을이 없어질지도 모르겠다. 원인이야 지구 온난화일 수도 있고 사람마다 다르게 받아들여 그럴지도 모른다. 자연은 참 성실하다. 때가 되면 봄이 와서 잎과 꽃을 피운다. 누가 뭐라고 하지 않아도 잎을 푸르게 하여 녹음을 이루고 어느새 나뭇잎에 물을 들인다. 곧이어 형형색색의 나뭇잎이 떨어지고 한 해의 마무리를 맺고자 눈이 내린다. 어느 한 해도 어긋남이 없다. 그래서 성실하다는 것이다. 사람도 성실하고자 노력하지만 자연만큼은 아닌 것 같다. 피곤하면 늦잠을 자기도 하고 하기 싫으면 일을 미루기도 한다. 하지만 자연은 어김없이 그 자리에 있다. 성실함의 극치이다. 자연의 흐름 속에 사는 사람도 그 성실한 법칙에 순응하고 노력하면서 사는 것이 아닐까?

분명 봄이 계절의 처음이다. 하지만 사람마다 시작하는 계절이 다를 수도 있다. 어릴 때 어려움을 많이 겪은 사람은 겨울부터 시작해 그 시절을 잘 넘기면 꽃이 활짝 피는 봄이 오고, 이어서 녹음이 우거지는 여름이 오고, 풍요로운 가을을 맞이할 것이다. 어떤 사람은 풍요로운 집에서 태어난 경우 바로 봄 또는 여름을 맞이하고 머지않아 가을을 맞아 풍요함을 느낄 것이고 그 풍요가 복이었음을 모른 채 곧 차디찬 겨울을 맞이할 것이다.

아무런 준비 없이 맞아야 하는 겨울은 그 어떤 계절보다 차디찰 것이다. 복권에 당첨된 90% 이상의 사람들이 불행을 맞이한다는 통계 자료를 본 적이 있다. 준비 없이 풍요로운 가을을 맞아 열매가 넉넉하다 보니 곧 닥칠 겨울을 넘기지 못하는 경우를 종종 보곤 했다. 어쩌면 봄에 밭을 갈아서 씨를 뿌리고, 여름엔 잡초를 제거하고 가을에 결실을 거두어 보관하고 겨울에는 따뜻하게 지내는 삶이 더 풍요로울 수도 있을 것 같다.

각자의 그릇이 분명히 있는 것 같다. 작은 종지인지 큰 사발이 자기의 그릇인지 차분히 되돌아봐야 한다. 너무 겸손하지도, 너무 자랑하지도 말고 있는 그대로 받아들이면서 적응하며 살기 위해 노력해야 한다. 나의 길이 어디까지 왔는지 어느 계절부터 시작하여 어느 계절을 지나고 있는지 다가올 계절이 어디인지 돌아보았다. 추운 겨울부터 시작하였다고 실망할 것도 없고 풍요로운 가을부터 시작을 하지 않았다고 낙담할 필요는 없는 것 같다. 다만 때와 시를 알고 점검하고 준비하여 밝은 미래를 꿈꾼다면 지금의 상황은 아무런 제약이 되지 않을 것이다. 겨울부터 시작을 하였다면 처음엔 혹독하여 힘이 들겠지만 머지않아 다가올 봄을 생각하면 그나마 다행일지도 모른다. 다만 지금 겨울의 혹독함만을 생각하고 힘이 든다고 하면서 비관만 하는 경우도 있다. 그러나 새벽이 오기 전이 가장 어둡다는 말이 있듯이 참고 견디면 곧 밝은 날은 분명히 올 것이다. 따스한 봄부터 시작하면 여름과 가을을 지나는 동안 풍요로움에 별다른 준비를 하지 않고 지내다가, 겨울이 되면 이제야 '아차 늦었구나!' 하며 후회할 수도 있다. 그제야 후회를 해 본들 소용이 없을 것이다. 개미와 베짱이의 우화에서 여름 내내 열심히 일한 개미는 겨울이 와도 따스하게 지내는 반면, 여름 내내 놀기만 한 베짱이는 어느 때보다도 혹독한 겨울을 맞으며 거리를 헤매게 되었다. 지금은 시대가 바뀌어 무엇이든지 배울 수 있고 어디에든지 적용할 수 있다. 빠른 시대의 변화 속에서 부지런함마저 없다면 어떻게 될까? 부지런하게 리드를 하지는 못해도 따라는 가야 하지 않겠는가 생각해 본다.

올겨울에는 유난히 눈도 많이 오고 추위가 계속되었다. 그래도 잘 견뎠다. 머지않아 내린 눈은 사라지고 찬 바람은 산들바람으로 바뀔 것이다. 밭을 갈고 씨를 뿌리는 계절이 올 것으로 믿는다. 아니 내가 믿지 않아도 자연의 섭리는 그렇게 될 것이다. 이 또한 얼마나 큰 축복인가? 과연 지금 나의 계절은 어디쯤일까?

극한
체험

    2019년 개봉한 한국 영화 중에서 〈극한직업〉이라는 영화가 있다. 이병헌 감독의 세 번째 장편 영화로 기억한다. 노력에 비해 실적이 바닥인 팀의 맏형 경찰관 고 반장은 국제 마피아 조직이 국내에 마약을 도입하는 불법 현장을 포착하게 되었고, 장 형사와 마 형사 등 4명이 잠복 수사를 시작한다. 마약반은 범인들을 잡기 위해 범인들의 은신처 근처 치킨집을 인수하여 창업을 하게 된다. 그런데 치킨집은 대박이 나고 수사는 뒷전이 된다. 그러던 중 마약반에게 절호의 기회가 오게 되고 드디어 은신처로 잠입하여 일당들과 한판 승부가 벌어지게 된다.

    수사를 하는 과정이 익살스럽게 보이는 코미디 작품이다. 경찰의 특수반은 범인을 잡기 위해 밤을 새우며, 마약 사범을 잡기 위해 목숨에 위협을 느끼면서 밤낮없이 어려운 임무에 충실하게 임한다. 정신과 육체에 온갖 상처를 입고서도 끝까지 범인을 추적하는 장면은 지금도 기억에 생생하다. 단지 코믹으로만 보기엔 웃픈(웃기면서 슬픈) 영화인 것 같다.

텔레비전 프로그램 중에서도 '극한직업'이라는 프로가 있다. 한옥을 건축하는 전 과정을 리얼하게 보여 주는데 서까래와 대들보 등을 현장이 아닌 공장에서 만들어 온다. 현장은 나무를 베는 소리와 대패질 등 소음과 먼지에 파묻히게 된다. 먼지가 많은 현장에서 일하는 근로자들은 돼지고기를 먹으면 먼지를 희석시킨다는 말에 삼겹살을 먹기도 하지만 근본적으로 먼지가 폐 속에 들어간다면 이 또한 얼마나 피해가 될까 생각해 본다. 공장에서 깎아 만든 나무 조립품을 이동하여 현장에서 조립을 한다. 한 치의 오차도 없이 작업을 진행해야 한다. 이 회사의 대표는 근로자들에게 질책을 가하기도 한다. 근로자의 안전도 지키고 집을 만드는 과정에서 만족하는 입주자의 마음을 헤아린 것이다. 그 사람들에게는 어쩌면 이미 극한 일이 아닐 수도 있다. 왜냐하면 매일매일의 연속이므로 힘들다는 것을 느낄 틈도 없을지 모른다.

극한 직업이라는 것은 힘들다고 생각되지만 이런 일자리라도 있으면 좋겠다고 생각하는 사람도 있을 것이다. 요즈음 취업률이 늘어나지 않은 상황에서 어떤 일이라도 하려고 하는 사람이 많아지는 것은 당연한 것이다. 일의 쉽고 어려움이 이들에게는 문제가 되지 않을 것이다.

한 지인이 모 보험 회사에서 일을 하는데 영업직이라 영상 30도가 넘는 날에도 외부에서 영업을 하고 반대로 영하 10도 이하가 되어도 외부에서 일을 해야 하는 경우가 다반사라고 한다. 본인에게 날씨는 일을 하는 데 전혀 영향을 미치지 않는다고 말한다. 생활을 하기 위해서는 돈이 필요하기 때문이다. 목구멍이 포도청이라는 말이 있지 않은가? 하지만 힘든 것은 매한가지다. 그 지인의 몸과 마음이 잘 유지가 되어 어제보다는 내일이 나아지는 바람을 가져 본다.

요 며칠 사이에 극한 추위가 찾아왔다. 체감으로는 영하 20도가 넘는 것 같았다. 어르신들의 말에 의하면 뼛속에 바람이 들어가는 느낌이었다. 눈이 온 이후에 날이 갑자기 급강하를 한 것이다. 보통 눈이 오면 뽀드득 소리와 함께 눈사람도 만들고 눈싸움도 하는 등 추억을 만들 테지만 극한 추위 속에서는 쉽지가 않다. 이런 날씨에 눈을 밟으면 뽀드득 소리 대신에 비스킷을 씹을 때의 소리나 딱딱한 누룽지를 먹을 때의 소리가 난다. 눈의 작은 알갱이가 뭉쳐서 굳고 그 작은 뭉치가 깨지면서 나는 소리일 것이다.

이런 날씨에 가장 힘든 직업은 재래시장에서 일하시는 분이 아닐까 싶다. 재래시장에서 파는 물건들 대부분은 먹는 것이다. 먹는 것은 날씨에 관련 없이 계속 판매한다. 동네 생선 가게는 겨울에 히터를 켜면 생선의 부패가 일어날 수 있어 히터를 켤 수도 없는 환경에서 일을 한다. 추위 앞에서는 얼음 위에 있는 생선이나 판매자나 별반 차이가 없다. 칼바람을 고스란히 온몸으로 견디며 생선을 물속에서 꺼내어 저울에 다는 모습을 보면 아린 생각이 들 때도 있다. 하지만 이 또한 수입이 많다고 하면 견딜 수 있을 것이다. 지금은 경제 상황이 녹록지 않아 쉽지는 않을 것이다.

날씨에는 예외가 없다. 얼굴과 손, 발이 어는 느낌이 상상이 된다. 하루 종일 야외에 있다 보면 얼굴은 붉게 되고 손은 얼어서 잘 움직여지지 않고 발은 동상이 걸릴 지경이 된다. 아무리 경제적으로 도움이 된다고 해도 이런 생활이 지속된다면 천하장사도 견디기 힘들 것이다. 이것이야말로 최고의 극한 직업 중의 하나가 아닐까 생각해 본다.

6.25 전쟁을 배경으로 한 한국 영화 중에서 〈국제시장〉이 있다. 전쟁의 시대상을 잘 표현한 영화이다. 영화 속의 덕수 가족은 전쟁이 일어나자 피난길에 오르게 되는데 고향을 떠나 배로 이동을 하게 된다. 하지만 이 배에는 무기가 실려 있어 피난민들의 수용은 제한이 걸린다. 한꺼번에 많은 사람들이 배로 몰리자, 덕수 가족은 배에 몸을 먼저 싣기 위해 빠른 지름길로 달린다. 이윽고 배 위로 줄을 타고 올라가다가 덕수가 업고 있던 막냇동생을 놓치게 되고 막냇동생과 아버지는 실종된다. 배는 떠나고 이렇게 하여 서로 헤어지게 된다.

덕수와 엄마는 부산 국제 시장에 도착하고 부산에서 살기 위해 삶의 몸부림이 이어진다. 덕수는 돈을 벌기 위해 독일로 떠나 광부가 되는데 삶은 더욱 팍팍해진다. 힘들게 번 돈은 한국으로 송금한다. 그곳에서 영자라는 처자를 만나게 되고 미래를 같이 지내자는 깊은 약속을 하게 된다. 그 이후 부산으로 다시 돌아왔다가 동생을 위해 돈을 더 벌기 위해 베트남까지 가게 된다. 여기서 한쪽 다리에 치명상을 입고 고국으로 돌아온다. 고모로부터 국제 시장 내 꽃분이네 가게를 인수한다. 세월이 흘러 덕수는 이산가족 상복을 위해 서울로 올라오게 된다. 아버지와 막냇동생을 만날 수 있을지….

극한 직업이라는 것은 시대상에 따라 고행이 더할 수도 덜할 수도 있는 것 같다. 근본적으로 헤쳐 나가는 그 정신은 서로 같은 뿌리에서 나오는 것이 아닌가 생각해 본다. 다양한 옷은 서로 다른 형태지만 그 기능은 유사하다. 극한 직업을 체험해 보았다고 자랑할 일도 아니고 체험해 보지 못했다고 행복한 것도 아니다. 일어난 일에 대해 얼마만큼의 의지를 가지고 대하느냐에 따라 다를 것이고 극복하려는 마음 자세에 따라 다를 것이다. 이것에 대한 교집합이 바로 인내가 아닐까 생각해 본다. 그 밑바탕에 있는 지독한 고독과 쓴맛이 있을 것이다. 아무리 미화를 해도 아픈 것은 아픈 것이다. 극한 추위가 지나면 어느새 파릇파릇한 새싹이 돋아나는 기적이 찾아오기를 기다린다. 그 기적은 반드시 올 것이다. 그렇게 극한 직업을 가진 많은 사람들의 굳었던 표정도 펴지고 새로운 희망 속에서 다시 어울리면서 공존하는 사회가 되기를 간절한 마음으로 기도해 본다.

북극 한파

크리스마스트리와 징글벨이 울리는 성탄절에 예년에 없던 한파가 몰아쳤다. 일명 북극 한파라고 하는데 남부 지방엔 폭설이 내리고 제주도에까지도 눈이 왔다고 한다. 강원도 설악산에는 영하 20도가 넘는다는 날씨 예보가 들렸고, 서울도 영하 15도를 가리켰다. 바람까지 불어 체감 온도는 20도에 이르렀다.

2023년은 계묘년(癸卯年)의 해이다. 계(癸)는 간지의 마지막으로 오는 흑색을 나타내고, 묘(卯)는 토끼를 의미하므로 '검은 토끼의 해'라고 한다. 토끼의 해에는 만물의 성장과 번창을 축원하기도 한다. 그런데 토끼는 임신 기간이 약 한 달 정도 되는데, 토끼에게는 북극 한파가 아주 치명적이다. 보통 토끼는 새끼를 낳기 전에 자신의 털을 뽑아 보금자리를 마련하면서 충분히 새끼가 추위를 날 수 있게끔 최선을 다한다. 하지만 이것도 북극 한파 앞에서는 속수무책이다. 지인으로부터 며칠 전에 토끼가 새끼를 10마리나 낳았다는 소식이 전해졌다. 그런데 태어난 지 하루 만에 토끼는 저세상으로 갔다고 한다. 토끼가 태어나면 빨간 피부가 그대로 드러나고 약 일주일이 지나야 털이 돋아나서 추위를 견딜 수 있는데 태어나자마자 강추위에 어미의 보호도 소용이 없었던 것이다.

작년 봄부터 직박구리 새가 부단히 아파트 발코니에 찾아왔다. 한여름과 가을철에 과일이라는 먹거리가 많을 때에는 얼씬도 하지 않다가 추위가 다시 오니 한 마리씩 아파트 발코니로 찾아왔다. 몇 모금의 물을 마시고 어느새 날아갔다. 이제는 강추위라 물도 얼어서 직박구리는 찾지도 않았다. 그동안 어디에서 물을 먹는지 궁금했다. 하지만 새들 나름대로 살아가는 방법이 있을 것이다.

아침 해가 뜨기를 기다리는 강아지는 추위에 덜덜 떨면서 햇살이 오는 곳으로 몸을 옮기며 햇살로 에너지를 충전하는 것 같다. 물론 털이 있어 어지간한 추위는 이길 수 있겠지만 강추위에는 힘들 것이다. 나름 추위를 이기는 방법이 있을 것이다. 하지만 추위에 떨고 있는 모습이 측은하게 보이는 것은 사실이다.

시골의 야생 고양이는 겨우내 사용하지 않는 비닐하우스에서 겨울을 난다. 따뜻하지는 않지만 매섭고 차가운 바람은 막을 수 있었을 것이다. 지난봄에서 여름이 될 무렵 비닐하우스에서 새끼가 태어났다. 새끼를 보호하기 위해 심어 놓은 호박이며 몇 가지 작물을 포기하고 비닐하우스의 문을 열지 않았다. 어느새 호박 넝쿨은 온 비닐하우스를 채웠고, 비닐하우스 문을 열지 않으니 고양이 새끼는 매우 더웠을 것이다. 어느새 새끼가 자라서 다른 곳으로 이동했는지 비닐하우스 내에서는 보이지 않았다. 지인에게 물어보니 4마리 중에서 1마리는 죽고 3마리는 자라서 다른 곳으로 이동했다고 한다. 가을이 지나 겨울이 올 무렵 인근의 창고에서 한 마리의 고양이를 발견하게 되었다. 처음에는 사람을 경계하는 눈치이더니 이내 창고의 문틈으로 도망을 가고 말았다. 어느새 자라서 사는 법을 스스로 터득한 모양이었다. 벌써 혹한기를 맞이하여 그 고양이 새끼는 이제 보이지 않지만 잘 지내고 있기를 바라 본다.

혹한기에는 에너지의 사용이 많다. 석탄을 이용한 난로에서 석유를 사용한 난로를 사용하다가 라디에이터가 개발되었고 이제는 바닥에 온수보일러를 넣어서 공기를 따스하게 한다. 그래도 추우면 온풍기를 틀어서 방이며 마루의 공기를 따뜻하게 한다. 특별하지 않으면 전기를 사용하는데 전기세가 무서워 난방을 켜지 못하는 에너지 빈곤층도 있을 것이다. 강추위는 동물들에게도 힘들지만 에너지 빈곤층에게도 치명적일 것이다. 날이 더우면 옷을 벗거나 부채질을 하겠지만 추워질 때는 마땅한 방법이 묘연하기만 하다.

젊은 시절 아침에 일어나면 머리맡에 둔 물그릇의 물이 얼어 있었다는 지인의 말씀을 들은 적이 있다. 궁핍하고 먹을 것이 부족하여 방에 불을 넣을 생각을 하지 못하고 그대로 잠에 들었던 것이다. 젊기에 그 추위를 견디어 내셨겠지만 하마터면 동상에 걸릴 수도 있었다. 나는 그분이 젊은 날에는 고생을 하였지만 자수성가를 하여서 따스한 노후를 보내고 있다는 이야기를 듣게 되어 기뻤다. 추위가 지나가면 따스한 봄이 찾아오지만 그 기간이 너무나 길고 매섭기만 하다. 이러한 시간이 똑같이 찾아오는 것은 아닐 것이다. 하지만 그동안을 슬기롭게 넘긴 분들이 많다. 그 시절의 추위 덕분에 지금의 따스한 시절을 보내는 것인지도 모르겠다.

추위라는 것이 날씨에게만 있는 것은 아닐 것이다. 사람의 마음에도 분명 추위라는 것이 있지 않을까? 아무리 따스한 마음을 지닌 사람이라도 상대방에게서 불어오는 차가운 기운에 어느새 동요되어 차게 식을 수 있다. 나의 따스한 마음이 상대방의 추위를 녹이는 경우도 있을 것이다. 보통 사람들은 마음이 약하여 타인이 하는 행동을 아무런 의심 없이 받아들이기도 한다. 비록 나의 생각과 차이가 있더라도 대부분이 그렇게 생각한다면 그대로 받아들인다. 마음 한 귀퉁이에 찜찜한 마음이 있어도 표현하지 않고 지내는 경우도 있다. 그리고 아무 일도 일어나지 않기를 바라고 구설수에 휘말리지 않기를 바라는 마음을 가질 것이다. 한두 번 이러한 경험을 하다 보면 어느새 나의 생각은 사라지게 되고 대중 속에 묻혀서 희석이 되어 버린다.

물론 조직 속에서는 무난한 존재가 문제를 발생시키지 않기에 좋을 수는 있다. 그러나 조직을 떠나면 해수욕장 파도의 물거품이 될지도 모르고, 약간 허무한 감정이 밀려와 견디기 힘들 수도 있다. 대중 속에서 나의 존재를 발견하고 그 존재가 여기에 있음을 말한다면 한 줌기 물거품이 되어 사라지더라도 의미가 있지 않을까 생각한다. "내가 여기에 있소"라고 외쳐 보자. 어쩌면 아는가? 메아리가 되어 "당신은 위대한 사람입니다"라고 대답해 줄지…. 아무도 모르는 일이 아닌가? 아무리 부유하여도 아무리 가난하여도 마음의 추위는 누구나 있을 것이다. 단지 그 추위의 크기와 깊이만 다를 뿐이다. 경제적인 추위가 있고, 건강의 추위가 있고 또는 각자 생각하는 모든 상황에서 느끼는 추위가 있을 것이다. 어쩌면 이 세상에서 추위가 없는 사람이 있을까? 각자 접하는 추위는 다르지만 많은 사람이 극복하려고 노력하는 자세를 가진다면 더욱 밝고 희망찬 사회가 되지 않을까 생각한다.

부모와 자식

'농자천하지대본(農者天下之大本)'이라는 말이 있다. '농사가 하늘 아래에서 큰 근본'이라는 뜻으로 농업의 중요성을 강조하는 말이다. 이 말 중에 '농자'라는 글자를 '효자'라고 교체해 보면 '효자천하지대본(孝者天下之大本)'이 된다. '자식으로서의 도리로 최고의 덕목인 효가 하늘 아래에서 근본이다'라고 해석할 수 있을 것 같다. 왠지 요즈음엔 효라고 하면 무슨 조선 시대 이야기처럼 들릴지도 모른다. 자식이 태어나서 성년으로 성장할 때까지 부모는 애지중지 키운다. 이에 자식은 키워 준 보답으로 부모가 노쇠하면 봉양을 하는데, 언제부터인가 이 의미가 퇴색되는 것만 같다. 신문이나 매스컴을 보면 '효'와는 정반대의 사건들을 접하는데 세상이 왜 이러나 싶은 생각이 들 때가 있다.

공리라는 것이 인생사에서도 통용이 되어야 할 텐데 그렇지 않은 일이 벌어질 때 조금은 씁쓸하다. 왜냐하면 대부분의 사람들은 선한 마음으로 부모를 대하지만 일부는 그렇지 못하기도 하니 말이다. 가난하여 없이 지내던 시절에는 부모가 아이들을 돌볼 때 넉넉하게 못 먹이고 못 입혀도 스스로 잘 성장하여 부모를 공경하는 모습이 정성스러웠다. 그러나 애지중지 아이들을 키우며 고생을 하지 않으면 제가 잘났다며 부모를 위하는 마음이 점점 작아진다. 이 느낌은 필자만의 느낌일까? 혹자는 말했다. 베이비 부머 세대는 부모를 모시는 마지막 세대이자 자식에게 봉양을 받지 못하는 첫 번째 세대라고. 이 또한 씁쓸하다. 하지만 사실이라면 받아들이는 것이 마음이 편할 수 있겠다.

유튜브에 '즉문즉설'이라는 콘텐츠가 있다. 법륜 스님이 출연하여 중생들의 고민을 듣고 그 자리에서 바로 답을 하는 영상이다. 이 영상에서 법륜 스님의 말씀에 의하면, 자식이 20세가 넘으면 서로의 인생에 관여하지 않는 인격체로 대하는 것이 분란을 일으키지 않고 서로에게 좋다고 한다. 이 말에 무척 공감이 되었다. 부모는 자식이 잘되기를 바라는 마음에 자꾸 간섭을 한다. 하지만 자식은 이러한 부모의 간섭이 너무나도 싫은 것이다. 나 혼자서 잘할 수 있는데 부모라는 이유로 간섭하고 잔소리를 하면 싫을 수도 있다. 부모가 자식에게 베푸는 사랑은 무한하다. 하지만 이것은 부모만의 생각일 수도 있고, 자식에게는 무한한 굴레일 수도 있다. 무한한 간섭 속에서는 줄기에서 자라난 가지들이 갇히고 뻗어 나가지 못할 것이다. 무한히 뻗어 나가도록 지켜보아 주는 것이 좋은 줄을 알면서도 생각을 주입시키려고 한다. 그러면 그럴수록 자꾸만 도망을 간다. 일 년엔 사계절이 있다. 부모의 온전한 보살핌만 있다면 자식은 봄과 가을만 알고 더운 여름과 추운 겨울을 모르는 기형의 성인으로 자랄지도 모른다. 자립을 위해서는 어느 정도의 선이 필요한 대목이라고 생각한다.

계절을 모르는 우리는 철부지다. 견디기 힘든 여름도 매서운 겨울도 몸으로 겪어 보아야 비로소 철부지를 면할 수가 있는 것이다.

법륜 스님은 재차 강조했다. 자식이 반항을 하면 그만큼 자식의 생각이 자라고 있구나, 자식이 순하기만 하면 자식은 부모의 품에서만 머물고 있구나, 라고 생각해야 한다고 했다. 자식이 공부를 못하더라도 학교는 잘 다닌다는 긍정적인 생각, 늦게라도 집에 들어오면 나쁜 것에 물들지 않았다고 스스로 위로를 할 수 있다. 서로의 생각이 다른 것은 다른 인격체라고 인정을 해야 한다. 서로 존중하면서 이해하고 함께 헤쳐 나가는 지혜가 필요할 것이다. 세상에 사는 모든 부모들 중 이와 같은 고민을 하지 않은 사람은 없을 것이다. 어떤 형태이든지 고민을 하면서 괴로워했을 텐데 과감히 벗어나 보자. 어떻게? 나는 나이고 자식은 자식이라고 냉정하게 생각해 보는 것이다. 어릴 때의 자식과 성인이 된 자식은 분명히 다른 인격체이며, 자식이 잘되고 못되고는 전적으로 자식의 몫이 되는 것이다. 부모는 다만 옆에서 지켜볼 뿐이다. 서로 간에 일정한 간격이 필요한 것이다. 물리적인 거리이든지 아니면 정신적인 거리이든지. "부모가 죽게 되면 땅에 묻고 자식이 죽으면 가슴에 묻는다"라고 하는데, 그 순간은 힘들지만 산 사람은 살아야 하지 않겠는가? 생각을 하다 보니 죽음의 문제에까지 이르렀다. 한발 물러서서 보면 해결의 실마리가 보이는 듯하다. 사는 동안 어떻게 행복하게 사느냐에 초점을 맞추면 보다 쉽게 해결의 실마리로 접근할 수 있다. 이 또한 각자의 역할이겠지만 쿨하게 생각을 해 보자. 부모가 생각하기에 자식이 다소 미흡한 면이 있어도 지켜봐 주면서 스스로 해결하기를 기다려 주는 것이 자식의 자립에 더 도움이 될 것이다. 어제 실천이 되지 않았다고 해도 오늘 다시 자식이 독립된 인격체로 살아갈 수 있도록 같이 노력하는 것이 좋지 않을까 생각해 본다. 다시 한 번 법륜 스님의 말씀을 되새겨 본다.

"20세가 넘으면 서로 간 인격체로 대하고 자식은 부모의 소유물이 아니다."

예전에는
미처 몰랐네

　어느덧 시간은 흘러 11월도 중순에 접어들었다. 느낌으로는 엊그제가 정월이었는데 벌써 한 해의 끝자락에 와 있었다. 지금은 결실의 계절이자 다음 해를 기약하는 준비가 필요한 시기이다. 형형색색의 나뭇잎이 나무의 끝에서 정해진 날을 세듯이 순번대로 떨어져 서로서로 산과 들에 뒹굴고 있었다. 노랗고 붉고 고동색인 자연의 생명들이었다.

　어떤 이는 "낙엽이 떨어지면 한 해의 마감이다"라고 말한다. 한 해를 생각하면 맞는 말이다. 한 해가 지나면 다음 해가 오는데 이는 또 다른 모습을 잉태하기 위해서 자리를 내주고 거름이 되어 새로운 희망을 품는 것이다. 그저 그렇게 나뭇잎을 떨구고 아무런 말을 하지 않는다. 아무런 핑계나 불평을 하지 않는다. 그저 그렇게 성실하게 행할 뿐이다. 나의 나뭇잎이 큰지 너의 나뭇잎이 큰지 비교하지 않는다. 색상에 대한 구분도 없다.

　나무에서 나뭇잎으로의 수분을 차단하면 고운 빛깔을 내면서 미련 없이 낙엽이 떨어진다. 떨어지면서까지 춤을 휘이 휘이 춘다. 그저 그렇게.

땅에 떨어져 할 일을 다한 것 같지만, 새로운 생명을 잉태하기 위해 모든 것을 내어 주면서 보온도 해 주고 영양분으로 변하여 헌신을 한다. 누구의 칭찬을 받지 않아도 그저 그렇게 묵묵히 할 일을 한다. 때로는 바스락거리는 소리로 위안을 주기도 하고, 빛깔로 우리의 눈을 즐겁게 해 주면서도 한없이 내어 주기만 한다. 낙엽을 보며 지금이 마지막이라고 생각하는 것에서 그칠 게 아니라 더 나은 빛으로, 더 나은 모습으로 태어난다는 것을 예전엔 미처 몰랐다.

해마다 새로운 잎이 돋아날 때는 가장 아름다운 빛깔로 나오고 떨어지는 때에 맞추어 성실히 행한다. 하지만 사람들은 말한다. "나는 노란색이 좋아. 아니야, 나는 붉은색이 좋아. 나의 나뭇잎이 더 크고 예쁘다."라고. 하지만 자연 속에서는 그 어느 것도 특이한 것이 없다. 바람도 이쪽으로 불면 이쪽에서, 저쪽으로 불면 저쪽에서 자기의 할 일을 할 뿐이다. 잘잘못도 없고 옳고 그름도 없다. 어쩌면 시작도 없고 끝도 없을지도 모른다. 긴긴 세월 속에 잠시 변해 가는 것인데 뭐가 시작이고 뭐가 끝일까?

바람이 왼쪽에서 불면 기분이 좋아지고 오른쪽에서 불면 기분이 나쁜가? 이것에 대한 기준은 무엇이고 어떤 의미를 가질까? 유치원생이 노란 사탕과 빨간 사탕을 가지고 누구의 사탕이 더 맛있다, 라고 서로 다투는 것과 비슷하다고 하면 비약일까?

길고 긴 세월 동안 한 획을 그을 정도의 시간만 소유하고서 긴 세월을 소유한다고 할 수 없듯이, 사람의 유한한 시간 한 획에 불과한데 긴 세월을 아는 것처럼 생각하고 행동하는 것이 의미가 있을까?

그저 그렇게 노란색도 볼 수 있고 빨간색도 볼 수 있고 바스락거리는 낙엽의 소리를 들을 수 있다면 얼마나 감사한 일인가? 그리고 누군가에게 이 감사함을 이야기할 수 있다면 얼마나 고마운 일인가? 하루하루 무사히 지내며 보고 듣고 느낄 수 있는 것만으로도 나는 행복하다는 것을 예전에는 미처 몰랐네.

하루를 준비하고 계획하고 또 다른 내일을 기약하면서 지내 온 시간들이 너무나 소중하게 느껴진다. 하지만 때로는 좀 더 잘하기 위해 좀 더 빠르게 하기 위해 아니면 좀 더 많은 것을 가지기 위해 마음을 졸이기도 한다. 뭐라 할 수는 없지만 너무 그렇게 하지 않아도 되는 것을 예전에는 미처 몰랐네.

올해의 농번기가 거의 마무리가 되어 가는데, 가을의 끝자락과 겨울의 장기 레이스가 시작되는 때에 가까운 산이라도 가서 자연을 보고 듣고 느끼고 싶다. 이 자체가 긴 세월 속의 한 획이 될지라도 지금 이 순간 느낄 수 있다는 것을 예전에는 미처 몰랐네.

질풍노도의 시기는 때가 없다

세상을 보는 눈과 판단하는 잣대는 저마다 다른 것 같다. 서로 상식의 기준도 조금은 차이가 나는 것으로 보인다. 보통의 상황이라면 자신을 기준으로 판단을 하는 것이 당연하다. 하지만 이 판단은 상황에 따라 다르게 해석이 된다. 옳은 것이 항상 옳은 것이 아니고 그른 것이 모두 그른 것이 아닐 때도 있는 것이다.

학창 시절 도덕책에서는 청소년기를 '질풍노도(疾風怒濤)의 시기'라고 표현했다. '강한 바람과 성난 파도의 시기'라는 의미이며 이는 세상에 대해 저항감과 가치관이 형성되어 가는 도중에 충돌이 일어나는 시기이다. 혼란이라는 것은 정체되어 있는 것에 비해 변화가 많다는 것이며 서로 상대되는 말이다. 이쪽은 고요한데 저쪽은 변화가 심하게 일어나고 있으니, 이쪽과 저쪽을 질풍과 노도라는 말로 표현을 하는 것이다. 세월이 지나 보니 그 질풍노도의 시기라는 것이 꼭 중학교 때나 고등학교 때에만 있는 것은 아닌 것 같다.

다양한 사고방식을 가진 사회에서는 '질풍노도의 시기'는 늘 상존한다. 이유가 뭘까? 상식이라는 것 자체가 다양하니 누가 기준이고 누가 기준점에서 벗어난 것인지 모호하다. 사람이 살아가면서 서로 통하고 비슷한 점도 있을 텐데, 각자의 기준과 판단 점이 달라 큰일이 시시각각으로 일어나는 것을 목격할 수 있다.

옳고 그름이나 상식과 비상식을 따지기보다는 눈으로 보지 않고 귀로 듣지 않는 것이 나은 경우도 가끔 있다. 노력하여 상황을 변화시킬 수도 있으나 그렇지 못하다면 어떻게 해결할 수 있을까? 세월이 지나면 잊히는 것일까? 아니면 애써 외면하는 것이 나은 것일까? 이미 벌어진 일에 대하여 어떻게 해야 할지 모를 때 잊기 위해 노력하면 너무 소극적인 것일까? 아니면 상황에 몰입하여 싸움이 일어나더라도 적극적으로 대응을 하는 것이 나은 것인지 혼란스러울 때가 있다. 적극성을 띠고 푸시를 할 때 그동안 받게 되는 부담감과 마음의 불편함은 물론 상존할 것이다. 큰 것을 얻는 것도 아닌데 마음의 생채기만 남게 된다면 과연 어떻게 하는 것이 옳은 것일까? 사회생활에서 무엇이든 잃지 않고 지키는 것이 최선이라는 것은 누구나 아는 것인데, 하다 보면 그렇게 되지 않을 때도 있다.

어떤 좋지 않은 일이 벌어졌을 때 "액땜을 했다고 생각을 하라"라고 하는 이야기가 있다. 작지만 손해를 입었다면 더 큰 손해를 입지 않았음을 스스로 위안하면서 마음의 평화를 얻는 것이 아닌가 생각한다. 손해를 보지 않고 나아가고 싶은 것이 당연하지만 그렇지 못한 상황이 가끔 발생되어 혼란스러울 때가 있다. 이것은 서로 상식의 선이 다르고 마음이 다를 때 발생한다. 누구의 잘잘못은 법이라는 테두리가 있음에도 불구하고 비상식적으로 대하는 사람이 있기에 마찰이 일어나는 것이다. 이는 법적인 문제까지 가더라도 해결의 실마리가 되지 못하기도 한다. 괜히 신경만 쓰고 에너지만 쏟고 시간만 허비한 꼴이 된다면 과연 어떻게 하는 것이 좋을까? 좋다기보다는 어떻게 해야 덜 부담스럽고 마음에 생채기가 작게 남을 것인가 생각하는 것이 더 나을지도 모른다.

마음대로 되지 않는 일을 마주칠 때 생각의 굴레에 갇힌 채로 생각만 반복한다면 누구의 승리가 될 것인가? 마음의 평화적인 측면에서 누가 고요함을 유지할 수 있을 것인지에 대한 답을 알고는 있지만, 쉽게 결정을 하기가 만만하지 않은 이유는 무엇일까?

수양이 덜 된 것일까? 아니면 상대방이 비상식적인 것일까? 받아들임에 못내 욕심이 발동한 것인가? 원하지 않는 파도가 밀려온다면 그 파도에 맞서는 것이 옳은 것만은 아닐 수도 있다. 오히려 피하는 것이 상책이 될 수도 있겠다. "유치원에서 평생 배울 것을 모두 배운다"라는 말이 있는데 이는 수시로 변화하는 사회에 적용하기엔 무리수다. 계속적으로 배우고 그에 맞게 달리 적용을 하게 되고 어디까지 발을 들여놓아야 하는 상황인지 혼란스러운 때가 있다. 그래서 배움에는 끝이 없는 것이다.

언제 부드럽게 듣고 상식을 벗어나지 않고 말하는 날이 오게 될까? 내려놓는다는 의미로 '방하착'이라는 말을 굳이 꺼내지 않아도 마음의 평화가 온다면 얼마나 좋을까? 세상이 혼란스러운 것인가? 내 마음이 혼란스러운 것인가? 언젠가 정답을 아는 시기가 올 것으로 조심스럽게 기대해 본다.

  살아가는 동안 질풍노도의 시기는 항상 있는 것 같다. 파도가 가만히 있지 않는 것처럼 우리네 마음도 일렁이는 것이 지극히 당연한 것이다. 어쩌면 일렁이는 것이 살아 있다는 증거가 될 것도 같다.

현대 의학과
민간요법

예전에는 직장 생활을 하고 약 10년이 지나면 수명을 다하게 되었다. 결혼도 20세 전후에 하고 환갑이 될 즈음에는 20명 정도의 자손이 있는 경우가 많았다. 환갑잔치 때 제법 근엄한 표정으로 손자와 손녀 사이에서 사진을 찍었다. 한집안의 경사였던 것이다. 하지만 시대가 지나 지금 환갑잔치를 하는 경우는 거의 보지를 못하였다. 아마 칠순잔치를 하더라도 조금은 어색할지도 모른다.

의학 기술의 발달 때문인지 보통은 80세 이상 심지어 90세 이후까지 장수하는 분들이 늘고 있다. 연세대 명예 교수이신 김형석 교수는 1920년 평안남도에서 출생하여 〈100년 산책〉이라는 칼럼을 저술했고 《중앙일보》 칼럼리스트로도 활동하고 있다. 지금도 왕성하게 강의 중인데 올해 104세라고 한다. 89세 정신 의학 이시형 박사도 40년간 100여 권의 책을 내시면서 지금까지 왕성하게 저술 활동을 지속하고 있다. 강원도 홍천에서 현대인의 지친 몸과 마음을 회복할 수 있는 완전한 '쉼'이 있는 공간인 힐리언스 선마을의 촌장으로도 활동한다. 앞으로도 그의 활약상이 날로 커지기를 기대해 본다. 모두가 그렇게 왕성하게 살면서 장수한다는 이야기는 아니지만 건강에 대한 부러움이 생기고 본받고 싶다는 생각이 든다. 환갑을 지내기 어려운 시대가 있는가 하면 80세 90세 심지어 100세까지 살아야 하는 상황이 발생할 수도 있다. 이것이 축복이기를 소망해 본다.

1918년에 발생한 스페인 독감으로 약 2,500만에서 5,000만 명의 사망자가 나왔다. 이 원인이 바이러스라고 하면 이제는 놀랄 일도 아니다. 중증 급성 호흡기 증후군인 사스나 에볼라 바이러스가 지구상에 나타나서 많은 사상자를 내기도 했다. 코로나19에 비하면 그 기간은 훨씬 짧았다. 코로나19는 2020년에 발병하여 현재까지 진행이 되고 있으니 현재 기준으로 거의 3년이 된 것이다. 그동안 여러 가지로 변이되어 백신을 맞아도 면역력이 약한 사람들은 재차 감염되기도 한다.

우리 몸은 새로운 것이 몸속으로 들어오면 백혈구들이 전시 체제를 갖추고 이물질을 적으로 간주하여 치열하게 퇴치한다. 그 속에서 발생하는 열은 그 부산물일 뿐이다. 그러나 이 열이 너무 심할 경우엔 생명을 잃을 수도 있다. 그래서 많은 의사들은 해열제를 처방하여 체온을 낮춘다. 현대 의학이 발전하여 인류의 수명을 늘리는 데 기여를 많이 한 것은 누구나 인정한다. 하지만 의학에 자본주의가 끼어들면서 사람을 치료하는 것을 단순히 돈벌이로 전락하는 사례도 있다. 현대 의학의 아버지라 불리는 '히포크라테스'의 선서가 민망해지는 것이다. 외과는 바이러스를 퇴치하고 각종 병원균을 막아 제2의 아니 제3의 질병을 막는 데에 기여하고 급성 질환을 치료하여 완치에 이르게 했다. 이런 점을 현대인에게 기여한 것은 누구도 부인을 하지 못할 것이다. 하지만 몸의 내부 순환에 관해서는 아직도 시원한 치료법이 보이지 않는다. 혈관의 흐름에 방해가 되어 쉽게 접근할 수 있는 문제는 아닌 것 같다.

고혈압이라든가 당뇨 기타 순환과 관련된 병은 치료라기보다는 관리라는 표현을 한다고 한다. 과연 관리만 한다고 해서 최선이라고 말하기는 어려울 것이다. 예를 들어 고혈압 환자는 고혈압 약을 처방받는데 이는 일시적으로 혈압을 조절하여 혈관의 과도한 무리를 막는 것이다. 하지만 장기적으로 복용한다면 간이 약의 독성을 해독하기 위해 무리를 하게 되고, 심장에도 영향을 미쳐 장기적으로 좋지 못하다고 한다. 그렇다고 당장 혈압 약을 끊으면 다른 합병증을 초래할 수 있기 때문에 고혈압 약을 복용해야 한다. 고혈압만 하더라도 처방 약을 먹어야 하는지 아니면 그대로 견뎌야 하는지 정확한 판단을 내기리가 쉽지 않다. 아픈 것은 나인데 무조건 의사 선생님한테만 의지한다. 100% 완쾌도 힘들고 정확한 원인 파악도 힘든데 말이다. 이제는 다르게 생각해야 하지 않을까 싶다. 분명한 것은, 내 몸의 주인은 나이고 내 몸이 아픈 것인데 제3자에게 무조건 매달리는 것은 다시 생각해 봐야 하는 문제라고 생각한다.

분명히 사람 몸은 자동차와는 다르다. 자동차는 바퀴가 고장이 나면 바퀴를 바꾸면 되고 엔진 오일이 오래되면 교체를 하면 된다. 그러나 사람의 다리가 고장 난다고 해서 새로운 다리로 금방 교체되는 것이 아니다. 엔진 오일을 교체하듯이 교체할 수가 없는 것이다. 일부 장기가 고장 나면 다른 장기에도 영향을 미치기 때문에 쉽게 교체를 할 수 없고 교체를 한다고 해도 기증자가 있어야 하기 때문에 고려할 사항이 많다.

신장을 통과하는 혈액에 이물질이 많다고 해서 금방 혈액을 교체할 수는 없는 일이다. 물론 신장에 문제가 있으면 최종에는 신장 이식을 하겠지만 그 전 단계에서는 투석이라는 것을 실시한다. 이는 필터를 통하여 혈액을 맑게 걸러 주는 작용인데 한번 실시하면 몇 시간이 걸리고 병이 지속되는 한 계속 진행해야 한다고 한다.

몸의 순환계에 도움을 줄 수 있는 민간요법도 있다. 하지만 현대 의학에서는 검증이 되지 않았다는 이유로 허용을 하지 않는다. 실제로 병원에서 퇴원한 후 민간요법으로 완치한 경우도 있다. 과연 민간요법을 무시하는 것이 옳은 것인가 싶다. 현대 의학과 한의학도 부딪치는 것을 볼 수 있다. 현대 의학에서 사용하는 초음파를 한의학에서도 활용하는 것에 대해서 의견이 분분하다. 현대 의학이든 한의학이든 다른 의학이든 질환에 대해 판단하는 근거가 조금씩은 다르다. 이에 대해서는 다양하게 접근할 필요성이 있다. 의료법의 논쟁에 대한 대법원의 판결은 존중되어야 한다. 중국 속담에 "검은 고양이든 흰 고양이든 쥐만 잘 잡으면 된다"라는 말이 있다. 환자의 입장에서는 현대 의학이든 한의학이든 아니면 민간요법이든 상관이 없다는 것이다.

병원에서 몇 시간을 기다리다가 의사와 5분도 안 되는 시간 동안 진찰 및 치료를 받는 현실이 약간은 씁쓸하다. 환자의 얼굴을 보지도 않고 컴퓨터 모니터만 보면서 열심히 타이핑하는 경우도 있다. 일반인이 모르는 약 이름을 적고 처방전을 만든다. 의사는 수술을 통해 큰 병을 치료하는 위대한 역할이기에 존경받을 만하다. 다만 처방만을 생각하면, 처방은 반드시 의사가 해야 한다는 의료법이 있어서 약사가 처방하지는 못한다. 환자는 항생제나 진통제 등을 처방받는다. 이는 근본적인 치료가 아님을 알지만 환자는 의사의 처방에 목을 맬 수밖에 없다.

심한 경우엔 "제발 목숨만 살려 주세요"라고 하면서 의사에게 매달린다. 하지만 의사는 바쁜 일정을 소화하느라 바빠서 그저 말이 없거나 알았다고만 하는 경우가 많다. 물론 환자의 편에 서서 진정으로 환자를 돌보는 의사들도 많다. 그러나 내 몸에 대해 아무것도 모른 채 의사한테만 의지하는 것은 옳은 방법이 아닌 것 같다. 최소한의 지식은 습득하고 진료를 어떻게 하는지 관심을 가져야 할 것 같다. 일반인의 경우 생업을 접어 두고 의과 대학에 들어간다는 것은 쉬운 결정이 아닐 것이다. 할 수 있는 방법이 없을까? 몸을 이해한다면 의외로 방법은 쉬울 수도 있다.

사람도 자연의 일부분이라 자연과 가까워지면 훨씬 건강에 좋을 것이다. 건강을 위한 필자 나름의 세 가지의 접근 방법을 제시해 본다.

첫째로 먹거리이다. 시중에 판매하는 것은 주로 공장에서 생산한 것이다. 그 속에는 오래 보관하기 위해 방부제를 넣고 좋은 맛을 내기 위해 향미 증진제를 첨가한다. 물론 소량이라 몸에는 해롭지 않다고 하지만 지속적으로 쌓이면 좋지는 않을 것이다. 이런 것들이 걱정된다면 자연과 닮은 음식을 먹는 것이다. 특별히 인공을 가미하지 않은 음식을 먹는 것이다. 혹자는 말한다. 그러면 무슨 맛으로 먹냐고. 하지만 몇 년 후에 병원에서 고통받는 것보다는 낫지 않을까 생각한다. 물론 그렇게 먹는다고 해서 반드시 건강해진다는 이야기는 아니지만 병에 걸릴 최소한의 확률은 낮출 수 있지 않을까 생각한다. 그리고 한번 먹을 때 소식하기를 권한다. 소식을 하게 되면 소화력도 좋아지고 내장 기관에 무리가 가지 않아 영양 흡수 면에서도 유리하다고 한다.

일본의 관상가로 유명한 '미즈노 남보쿠'가 집필한 《절제의 성공학》은 음식을 절제하는 것은 운명을 바꾸고 성공을 부른다고 한다. 그러니 실천을 하지 않을 이유는 없는 것 같다. 《중앙일보》 'STORY 지혜를 찾아서'에서는 사찰 음식의 대가인 대안 스님의 이야기를 다뤘다. 경남 산청의 지리산 자락에서 '금수암'이라는 암자를 짓고 산야초를 키우며 음식을 연구하는데, 음식을 먹다가 트림이 나오면 그만 먹으라는 신호이니 먹을 수 있는 양의 80%만 먹고 몸에 공간을 남겨 놓아야 한다고 한다. 남보쿠가 주장한 소식과 일맥상통하는 것으로 보인다. 소식이 그만큼 우리의 건강에 매우 중요한 요소이기 때문에 주장하는 것이다. 《이시형 박사의 면역혁명》이라는 책을 보면 조선 시대 임금 27명의 평균 수명이 47세였고, 일반인들은 36세였는데 영조 대왕은 82세까지 살았다고 한다. 그는 소식을 하고 야채로 된 깅깅 음식을 두루 챙겨시 섭생을 하였다고 한다. 이에 반해 세종대왕의 수명은 54세로, 고기를 주로 먹어 비만이었고 운동

부족에 당뇨를 앓았다고 한다. 그는 건강하게 장수를 하려면 야채 위주의 섭생이 중요하고 소식이 기본이라고 주장한다.《요리를 멈추다》의 공동 저자인 강하라, 심채윤 부부도 채식의 중요성을 강조한다. 채식을 하게 되면 몸도 바뀌고 영혼도 바뀌어 생활에 지친 현대인들의 몸을 회복시킬 뿐만 아니라 정신적으로도 긍정적으로 영향을 미친다고 주장한다.

두 번째로 말하고 싶은 것은 정신 건강이다. 도시 생활을 하다 보면 여러 가지 스트레스가 생기고 왠지 항상 조급하다. 에스컬레이터를 타더라도 그 위에서 걷고, 횡단보도를 건널 때도 초록불이 깜빡이면 여지없이 뛰어서 건넌다. 지하철이 이번 역에 접근해 오면 타기 위해서 조급한 마음을 가지고 뛰어서 기어이 타고야 만다. 가쁜 숨을 내쉬면서 성공했다고 안도의 한숨을 내쉬고 기뻐한다. 조금의 여유도 없다. 그래 봐야 몇 분 차이가 나지도 않는데 말이다. 이는 치열한 경쟁 구조 속에서 살아남기 위한 행동일 수도 있다. 여유가 없으니 밥도 먹는 둥 마는 둥 하며 항상 옆 사람과 경쟁만 생각하니 나도 모르는 사이에 병이 찾아오는 것이다. 아무리 바빠도 건강을 생각해 여유를 가지고 세상을 긍정적으로 바라보는 것은 어떨까?

우리가 초등학교에서부터 많은 학습을 해 왔지만 각자의 생각이 너무도 달라서 나는 옳고 상대방은 그르다고 할 수가 없다. 본인이 살아가기 위해 만들어 놓은 사각형 안에 들어오면 스트레스가 없고, 사각형을 벗어나면 한시도 지체하지 않고 스트레스로 작용한다. 가끔 이런 일이 일어나도 힘든데 상시 일어난다고 하면 몸은 점점 견디기 힘들 것이다. 어느 연구에 의하면 치매 환자는 암 발병률이 낮다는 보고가 있다. 치매에 걸리면 오로지 자신만이 세상의 중심이 되기 때문에 정신적인 반작용이 없어 스트레스를 받지 않는다고 한다. 그렇지만 암에 걸리지 않기 위해 모두가 치매에 걸릴 수는 없지 않은가?

하루에 많은 사람을 만나면서 서로 소통하는데 그들과 맞춰 나가기 위해 생각의 틀을 매만지다 보면 약간씩 마음의 상처를 입게 된다. 언젠가 시간이 지나면 더 이상 깎일 마음이 없을지도 모르지만 그동안에 무슨 수로 버티겠는가? 나의 생각도 옳지만 상대방의 생각도 옳을 수 있다는 것을 전제한다면 한결 스트레스는 줄어들지 않을까 생각해 본다.

세 번째로 운동이다. 당연한 이야기를 하는 이유는 그만큼 중요하기 때문이다. 사람은 꾸준히 움직여야 대사가 잘 진행되고 소화며 각 내장 기관이 원활하게 자기의 역할을 수행할 수 있다. 한 자세로 오래 있거나 움직임이 적으면 혈액 순환이 제대로 되지 않아 건강에 악영향을 미칠 수 있다. 운동의 종류는 사람에 따라 다르다. 근력 운동이 맞는 사람이 있는 반면 유산소 운동이 맞는 경우도 있다. 어느 것이든지 자기에게 맞는 운동을 꾸준히 하면 건강에 훨씬 도움이 된다는 것은 아무리 강조해도 지나치지 않을 것이다.

이 세 가지를 잘 신경 쓴다면 최소한 병원 신세를 질 확률은 훨씬 떨어지지 않을까 생각해 본다.

좀 더 적극적이고 건강한 삶을 살고 싶다면 민간요법에 대해서도 신경을 쓰는 것이 좋을 것이다. 병의 근원 중의 하나라고 해도 지나치지 않은 것이 바로 혈액 순환 문제이다. 맑은 혈액이 우리 몸을 순환하면 세포들은 혈액으로부터 영양분을 제공받아 회복을 한다. 혈액을 맑게 걸러 주는 장기는 신장이다. 독소를 처리하면서 생긴 노폐물을 여과하는 역할을 하며, 몸에 필요한 호르몬을 생산하고 그 양을 조절하는 데에 관여한다고 한다. 척추를 중심으로 하여 양쪽 옆구리 쪽에 위치하는데 왼쪽의 신장은 오른쪽보다 약간 높다. 여기로 지나가는 혈액은 분당 20L라고 한다. 여기서 독소를 제대로 걸러 준다면 많은 병이 낫는 기적이 일어날 것이다. 신장의 기능을 원활하게 해 주는 민간요법도 있다. 실제도 도움이 되는지 관심을 가져 보는 것이 어떨까 싶다. 우리 몸은 스스로 치료하고자 하기 때문에 그 치료가 원활하게 이루어지도록 몸에게 기회를 준다면 좋을 것 같다. 그러면 면역력을 강화시켜 주는 작용을 하기에 더 건강한 삶을 살 수 있을 것 같다.

의사에게 나의 몸 모두를 맡기기보다 내가 할 수 있는 방법들을 먼저 찾아보아야 한다. 정형외과나 치과 등 적극적으로 의사의 도움을 받되 스스로 면역 체계를 갖출 수 있는 방법을 적극적으로 찾아보면 어떨까 생각해 본다. 앞으로 갈 길이 멀지만 마음의 집인 몸을 돌보는 데 전력을 다한다는 것은 아무리 강조해도 지나치지 않은 것 같다.

내 몸의 주인은 누구인가?

요 며칠 사이 허리에 약간의 통증이 있었다. 평소와는 조금 다른 느낌이었다. 의자에 앉아 있을 때는 뻐근한 느낌이 들었다. 이러한 느낌은 항상 있어 왔다. 파스를 붙이거나 더운물로 샤워를 하고 나면 호전이 되기도 했다. 어떤 때는 아픔으로 양말을 신기 힘들 때도 있었다. 이 정도가 되면 일상생활에 지장을 준다. 아마 근자에 어떤 일이 무리가 되었나 보다. 혹시나 하여 부항을 뜨기도 하고 허리를 좌우로 움직여 보기도 했다. 원인은 알 수 없지만 피로도는 지속되었다. 최근에 약간 무거운 것을 든 적이 있었는데 아마 그것이 무리가 되었나 보다. 당분간 쉬면 좋아지지 않을까 낙관을 가져 보았다. 왜냐하면 여태 그렇게 살아왔기 때문이다. 그렇다고 맹신을 하는 것은 아니다. 가능하면 앉아 있는 시간을 줄이고 서서 지내거나 무리를 하지 않은 범위 내에서 생활해야 할 것 같았다. 《백년 허리》의 저자인 정선근 교수는 유튜브를 통해 허리 근육을 키우는 중요성에 대해 여러 차례 강조한다. 허리는 우리 몸의 중앙에 있어 일상생활에서 가장 중요한 부위라고 해도 과언이 아닐 것이다. 잘못된 자세로 생활하면 쉽게 다치고 주기적으로 아프기도 하는 부위인 것이다. 아프다고 해서 그때마다 병원에 가서 진료를 받는 것도 아니다. 참고 지내는 경우가 더 많은 것 같다.

아픔이라는 것은 우리 몸의 어느 곳에나 언제든지 찾아올 수 있다. 다만 정도의 차이가 있을 뿐이다. 어떤 이는 아픔을 말하지 않기도 하고 어떤 이는 조금만 아파도 연신 표현하기도 한다. 표현을 하든 표현을 하지 않든 아프다는 것은 똑같다. 보통은 치료할 수단으로 병원을 가장 먼저 떠올린다. 아프면 무조건 병원에 가라고 학교 및 사회에서 배웠고 그렇게 습관이 되어 있다. 아파서 병원에 갔는데 병원에서는 아무런 이상이 없다고 말하면 당황스러울 때가 있다. 분명히 아픈데 진찰을 해 보니 별다르게 처방할 것이 없다고 한다. 이때 드는 생각은 '병원에서 모르면 누가 알지?'였다. 사실 어릴 때부터 우리 몸에 대하여 깊게 공부한 적은 없는 것 같다. 어쩌면 가장 중요한 공부일 수도 있는데 말이다.

어릴 적, 벌에 쏘이면 해당 부위에 된장을 발랐다. 달리기를 하다가 넘어져서 무릎에 생채기가 나면 흙을 발라 지혈을 했는데 금방 나았던 기억이 있다. 하지만 병원에서는 이러한 행동은 절대로 하지 말아야 한다고 한다. 나았는데도 말이다. 지금 돌이켜 보면 그 방법이 옳았는지에 대해서는 증명할 길이 없다. 그러나 나는 분명히 나았고 생명을 그대로 유지했다. 어쩌면 이런 행동에서 면역력이 키워졌는지도 모를 일이다. 만약 지금 생채기가 조금 나면 '후시딘'을 바르거나 소독을 할 것이다. 지혈만 되면 우리 몸의 백혈구가 역할을 충분히 할 텐데 뭔가를 바른다. 그래야 안심이 된다.

내 몸의 주인은 분명히 나다. 내 몸에 대하여 스스로 공부해야 할 필요성을 느낀다. 그러면 어떻게 내 몸에 대해서 컨트롤을 할 수 있을까? 아주 큰 병이 아니라면 몸에 대한 조그마한 공부만으로도 아픔을 감소시키거나 빨리 나을 수 있지 않을까 생각해 본다. 우선 먹는 것부터 챙겨야 한다. 공장 음식을 줄이고 원활한 혈액 순환을 위해 꾸준히 운동을 하는 것은 어떨까? 또 피로를 효과적으로 풀기 위해 충분한 수면을 취하고 언제든지 달려오는 스트레스를 슬기롭게 물리칠 수 있는 마인드 컨트롤을 배우는 것은 어떨까? 강의도 듣고 의학과 관련된 서적을 탐독하는 것은 어떨까? 어떤 이는 말할 것이다.

"뭐 그렇게 별스럽게 사시나요?"

하지만 아픈 것은 나인데 내가 신경을 쓰지 않으면 누가 신경을 쓴단 말인가? 내 몸은 내가 관리를 해야 아픔이 조금이라도 덜할 것이고 아픈 날이 줄어드는 행운이 생길 것이다. 우리 몸은 항상 청춘이 아니다. 세월이 지나가면서 몸에는 찌꺼기가 쌓이고 마모될 것인데 우리 몸에 있는 자가 면역력과 자기 치유력이 있다는 믿음을 가지고 실행해 보면 어떨까?

아무리 친한 사이라고 해도 상대의 아픔에 대해서는 대신해 줄 수 없다. 상대의 아픔을 머리로는 이해하나 같이 느낄 수는 없는 것이다. 아픔에 대해 깊이 있게 생각하고 나를 더욱 사랑하고 아끼는 시간이 되었으면 좋겠다. 그리고 몸과 마음은 다르지 않다. 마음공부도 동시에 진행하면 어떨까? 내 마음대로 되는 것도 있지만 내 마음대로 되지 않는 것도 있다는 사실을 인정하면 마음에 대한 부대낌도 훨씬 줄어들 것이다. 작은 행복에 만족하고 평온한 일상이 최대의 행복이라는 것을 모르는 사람이 있을까? 작은 것에 만족하지 않고 더 큰 것을 바라본다면 욕심이지 않을까? 작은 욕심이라도 내려놓으면 훨씬 편안한 몸과 마음이 될 것으로 확신한다.

지인으로부터
오미크론 확진 소식을 듣다

    코로나19가 발병한 초기에는 확진이 되면 주위에서의 따가운 시선과 함께 상당한 두려움이 찾아왔다. 확진 사실은 국가 방역 시스템에서 연락이 오는데 어떻게 대처해야 하는지와 함께 약 2주간 격리할 것 등 행동 요령에 대해 알려 온다. 확진자가 나온 장소는 방역 당국에서 소독하고 가정집의 경우는 아파트 입구에서부터 엘리베이터 및 확진자의 방까지 소독이 실시된다. 아파트 엘리베이터 내부에도 주의 경고 문구를 부착하였던 것으로 기억된다. 동반 가족은 확진자와 접촉을 피하고 외부에서 별도로 먹을 것과 물 공급을 받게 된다. 확진자의 동선은 신용 카드를 사용한 내역 등을 통하여 알려지게 되고 그 장소를 거쳐 간 다른 사람들에게 방역 당국으로부터 PCR 검사를 받으라는 연락이 온다. 검사를 시행하고 소속되어 있는 단체에도 공유하고 방역 지침을 따르게 된다. 단체에서 누군가가 먼저 확진이 되는 경우는 시선이 집중되어 신경이 곤두서는 것이다. 그 당시 하루에 몇천 명의 확진자가 발생되었는데도 주위에는 확진자는 한 명도 없었다.

그런데 바이러스가 오미크론으로 변이되자 확진자가 하루에도 수십만 명이 넘어갔다. 단체 생활을 하는 곳에서는 하루에도 몇 명씩 카카오톡을 통해 확진자 이름이 올라왔다. 이제는 턱밑까지 확진자가 다가왔다고 직감을 하게 되었다. 단체 생활을 하는 인원의 약 30~40%가 감염되는 경우도 있었다.

대중교통을 이용하고 많은 인파가 몰리는 곳으로 가는 경우가 있다. 전처럼 확진이 되어도 동선을 추적하지 않는다. 격리도 7일로 줄어들고 7일 동안의 치료비는 국가에서 지급이 된다. 목의 통증과 기침으로 인해 병원에서 대리 처방전을 받아 약국에 제시하면 항생제 등을 처방받는 데 지출되는 금액은 '0'원이다. 다만 7일 이후의 치료 금액에 대해서는 개인이 지불한다고 한다.

다행인 것은 대부분 2~3일 정도 앓다가 증상이 호전된다고 한다. 현장에서 진료하는 이비인후과의 의사의 말에 의하면 바이러스가 보통 '상기도(코와 구강 등)'에서 치료가 되고 '하기도(기관지)'까지 가는 경우는 드물다고 한다. 약 일주일 정도가 지나면 바이러스는 전염성이 상당히 약해진다. 다만 잔기침이 지속될 수 있는데 이는 2~3주 정도면 마무리가 된다. 다만 기저 질환이 있는 경우에는 더 주의를 요할 필요가 있다.

일전에 지인으로부터 목이 아프다고 연락을 해 왔다. 혹시나 하여 선별진료소에서 PCR 검사를 받았고 결과는 다음 날 나온다고 한다. 음성이기를 기대하였으나 양성이 나왔다고 한다. 항생제가 포함된 약제를 약국으로부터 전달받았고, 인후통과 관련한 약을 구하기 위해 약국에 갔는데 물량이 없었다고 한다. 그만큼 인후통이 많다는 반증이 아닐까 싶다. 다음 날 다른 약국에서 겨우 인후통을 완화시키는 약을 구하게 되었다고 한다. 많은 사람들이 힘들어하는 상황 속에서 슬기롭게 헤쳐 가기 위해서는 모두의 지혜가 필요한 시점이 아닌가 생각한다.

오미크론은 우리가 아는 독감과 유사한 정도라고 하니 그나마 다행이라 생각한다. 확진된 분들 모두 완쾌가 되기를 기도해 본다. 증상이 심할 경우엔 적기에 치료를 받을 수 있는 시스템이 되면 좋겠는데 의료 시스템에도 어느 정도의 한계가 있어 보인다. 그래도 확진자의 추이를 보면 줄어드는 경향을 보이고 있다. 많은 사람들이 2차 또는 3차에 걸쳐 백신을 맞았기 때문에, 독감처럼 존재하더라도 퍼져 나가는 것이 예측 가능한 수준이 되고 엔데믹이 오기를 기대해 본다. 집필을 하고 있는 현재도 확진자가 하루에 만 명을 넘어서고 있다. 언제쯤 되면 코로나가 종식될 수 있을지 궁금해진다. 어떤 전문가들의 말에 의하면 엔데믹으로 가는 것이 가능할 수도 있다고 한다. 일부 대중교통 등 제외한 곳에서 마스크 착용이 해제가 되어 약간은 숨통이 트이기는 하지만 아직은 마스크 착용이 습관이 들어서인지 외부에서도 마스크를 착용한 사람이 훨씬 많은 것 같다. 너무나도 움츠려 있는 일상이 활짝 피는 벚꽃처럼 다시 피어나기를 기대해 본다.

05
자연에서 배울 수 있는 생각들을 공감하며

비닐하우스와 노지

어느새 시간의 화살은 빠르게 지나간다. 녹음보다는 낙엽이 더 익숙해지고 성실한 자연의 변화에 저절로 고개가 숙여진다. 모진 겨울을 준비하느라 잎은 수분을 차단하고 이제 얼음이 얼 것에 대비하여 잔가지에도 수분을 제어할 채비를 할 것이다. 이제 '노지(露地)'에는 녹색보다는 갈색이 더 많은 시기이다. '노지'는 국어사전에 보면 "지붕 따위로 덮거나 가리지 않은 땅"이라고 설명이 되어 있다. 지붕처럼 가려진 것이 없어서 이슬이 내리면 이슬을 고스란히 맞게 되고 하얗게 서리가 내리면 그대로 온몸으로 감수하는 것이다.

겨울의 전령사가 내리면 많은 식물은 고개를 숙이고 시들게 된다. 월동을 하는 식물들은 겨울의 초기에 이슬을 맞아 아침에는 고개를 숙이고 있다가 낮에 해가 나면 다시 생명 연장의 활동을 한다. 우리네 식탁에 자주 오르는 상추는 보통 봄에 심어서 여름 내내 수확하여 먹을 수 있는데 가을에 심어서 겨울이 되기 전까지 수확을 하는 품종도 있다.

상추의 입장에서 보면 여름의 온화한 기온은 강수량도 충분하여 성장을 하는 데 최적의 환경이 되는 것이다. 상추는 하늘 높은 줄 모르고 땅이 넓은 줄 모르게 자란다. 하지만 가을에 심은 상추는 성장함에 있어 제약이 많다. 일조량도 여름에 비해 부족하고 수분도 부족하니 내실을 다지느라 성장이 더디게 된다. 잎 하나하나가 단단해지고 잎의 두께도 두꺼워진다. 아침이 오기 전의 서리를 온몸으로 받다가 낮에 햇빛을 받으면 다시 살아나기를 몇 번이나 반복하면서 단단해지는 것으로 보인다. 보통 도시 생활보다는 농촌 생활에서 '노지'라는 말을 더 자주 듣게 된다. 해와 비, 바람을 고스란히 맞는다. 심지어는 불청객인 병충해도 온몸으로 받아들인다. 그러니 강해지지 않고서는 생존하기에 힘든 환경이 되는 것이다.

이에 반해 비닐하우스 작물은 우선 강한 햇빛을 비닐이 일정하게 차단해 주고 외부에서 불어오는 바람도 막아 주고 각종 날아드는 병해충을 막아 준다. 또한 비닐로 인해 보온의 기능이 강해서 식물이 생장하기에 좋은 환경을 만들어 준다. 그 속에서 식물은 외부에 저항을 하는 힘보다는 성장에만 주력한다. 그래서 높고 넓게 성장을 한다. 그러나 갑자기 외부의 충격이 가해지면 쉽게 무너진다. 외부의 공격에 저항을 해 본 경험이 적고 약하게 자라기 때문이다. 깊이보다는 얕고 내실을 키우기보다는 넓고 높게만 성장을 한다. 겉으로 보기에도 품질이 좋아 보인다.

생산량을 보면 비교할 수 없을 정도로 '노지'보다는 '비닐하우스'에서 재배한 것이 훨씬 많다. 우리의 눈에 보이지 않는 외부의 충격에 의한 저항력을 비교해 보면 '노지'에서 자란 식물이 훨씬 강할 것이다. 면역적인 관점에서도 이와 같을 것으로 보인다. 밭에서 자란 식물과 산에서 자란 식물을 비교해 보면 과장된 표현일까?

밭에서는 적합한 거름과 비료 그리고 병충해를 물리치는 농약을 주어서 산의 척박한 환경에 비해서는 풍족하다고 할 수 있다. 산에서는 수분이 부족하고 거름 등이 부족할 수가 있으며 병충해를 스스로 해결하지 못한다면 죽고 마는 것이다. 그래서 성장보다는 외부의 충격에 견디기 위해 온갖 노력을 다하는 것이다. 이렇게 하여 산에서 나는 식물은 온갖 어려움을 겪어 내기 위해 고농축으로 압축을 하여 외부의 환경에 이긴 것이기에 그만큼 사람의 몸에 미치는 영향이 긍정적으로 더 클 것이라고 생각한다.

식물이 이러하건대 사람의 경우에도 이에 견주어 예를 찾아볼 수 있다. '자수성가'라는 말이 있다. 네이버의 지식백과에서는 "물려받은 재산이 없이 자기 혼자의 힘으로 집안을 일으키고 재산을 모음"이라고 정의하고 있다. '자수성가를 한 사람'이라고 하면 어려운 환경임에도 불구하고 자신의 능력으로 경제적인 성공을 이뤄 사업을 크게 키우거나 부자가 된 경우를 가리킨다. 사회적으로 공헌을 많이 하고 존경받을 만한 업적을 쌓은 이들을 향해서도 쓰인다.

'자수성가'한 사람은 물려받은 재산이 없어 스스로 큰 성과를 얻기 위해 내실을 다지는 데 큰 노력을 하여 크게 이루는 사람을 보통 지칭한다. 하지만 주위 환경이 좋아 크게 노력하지 않고 어려움 없이 이룬 사람은 외부의 충격에 쉽게 무너질 수 있다. 평소에 어려움이 없었기에 모든 면에서 쉽게 대처를 하여 내성이 약한 것이다.

　세상에는 많은 유산을 받은 사람보다는 자수성가를 한 사람이 더 많다. 자수성가를 하면 외부의 충격이 와도 유연하게 대처할 것이고 비닐하우스 속에서 성장한 경우에는 모든 면을 쉽게 생각하기에 무너지기도 쉬울 것이다. 세상은 공평하여 하나가 풍부하면 다른 하나는 부족한 경우가 있다. 환경이 좋지 못한 사람은 무너지기보다는 역경을 이겨 내고 극복하는 사람이 의외로 많은데, 어려움에 처했을 때 한결 유연하게 대처하기 때문인 것 같다.

　멋진 색을 뽐내는 가을의 낙엽을 뒤로하고 차디차고 삭막한 겨울의 초입에서 자수성가와 노지에서의 공통점을 생각하면서 올겨울에도 잘 견뎌 내기를 바란다. 그리고 내년에는 좀 더 단단한 모습으로 거듭날 것을 기대한다.

환절기에
일어나는 일들

'환절기'는 계절이 바뀌는 시기라는 뜻이다. 봄에서부터 겨울까지 계절이 여러 번 바뀌게 되지만 다른 계절에서는 크게 신경을 쓰지 않지만 유독 겨울에서 봄으로 계절이 바뀔 때 환절기라는 용어를 많이 사용하는 것 같다.

그 이유를 곰곰이 생각해 보았다. 사람에 따라 다르지만 계절 중에서 가장 혹독한 계절이 겨울인 것 같다. 계절 중에서 가장 길기도 하지만 견디기 힘들기 때문에 많은 사람들이 빨리 지나가기를 기다린다. 체감으로 느껴지는 기간이 길기 때문에 빨리 봄이 오기를 바라는 마음이 간절한 것이다. 어둡고 긴 터널을 지나면 밝은 곳으로 나오듯이 봄이 오면 그 느낌은 다른 계절과는 다르기 때문이 아닐까 생각한다. 24절기 중 봄을 알리는 절기는 우수와 경칩이 있고, 입춘과 경칩 사이에 우수라는 절기가 있다. 우수에는 추운 겨울이 지나가고 눈이나 서리 얼음 등이 녹아서 빗물이 된다. 우수 전의 경칩은 동지가 지나 74일째 되는 날로서 겨울잠을 자던 동물들이 봄기운에 밖으로 나온다는 절기다. 동면하던 개구리가 놀라서 깬다고 하는데 눈이 녹은 빗물에 개구리가 놀라서 뛸 수도 있을 것 같다. 추운 겨울이 지나가고 봄이 가까이 왔다는 의미다. "우수 뒤에 얼음같이"라는 속담이 있는데 우수에 얼음이 녹아 없어지니 우수의 의미를 잘 표현한 말이라 볼 수 있다.

"우수 경칩이 지나면 대동강 물이 풀린다"라는 속담처럼 봄을 알리는 대표적인 절기임에 틀림이 없다. 조선 시대에서는 우수와 경칩에는 새싹이 돋아나기 시작하여 본격적으로 농사를 시작하는 절기로 여겼다고 한다.

《성종실록(成宗實錄)》의 기록을 보면 우수에는 밭을 갈고 경칩에는 농기구들을 미리 준비하고 정비하며 춘분에는 이른 벼를 심는다고 한다. 봄을 알리는 자연의 변화로 개구리가 눈에 띄고 추운 겨울을 견딘 냉이가 지천이다. 냉이를 캐다가 나물 및 냉이된장국을 끓이면 그 맛이 일품이고 힘이 솟는 느낌일 것이다. 성질이 급하다고 하는 개나리는 벌써 꽃망울의 색이 다르다. 급한 꽃망울은 노란색을 살짝 비치기도 한다.

희망적인 자연 속에서 사는 사람에게도 새로운 활력이 솟아나기를 기대한다. 겨우내 움츠렸던 몸에 활기가 넘친다. 추위가 심할 땐 몸이 긴장하고 마음도 단단히 동여맨 채 겨울을 난다. 감기 등 바이러스가 침투할 여력을 주지 않다가 약간만 해이하면 어김없이 바이러스는 우리 몸에 침투한다. 기침, 인후통 등 열과 함께 약 일주일 정도 우리 몸에 머문다.

일부 바이러스와 우리 몸은 공생을 하며 서로를 크게 해치지 않으면서 같이 살아가게 된다.

춘분이 지난 요즈음 부고장이 자주 날아온다. 젊은 사람과 달리 연세가 드신 분들은 이즈음에 운명을 달리하시는 것 같다. 겨우내 긴장에서 몸이 해이해질 때 병은 더욱 악화가 되나 보다.

그러고 보면 병은 육체적인 현상이지만 마음이 해이해져도 그 틈을 비집고 스며드는 것 같다. 요즈음과 같이 코로나19가 기승을 부릴 때는 더욱 증세가 심하다. 기존의 병에서 코로나19 바이러스가 합해지면 기존의 병을 이기기는 더욱 힘들다. 백신을 3차까지 접종했음에도 불구하고 코로나19 확진자가 늘어나고 있는 것을 보면 코로나19 바이러스가 계속 변이를 일으키는 것 같다.

바이러스가 수만 종이 넘을 텐데 이들 모두 백신으로 관리하기는 무리가 있을 것이다. 아마도 백신을 맞으면 악화가 되는 것을 어느 정도는 방지해 주지 않을까 조심스럽게 기대해 본다.

우리 혈액 속에는 백혈구와 적혈구 및 혈소판이 있다. 그중에서 백혈구의 주요한 역할 중의 하나는 외부 바이러스가 침투했을 때 물리치는 일종의 경찰이나 군대의 역할이다. 경찰이나 군대가 강해지면 외부의 침입에 대해 대처하는 힘이 발휘되는 것이다.

경찰이나 군대의 힘을 기르는 것이 중요한데 백혈구가 최대한 힘을 발휘하기 위해서는 신장의 기능이 중요하다. 일반인은 어떻게 하면 면역력 및 대사에 대해 도움이 되는 것인가에 대해 잘 모를 수 있지만 의학 전문가들의 말에 의하면 물을 많이 마시고 비타민을 많이 먹는 것이 좋다고 한다. 이에 전적으로 동의한다.

  왜냐하면 비타민은 백혈구의 활동력을 높여 주고 수분을 많이 섭취하면 바이러스의 활동에 제약을 주기 때문이다. 어쨌든 물과 비타민을 많이 섭취하면 면역력을 높이는 것임은 분명한 것 같다. 새로운 생명이 태어나고 생명이 다른 형태로 변하는 봄에 모든 일이 잘 풀리고 활력이 넘치길 기대하면서 물을 한 모금 마셔 본다.

**식물도 뿌리가 있는데
하물며 사람이**

식물 중에서 뿌리가 길게 자라는 식물이 있는데 두릅나무과의 '독활'이다. '땅두릅'이라고 부르기도 한다. 여러해살이풀로서 그 뿌리를 약재로 사용한다. 관절통, 두통 등 통증을 삭여 주고 혈액 순환에 영향을 주며 중풍이나 반신불수에 도움이 된다고 알려져 있다. 독활은 약초꾼들에겐 '천삼(天參)'으로도 불린다고 한다. 그만큼 뿌리가 약효를 발휘한다는 것이다.

독활은 초본 식물이다. 한 해가 지나면 줄기에 수분을 제거하고 다음 해에 또다시 새순이 돋는다. 독활은 뿌리가 근본인 것이다. 새해가 되면 뿌리에서 새순이 돋아나서 새로운 생명을 이어 간다.

뿌리가 근본인 것이 어디 독활뿐이랴? 만물의 영장인 사람도 뿌리가 있게 마련이다. 기독교나 불교 등 굳이 종교까지 가진 않더라도 조상과 후손 가깝게는 부모와 자식, 사람이 살아가는 가장 근본이고 기본이 되는 것이다.

반포지효(反哺之孝) 즉, 어미에게 되먹이는 까마귀의 효성을 나타내는 의미로 부모님의 길러 준 은혜에 대해서 자식 된 도리로 지극한 효를 다한다는 말이다. '효'라는 것이 '사람이 살아가는 근본이 아닐까'라고 조심스럽게 생각해 본다.

부모가 있어야 자식이 있고 그 부모는 조부모가 있어 세상에 나올 수 있는데, 거슬러 올라가면 이것이 뿌리가 아닌가?

뿌리 없는 나무가 없듯이 사람도 뿌리가 있는 것이다. 이는 아무리 강조해도 지나친 말이 아니라 생각한다. 그 뿌리와 연결할 수 있는 것이 고향이 아닌가 싶다. 그 고향을 생각하면 항상 그립고 아련한 추억 속에 잠기는 것은 당연한 것일지도 모른다. 현대의 도시에서 항상 깨어 있는 상태로 노력하고 경쟁하니 마음과 몸에 피로가 누적되기 쉽다. 이때 고향을 생각하면 한결 몸과 마음이 가벼워지는 이유는 무엇일까? 이는 그 시절에 누렸던 순수성과 나를 이해해 주는 지인들, 익숙한 환경 속의 포근함 덕이 아닐까 생각한다.

수구초심(首丘初心)이라는 말이 있다. 네이버 국어사전에 보면 "여우가 죽을 때에 머리를 자기가 살던 굴 쪽으로 둔다는 뜻"이다. 고향을 그리워하는 마음을 이르는 말로 죽어서라도 고향(故鄕)에 묻히고 싶은 것이 아닌가 생각한다. 여우도 이러하건대 사람이야 더할 것이다. 고향의 따스한 정과 따스한 눈길 등 누구나 그리워하는 것이 아닌가 생각한다.

이원수 작사, 홍난파 작곡인 〈고향의 봄〉 노래가 있다. 이 곡은 1926년에 어린이를 대상으로 지어진 동요인데 지금은 어른들 사이에서도 많이 불리고 있으며 정감이 있는 아름다운 곡으로 유명하다. 순수했던 어린 시절의 아름다운 고향의 풍경을 그리면서 그 속에서 지낸 세월을 그리워하고 있다. 아무리 세월이 지나도 그때 그 시절의 기억은 지워지지 않는, 아름다운 추억이 고향에 고스란히 남아 있는 것이다. 기억의 중심에는 고향의 집일 수도 있고 고향의 언덕일 수도 있고, 아니면 고향 속에 있는 담벼락일 수도 있다. 이 모든 것을 떠올리면서 미소를 짓게 된다. 삶이 힘들 때 활력이 되기도 하는 고향은 우리네 마음속에 자리 잡고 있는 보석과도 같은 존재라고 생각한다. 그래서 이 보석을 더욱 잘 지키고 다듬어서 미래의 후손에게 물려주어야 하지 않을까 생각해 본다. 타향에서 생활하는 사람에게는 포근한 고향이 뿌리가 되는 것이다.

지난번 출간을 하였던 《그리움의 여정을 찾아서》 에세이집을 분당에 사시는 지인에게 선물로 드렸다. 그 책을 읽으시고 고향 분들의 카카오톡 방에 책 소개를 하셨다. 필자와는 연배의 차이가 많아서 글을 올리기가 조심스러워 읽기만 하는 카카오톡 방이다. 그분 덕분에 고향의 여러 선배님들로부터 축하의 메시지를 받았다. 정확하게 누군지는 기억이 나지 않아도 단지 고향의 선배라는 것만으로도 고마움과 훈훈함을 느끼는 것은 당연했다. 같은 고향에서 자랐던 그 기억들이 따스하게 다가오면서 도시 생활에서의 차가운 마음을 한순간에 녹여 주는 것 같아 감사했다. 고향의 향수에 젖을 수 있는 모든 분들의 건승을 기원해 본다.

봄과 가을이 공존

며칠 만에 양재천엘 나가게 되었다. 수양버들에 물이 오르고 산수유가 피어나고 개나리가 피었다. 벌써 벚꽃은 피고 지는 분위기였다. 길은 온통 꽃길이었다. 올해엔 개나리와 목련 그리고 벚꽃이 거의 동시에 피었다. 벚꽃 몽우리가 보이고 벚꽃이 피는 것을 적응하는 데는 오래 걸리지 않았다. 사람은 추우면 추운 대로 더우면 더운 대로 적응력이 빠른가 보다.

우리나라는 4계절이 뚜렷하다고 한다. 그런데 요즈음에는 봄인가 싶으면 바로 덥다는 말이 나오고 이제 좀 더위가 지나가나 싶으면 이내 찬 바람 이야기가 나온다. 기후 변화로 인해 사계절의 경계가 점점 허물어지나 보다. 4월과 5월의 계절은 춥지도 않고 덥지도 않은, 일 년 중에 며칠 없는 좋은 날씨다. 이 짧은 기간도 코로나19가 오기 3년 전까지만 해도 황사다 미세 먼지다 하여 외출 시 마스크를 착용했다.

이제는 오히려 황사나 미세 먼지만 있으면 좋겠다고 생각할 정도이다. 팬데믹이 시작된 지가 2년이 넘었고 3년째에 접어들고 있다. 실내나 실외 구분 없이 항상 마스크를 착용하고 있다. 시간이 지나 실내에서는 권고 사항으로 바뀌게 되었다. 겨울에는 마스크가 약간의 보온 역할을 한다. 그런데 여름엔 옷을 얇게 입어도 더운데 마스크를 착용하니 내 코에서 나온 열기가 다시 내 몸속으로 들어가 더 덥다. 팬데믹 초기에는 어떻게 여름에 마스크를 착용하나 걱정되었는데 두 번째 해에도 무난히 마스크를 착용하고 지내게 되었다. 전염병에서 살기 위한 몸부림인가. 더위쯤은 견디기가 쉬웠나 보다. 그러나 몸에 열이 많은 사람들은 더 힘이 들 것으로 본다.

아직 아침을 먹지 않았다는 사실을 잊은 채 양재천의 갖가지 핀 꽃들을 보았다. 어느새 싹이 올라온 튤립은 경이롭기까지 했다. 노란색, 빨간색 등이 군락을 이룰 때는 그 모습이 장관이었다. 서울의 도곡동에는 '타워팰리스'라는 주상 복합의 큰 건물이 있는데 그 앞 양재천으로 발길을 옮겼다. 수양벚꽃을 보기 위해서였다. 일반 벚꽃과 다른 점은 나뭇가지가 땅으로 향한다는 것이다. 마치 조선 시대 과거 급제를 한 사람이 착용한 어사화를 연상케 했다. 축 늘어진 가지 위에 핀 꽃은 환상 그 자체였다.

올해는 사정상 약 일주일 늦게 구경을 나왔는데 절정이 지났나 보다. 꽃이 이미 많이 떨어진 후였다. 그래도 남은 꽃잎을 볼 수가 있어 다행이었다. 특히 분홍빛의 꽃잎은 정말이지 예뻤다. 양재천의 가장 아래 부분에는 길 한쪽으로 자전거가 다니고 또 한쪽으로는 사람들이 다녔다. 자전거를 신나게 타는 동호인들도 눈에 띄고 바람을 가르며 지나가는 모습이 활기가 넘쳤다. 자전거 길과 양재천 물이 흐르는 곳 사이에 공원이 조성되어 있고 그 사이에 갈대 종류의 풀이 심겨 있었다. 이미 줄기의 수분을 제거한 후라 갈색으로 변해 있었다. 또 한쪽에는 봄풀들이 서로 키 자랑을 하듯이 자라고 있었는데 갈색과 녹색이 묘한 조화를 이루는 것 같았다. 계절로 보면 반대 계절인데 공존하는 모습이 전혀 낯설지 않았다. 어린아이와 노인이 공존하듯이 자연의 세계에도 공존의 가치가 인정되나 보다. 어쩌면 당연한 것을 혼자서 새로운 느낌이라고 호들갑을 떠는 것인지도 모른다.

모든 것을 품고 있는 자연의 순리에 고개가 숙여진다. 잘난 사람이 있으면 못난 사람도 있고 키가 큰 사람이 있으면 키가 작은 사람이 있고 잘 사는 사람이 있으면 못사는 사람이 있는데, 사회에서는 저마다의 잣대를 가지고 세상을 본다. 자기에게 유리하면 기쁘고 자기에게 불리하면 기분이 나빠서 우울해진다. 하지만 자연은 그렇지 않다. 새싹이든 마른 가지이든 하나도 이상하지 않고 서로에게 간섭도 하지 않는다. 그대로 인정하는 자연이 마냥 부러울 따름이다. 이런 생각을 하는 나는 언제쯤 자연을 닮아 가고 자연스럽게 받아들일 수 있을까? 오늘은 그저 산책하는 시간 그 자체가 즐겁고 고마운 일이었다.

산토끼와 산모기

동화에 토끼가 자주 등장한다. 경제적인 이야기에서도 실적을 이야기할 때 산토끼와 집토끼를 예를 들어 설명하기도 한다. 산토끼는 앞으로 잡아서 실적을 올려야 하고, 집토끼는 이미 잡은 것이라 관리만 잘하면 실적이 오른다. 산토끼를 많이 잡아야 하면서도 집토끼도 잘 관리해야 하는, 어느 것 하나도 소홀히 해서는 안 되는 양면 작전을 벌여야 승리하는 것이다. 이는 사람의 입장인데 입장을 바꾸어 토끼의 입장에서 보면 이렇다. 산토끼는 우선 자유가 보장되어 있으나 먹을거리는 스스로 구해야 하고 적을 항상 경계해야 한다. 잠시라도 약한 모습을 보일 때는 천적의 먹잇감이 되기 쉽다. 스스로 먹을 것을 구하기 때문에 힘들기는 하지만 싱싱한 것을 먹을 수가 있다.

집토끼는 일정한 공간, 즉 우리 속에 갇혀 있지만 먹을 것은 대부분 사람이 제공해 준다. 그래서 다소 긴장감은 약할 수 있다. 건강한 밥상보다는 사람이 먹고 남은 찌꺼기를 먹는 경우도 있고, 싱싱한 풀을 먹는 행운도 가질 수 있다. 또 토끼 사료를 먹기도 한다. 집토끼는 우리 속에 있다

보니 운동 부족으로 살이 찌는 경우가 많다. 그래서 집토끼보다는 산토끼가 건강할 것으로 생각된다. 운동량은 산토끼가 월등히 많을 것이고 먹는 것도 훨씬 싱싱할 것이다. 하지만 먹을 것이 부족한 겨울철에는 이야기가 달라진다. 서로 장단점이 있어 어느 것이 항상 좋다고는 말하기 어렵다.

    야생에서 사는 동물과 집에서 키우는 동물은 다양하다. 그중에 사람이 키우는 경우도 있고 사람이 원하지 않았지만 집에 같이 사는 경우도 있을 것이다. 그중에서 사람이 원하지 않는 ― 아니 아주 싫어하는 ― 것이 모기라 해도 과언이 아닐 것이다. 요즘 모기는 고층 아파트에서도 서식한다고 한다. 아마 엘리베이터를 타고 고층으로 올라가는 것이 아닐까 싶다. 짧은 반팔을 입고 잠시 동안이라도 움직이지 않으면 그사이 모기는 주둥이를 사람의 피부에 꽂고 피를 빨아 먹는다. 순간적이다. 모기가 피부에 붙는다는 느낌이 있을 때 빨리 모기를 쫓아내면 되는데 굳이 모기를 손바닥으로 쳐서 잡는다. 약간의 시간 차이로 모기를 잡는다고 해도 피를 빨아 먹은 이후라 이미 늦은 것이다. 이때부터 가려움은 시작된다. 모기는 잡았지만 나도 모기에 물린 이후다. 누구에게 이득이 있는 것일까? 쌍방 피해자가 아닐까? 간지럽기도 하지만 무서운 병을 옮기는 경우도 있어 모기는 피하는 것이 상책이다. 가정에서 모기를 피하는 방법으로는 모기약을 뿌리거나 모기향을 피워 모기를 쫓는 방법이 있다. 모기 기피제를 피부에 발라서 모기를 쫓기도 한다. 가장 확실한 방법은 모기장을 치는 것이다. 귀찮은 점이 있지만 말이다. 가정에서 모기가 접근할 때 몸부림을 치면 이내 모기는 접근을 하지 않다가 시간차를 두고 다시 접근한다. 눈앞에서 빨리 움직이거나 귀 옆에서 '웽웽'거릴 때는 정말이지 성가시다.

그렇지만 산모기는 성가신 정도를 넘어선다. 보통 산속이나 풀밭에 갈 때 산모기가 덤비는데 눈앞과 귀 주변뿐만 아니라 어쩌면 얼굴 전체가 노출되어 있어 모기 밥이 되기 십상이다. 어떤 경우엔 옷을 뚫고 주둥이를 내민다. 손사래를 치면서 쫓아내지만 이내 또 덤벼든다. 한꺼번에 여러 마리가 덤비기도 하고 한 마리가 집요하게 덤비기도 한다. 운 좋게 모기를 잡는다고 해도 다른 모기가 또 덤빈다. 이때 잡은 모기는 주로 검정색이며 줄무늬 모양을 가진 독한 모기다. 집모기와는 천지 차이다. 집모기는 왠지 약해 보인다. 천적이 없어서일까? 아니면 콘크리트 속에서 자라기 때문일까? 산모기는 훨씬 건강해 보인다. 모기를 피하기 위해 손사래를 쳐도 집요한 정도가 대단하다. 집모기는 산모기에 비할 바가 못 된다. 경쟁력을 보면 당연히 산모기가 우세할 것이다. 당장 내가 모기에 물려 간지러운데 산모기의 입장을 고려하기는 좀 그렇지만 말을 하자면 그렇다는 것이다.

산토끼와 산모기를 보면서 사람의 경우에 대해서 여러 가지 생각이 든다. 생존의 측면에서 보면 산에서 자라는 경우는 아주 치열하다. 한 치의 긴장도 풀 수가 없다. 모든 것을 스스로 해결해야 하기 때문에 더 건강하고 더 경쟁력이 없으면 천적의 밥이 되기 때문에 더 강할 수밖에 없다. 그러나 집에서 자라는 경우는 시간이 되면 먹을 것이 쉽게 해결되고 추위와 더위 기타 날씨에도 집이 지켜 주기 때문에 굳이 긴장을 하지 않아도 살아가는 데 큰 지장은 없다. 주위에 비슷한 상황이 이어진다면 더욱 온실 속에서 키워지는 화초처럼 강해질 필요 없이 그저 성장에만 집중을 할 것이다. 그러니 크기는 크게 되지만 약한 화초가 되는 것이다. 만약 외부의 비바람에 노출되는 날에는 바로 꺾여 줄기가 부러지게 되는 것이다.

비근한 예로 산삼과 인삼을 보면 같은 씨앗인데도 산에서 자라면 산삼이라 하고 밭에서 재배를 하면 인삼이라 한다. 산삼은 보호받을 수 있는 외부 환경 없이 오로지 홀로 자란다. 햇빛과 습도 및 온도의 변화가 있어도 생존을 위해 강해지고자 한다. 하지만 인삼은 다르다. 인삼이 잘 자랄 수 있는 토양이 먼저 준비되어 있고, 햇빛을 차단하는 차단막 아래에서 자란다. 잡초를 제거하여 잡초와의 영양분 쟁탈전을 벌이지 않아도 된다. 강한 약성을 낼 필요가 없어 산삼보다는 재배가 잘될 것이다. 그 약성의 차이는 가격 면에서 상당히 차이가 난다. 주위의 환경을 스스로 이겨 내면서 자란 것은 곤충이든 식물이든 강한 생명력을 가진다. 사람의 경우도 마찬가지라고 생각한다. 주위에는 자라 온 환경이 보잘것없어도 굴하지 않고 이겨 내어 자수성가하여 성공한 삶을 사는 분들이 많다.

환경은 누구에게나 동일할 수 없다. 좋은 환경이라도 여기에 몰입되어 있으면 약하게 성장하고 어려운 환경이라도 환경을 탓하지 않고 스스로 헤쳐 나가는 사람은 언젠가는 빛을 보게 된다. 이러한 생각은 굳이 산모기에게 물리지 않아도 알 수 있는 것이 아닌가? 모기에 물려 간지러운 데 생각이 여기에까지 오게 되었다. 이는 모기가 사람에게 주는 가르침인가? 가을의 초입이라 밭에 심은 콩이 잘 자라고 있다. 그사이의 모기는 더욱 건강하게 자라고 있었나 보다. 이는 좋아해야 할지 싫어해야 할지 모르겠다. 아니면 당연한 것인데 괜히 내가 중간에 껴서 좋고 싫음을 표시하는지 모를 일이다.

자연은 남을
가르치려 하지 않는다

 언제였던가, 옹벽 아래에 담쟁이를 심은 적이 있다. 거의 춘분이 지나고 심었는데 그 당시는 담쟁이가 갈색이었다. 어느새 5월이 다가오고 심었던 담쟁이에 싹이 올라왔다. 어떤 담쟁이에는 작은 잎이 돋았다. 조금 더 기다리면 아마 빨판(덩굴손)의 위력을 발휘하는 모습을 보는 행운을 누릴지도 모른다. 옹벽 위로 자랄 수 있도록 자리를 잡아 벽에 잘 달라붙을 수 있도록 해야 할 것 같다. 묘목 시장 사장님이 말하기를 담쟁이는 물을 좋아한다고 한다. 최소한 일주일에 한 번은 물을 주는데 벽을 타고 잘 올라가기를 기대해 본다.

 근처 산으로 올라가는 길가에 벚나무가 몇 그루 보이고 벚나무 위에 담쟁이가 보였다. 담쟁이가 갈색 잎을 띠고 있을 때는 몰랐는데 이제 제법 연두색으로 변했고 눈에 띄었다. 담쟁이는 바다에 사는 문어처럼 빨판을 이용하여 나무나 벽에 붙어서 줄기가 자라면서 오른다. 물론 가을이 되면 수분을 제거하지만 다음 해에 다시 새순이 나온다. 자연의 바람을 견디는 것은 벚나무인데 이 나무의 줄기를 타고 담쟁이가 올라오고 있었다.

 담쟁이는 스스로 오르지만 뭔가 지지할 수 있는 것이 있어야 타고 올라가는 것이다. 올라가는 담쟁이도, 올라갈 수 있도록 그대로 있는 벚나무도, 그 어떤 분쟁도 없어 보였다. 그저 그렇게 같이 공존하고 있다.

 어릴 적 병아리를 키워 본 적이 있다. 많은 수의 병아리들을 같은 장소에서 키웠다. 한 마리가 이동하다가 다른 병아리 위에 올라가도 전혀 화를 내거나 하지 않고 그저 바라만 보고 자기의 할 일만 했다. 우리가 살아가는 세상과는 너무나 달랐다. 내가 여기에 서 있는데 누군가 나를 타고 올라가면 기분 좋아할 사람은 없을 것이다. 자연 현상으로 생각하면 그 어떤 불평도 하지 않는 것인데 사람은 불평을 한다. 아마 "남이 해 놓은 곳을 오르시면 안 됩니다"라고 정중히 말하거나 아니면 좀 거친 표현으로 말할지도 모른다. 뭔가에 오르는 것이 잘하는 것이든 아니든 자연에서는 큰 의미가 없는 것 같다. 그저 벚나무 아래에 담쟁이가 있어 담쟁이는 오르는 것이고 벚나무는 누군가가 오르니 그냥 있는 것이다. 조화란 무엇인가? 내가 옳고 남은 그른 것이 아닐 것이다. 나와 남을 구분하지 않고 같이 존재하는 것인가? 아니면 조금씩 양보하면서 같이 생존하는 것인가?

 옳고 그름의 문제는 아닐 것이다. 손익의 문제보다 공존, 공생으로 받아들이는 것이 어쩌면 평온을 유지하는 것일 수도 있다. 그러나 세상은 나와 남을 구분한다. 그리고 손익을 계산한다. 손해가 나면 소송도 불사한다. 이것 또한 과언은 아닐 것이다. 자기의 이익을 챙기는 것이 당연한 것일지도 모른다. 다만 그 경계가 어디인지는 각자의 영역과 가치관에 따라 다를 것이다.

옳고 그름을 따져서 이익을 챙길 수도 있고 경중을 따져서 공생을 택할 수도 있다. 이 모든 것을 스스로 선택할 수 있는 상황이면 평온할 것이다. 다만 반드시 그래야만 하는 환경이면 약간의 무리수를 동반하여 이루어야 할 것이다. 일어나는 일들에서 어떤 결정을 할지는 고민이 필요하고, 다만 이 또한 상황에 따라 다를 것이다. 이익을 소중히 여길 수도 있고 평온에 더 가치를 둘 수도 있는데 이는 각자가 선택하는 몫이다.

다른 시각으로 보면 벚나무는 자랄 수 있을 때까지 높이 자랄 수가 있지만 담쟁이는 벚나무보다 더 높이 자랄 수 없다. 상대의 높이까지 올라가면 최선이 되는 것이다. 이 또한 벚나무가 옳고 담쟁이가 그른 것은 아닐 것이다.

가수 양희은의 노래 〈한계령〉의 가사를 보면 "저 산은 내게 내려가라 내려가라 하네 지친 내 어깨를 떠미네"라는 구절이 있다. 가사 하나하나가 사람의 마음에 잘 다가오게 표현되어 있고 감동이 전해진다. 사람이 오르는 산을 욕망 혹은 권력으로 비유할 수도 있는데 그것을 채우기 위해 계속 오르는 경우도 있을 것이다. 노래의 말미에 "지친 내 어깨를 떠미네"라는 가사가 마음에 남는다.

《진짜 나로 살 때 행복하다》의 저자 박은미 철학 박사는 말했다. "바닷물은 메울 수 있지만 사람의 마음은 메울 수가 없다." 유한한 바다는 시간이 지나면 메워지겠지만 사람의 마음은 무한하기에 나온 말이 아닌가 한다. 그 넓이는 한도 끝도 없고 사람 욕망의 끝은 알 수가 없다. 몇십억을 가진 부자는 집도 여러 채 있고 차도 여러 대가 있지만 항상 뭔가가 불만이다. 이 집은 이런 불편함이 있고 저 차는 색상 등이 이래서 싫고 단점을 찾는 데 도가 튼 것이다. 남들이 볼 때는 아무런 걱정거리가 없을 것만 같은데 말이다. 일반인은 몇십만 원이나 몇백만 원을 가지고 고민을 하고 갑부들은 몇천억을 가지고 걱정을 한다고 하니 세상에 걱정이 없는 사람은 없고, 저마다 감내할 수 있는 걱정을 하는 것 같다.

담쟁이가 자연스럽게 벚나무에 오르는 것과 사람이 뭔가를 채우기 위해 오르는 것은 분명 다를 것이다. 올라가야 자연스러운 것과 지친 어깨를 위해 내려가야 하는 본질의 문제 사이에서 잠시 발걸음을 멈추어 본다.

밝은
희망을 심다

봄의 향연이 만연하다. 어디를 가더라도 꽃이 만개해 있다. 그중에서 가장 눈에 띄는 꽃은 철쭉이다. 다홍색에서 흰색까지 다양하다. 사람들마다 색에 대한 호불호가 다르다. 어떤 사람은 붉은색이 좋고, 다른 사람은 분홍색이 좋다고 한다. 흰색도 있는데 이 색은 왠지 국화꽃을 연상케 한다. 어쩌면 장례식을 연상하게 되는 것은 필자만의 편견일지도 모르겠다.

올봄에 철쭉꽃을 심을 수 있는 기회가 생겼다. 경기도 과천에 있는 한 묘목 시장에서 붉은색 100그루와 진한 분홍색 80그루를 구입했다. 차량 내부를 정리하고 한차에 180그루를 실을 수가 있어서 다행이었다. 나무와 나무 사이를 약 20cm로 띄우고 심으라고 묘목 시장 사장님이 당부했다. 처음에 심을 때 물을 듬뿍 주라고도 말했다.

철쭉꽃의 뿌리에 흙이 붙어 있어 식목 후에 잘 자랄 수 있을 것 같았다. 보통 공원에서 철쭉꽃을 보면 한 장소에 모여 있는 철쭉꽃을 보게 되는데 뭉쳐져 있으니 한결 보기에도 좋고 감동이 전해졌다. 이것을 위해 같은 색을 같은 장소에 집중적으로 심었다. 다른 장소를 물색하여 평소 콩이나 쪽파를 심었던 곳에 철쭉꽃을 심었다. 어쩌면 180그루 모두를 심기엔 조금 모자라지 않을까 생각했는데, 언덕이나 우물가에도 심고 원두막 근처에도, 쑥갓 씨를 뿌린 곳에도 철쭉을 심었다. 이미 쑥갓 싹이 나고 있는 곳인데 그 위에 철쭉꽃을 심으니 쑥갓에게 약간 미안했다. 꽃이 예쁘게 피어서 쑥갓에게 덜 미안하였으면 좋겠다. 우물가는 산 아래 위치해 있는데 풀이 무성하여 삽이 잘 들어가지 않았다. 그래도 힘껏 구덩이를 파고 철쭉 뿌리가 들어갈 정도로 만들고 흙으로 덮었다. 어쩌면 산 아래라 철쭉꽃이 더 잘 자라지 않을까 기대되었다. 4월 말이라 그런지 구입한 철쭉은 이미 조금씩 꽃이 피어 있었다. 그래서 그런지 덜 허전한 느낌이었다. 재작년에 심은 철쭉꽃의 색은 밝다기보다 눈이 부실 정도였다. 자연이 만들어 낸 색은 보면 볼수록 신비롭고 힘이 있다.

조그마한 꽃도 자연에서는 저마다의 특색이 있으며 힘이 느껴지기도 하고 편안한 느낌을 주기도 한다. 누가 그렇게 시키지도 않았을 텐데 그저 신비감마저 든다. 큰 꽃이 피기도 하도 아주 작은 꽃이 피기도 한다. 향기가 있기도 하고, 없기도 하는 등 그 누구와도 비교를 하지 않고 있는 그대로를 나타낸다. 꽃이 크다고 자랑하지 않고 향기가 있다고 뽐내지도 않는다. 거름 위에 꽃이 있어도 길가 보도블록 사이에서 꽃을 피워도 누구도 원망하지 않고 자신의 위치에서 묵묵하게 자신의 할 일을 다할 뿐이다. 사람과는 다른 평화의 원천이 될지도 모른다는 생각도 해 본다. 꽃이 필 때 꽃이 피고 나뭇잎이 돋아날 때 나뭇잎을 키우고 씨를 맺을 때 씨를 맺는 스스로 그런 자연인 것이다. 때를 알고 누구와도 비교를 하지 않으며 조화롭게 살아가는 것이다. 서두르지도 않고 게으르지도 않는다. 참스승은 자연인 것 같다.

심는 자와
베는 자의 차이

    지금도 시간은 자취를 남기지도 않은 채 지나가고 있다. 지나가는 시간 속에 어딘가 마음 둘 곳을 찾기 위해 높은 하늘과 맑은 공기가 가득 찬 자연을 기대하며 차량에 올랐다. 항상 자연을 생각하면 도회지에서 지친 몸과 마음이 힐링이 된다. 그 이유는 하고픈 일을 하고 눈이 녹색을 향하니 마음마저 편안해지는 것이다. 도착 장소에 점점 다가서자 이상한 느낌이었다. 하늘이 훤해졌다. 평소에 보였던 소나무며 도토리나무 등이 보이질 않았다. 그 대신 굴삭기와 나무를 나르는 큰 트럭만 보이고 굉음이 들려왔다. 간간이 새소리는 들렸지만 새가 노래를 부른다기보다 왠지 절규하는 것 같았다. 몇십 년 동안 푸르름이 가득한 숲이 어느새 훤하게 된 것이다. 뭔가 모두 다 드러난 느낌, 아늑한 것이 없어진 느낌. 이 느낌은 비단 나만의 느낌은 아닐 것이다. 새들이 뭔가 소리를 내는데 사람이 알아듣지는 못하지만 실망의 소리가 아닐까 싶다. 산 주인의 입장에서는 내가 소유한 것에 대한 행동인데 뭐라 할 수는 없지만 옆에서 보면 허전함은 어쩔 수 없다. 벌목을 하여 그곳에 뭔가의 건축물을 짓기 위함일 것일 텐데 희생이 너무나 크게 느껴진다.

　힘 있는 굴삭기를 사용하여 나무를 넘어뜨리고 흙을 파내지만 어느새 자연은 다시 복구할 것이다. 다만 시간의 흐름이 필요한 것이다. 사람의 입장에서 보면 몇십 년은 걸리겠지만 자연의 입장에서 보면 찰나일 수도 있다. 그 복원력은 정말이지 대단하다. 나무를 무너뜨렸다고 사람은 말한다.
"내가 나무를 이겼다."
"저 큰 언덕을 헐었으니 내가 승리를 한 것이다."
"이곳에 건물을 지었으니 내가 자연을 정복하였다."
　하지만 길어 봤자 100년이 지나면 그 건물은 낡게 된다. 곧 허물어짐을 맞이하는 것이다. 하지만 자연이 이룬 것은 1,000년이 지나도 그대로인 것이 너무나 많다. 길가에 뒹구는 돌멩이도 100년 아니 200년이 지나도 그대로일 것이다. 하지만 현재의 벌목 및 산의 붕괴를 바라볼 수밖에 없는 상황이 못내 아쉽기만 하다.

　산에 산불이 나고 나무가 없어졌을 때 새로이 식목을 하는 것은 새로운 숲을 이루어 자연의 생태계를 유지하기 위한 것이다. 산에 나무가 많으면 비가 와도 나무가 물을 흡수하여 산 아래로 흐르는 물이 적어지고 새들이 보금자리를 마련한다. 나무 아래의 생태계가 유지되어 자연과 사람이 조화롭게 공생하는 것이다. 단지 경제적인 이유로 자연을 파괴하여 그 속에서 자라고 사는 모든 생명체가 없어지는 것이 과연 옳은 일인지 다시 생각해 본다.

없어진 숲을 일부나마 복원하고자 울타리 안에 메타세쿼이아와 회화나무 그리고 자작나무를 심었다. 몇 년 후엔 기존 산의 숲만큼은 아니지만 새들의 지저귀는 소리를 다시 들을 것이다. 자연을 보고 힐링을 하고 자연을 보면서 새로운 스승을 만난 듯 친한 옛 친구를 만난 듯 푸근한 마음이 들 것으로 기대한다.

뉴턴의 말이 생각난다.
"내일 지구가 멸망해도 나는 오늘 한 그루의 사과나무를 심겠다."
나무를 심는다는 것은 미래의 희망을 주는 의미로 생각된다. 나무를 심어 희망과 희망이 모이게 되고 특별한 이변이 없는 한 숲을 이루고 거기서 새로운 생태계가 생겨서 자연의 조화로움이 함께할 것으로 기대한다.

어디까지가 옳은 일이고 어디까지가 그른 일일까? 요 며칠 사이에 겪은 일을 생각하면 도무지 그 경계가 떠오르질 않는다. 같은 일을 보고서도 그 일에 대한 느낌과 생각이 정반대인 것을 보면서 도무지 혼란스럽다. 언제쯤 되면 정반대의 생각을 하는 사람과도 소통을 할 수 있을지 모르겠다.

공자(孔子)는 논어 위정편(爲政篇)에서 이렇게 회고하였다고 한다. 나이 15세에 학문에 뜻을 두고(吾十有五而志于學), 30세에 뜻이 확고히 서며(三十而立), 40세에는 미혹되지 않고(四十而不惑), 50세에는 하늘의 뜻을 알게 되고(五十而知天命), 60세에는 남의 말을 듣기만 해도 이치를 깨달아 이해하게 되고(六十而耳順), 70세에는 무엇이든 하고 싶은 대로 하여도 법에서 벗어나지 않는다(七十而從心所欲 不踰矩).

'이순'은 '육십이이순(六十而耳順)'에서 그대로 적은 것이다. 한자의 뜻대로 해석하면 '귀가 순해진다'가 되는데 해석하는 사람에 따라 다를 수는 있지만 귀가 순해져서 들리는 모든 말을 이해한다는 것이 대체적인 해석이라고 한다.

아무리 생각해도 이순이 되지 않으니 이는 60세가 되지 않았기 때문만은 아닐 것이다. 나무를 베는 소리를 듣고 화가 나지 않으며, 누가 아무리 험한 말을 해도 평정심을 유지하는 것은 일반인의 경지는 아닐 것이다. 하여튼 나무는 항상 그 자리에 있어야 한다는 집착을 버려야 한다. 험한 말을 들어도 내가 아닌 제삼자에게 영향을 미치거나, 말을 내뱉은 사람에게 되돌아간다. 이것이 나와는 상관없는 일이라면 내 마음이 고요하고 평화로워질 수 있을까? 아직은 수양의 단계로 갈 길이 멀어 보인다. 머리로는 이해하나 가슴으로 이해하려고 노력하는 그 자체가 수양의 과정 중이 아닐까 생각해 본다. 귀가 순해져서 개인적인 감정에 얽매이지 않고 모든 말을 객관화하면서 이해할 수 있는 나이, 60세가 되면 할 수 있을까? 하여튼 이제 더 이상 나무 베는 소리가 나지 않고 새로운 나무를 심어서 작은 숲이라도 형성되어 새들이 다시 지저귀는 소리를 듣게 되기를 기대해 본다.

허무는 사람과
희망을 논하는 사람

오랜만에 경기도 안산시에 있는 백운 공원에 올랐다. 코스가 달라졌다. 지난번까지는 공원 입구의 골프 연습장 옆 길을 이용하였는데 연습장 옆에 골프공이 날아와 있는 것을 보니 공이 골프 연습장 그물을 뚫고 나올 수도 있겠다는 생각이 들었다. 그 옆을 지나는 사람은 어쩌면 골프공의 위험에 노출될 수 있고, 골프 연습장 안에서 운동을 하는 사람들도 본인의 공이 등산객을 위협할 수도 있다는 생각이 들 것 같다.

거의 1년을 이용한 길이지만 어느 날 등산로 입구에 푯말이 붙어 있었다. 이곳은 등산로가 아니므로 길을 폐쇄한다는 것이다. 시에서 붙였는지 아니면 개인이 붙였는지는 모르지만 누군가의 판단에 의해 폐쇄가 된 것이다. 그럼에도 불구하고 계속 이용할 수도 있지만 굳이 그럴 필요는 없겠다는 생각에 등반을 접은 상태였다.

우연한 기회로 우회로를 걷는 중에 또 다른 등산로를 발견했다. 초기에는 급한 경사라 약 100m 정도를 올라가니 평지가 나왔는데 그때까지는 숨이 찼다. 잠시 가방을 내려놓고 숨을 고르며 물을 한 모금 마셨다. 신선한 공기가 폐 속으로 들어오니 시원한 느낌이었다.

하지만 등산로 입구에서부터 '위잉위잉' 하는 소리가 들렸다. 이건 무슨 소리지? 라는 궁금증을 가지고 주변을 두리번거렸다. 전기 쇠톱을 든 몇 명이 나무를 베어 내고 있는 것이었다. 베인 나무의 나이테를 보니 아마 20년 이상은 넘어 보인다. 좋은 숲이라고 생각하는데 왜 이리 벌목 작업을 하는 것일까? 누군가의 결정으로 이루어지는 것이겠지만 조금은 무거운 마음으로 등산길을 올랐다. 등산로 초입을 지나자 플래카드가 보였다. 아카시아의 수종을 베어 내고 편백나무 조림을 한다는 내용이었다. 백운 공원의 반대쪽은 작년에 편백나무로 새롭게 조성을 하였는데, 멀리서 보면 나무가 보이지 않았다. 가까이 가면 약 1m 정도의 키를 가진 나무가 심겨 있었다.

이제는 반대쪽에도 새롭게 편백나무 조성 작업을 하는 모양이었다. 울창한 숲의 맑은 공기가 좋았는데 새롭게 편백나무 표목을 심으니 당분간은 하늘이 훤하게 보일 것 같다. 몇 년 후가 될지는 모르겠지만 편백나무가 자라면 새로운 공기 특히 피톤치드가 넘치는 숲이 되지 않을까 기대되었다.

아울러 인근에 식목을 한 메타세쿼이아도 몇 년 후에는 새로운 숲을 형성하여 새들이 날아와서 노래하는 모습을 보여 주길 기대한다.

이미 조성된 숲이 없어지는 안타까움이 있지만 새로운 희망을 가질 수 있어 다행이고 그 희망이 많은 사람들을 행복하게 해 주길 바란다. 한 해와 한 해가 지나가면서 울창한 숲이 우거지고 새들의 보금자리가 새롭게 마련되어 새로운 희망을 잉태하여 피어나기를 기대해 본다.

늦게 피는 꽃은 있어도

산책을 하기엔 좋은 날씨였다. 평지를 걸을 수도 있었지만 산의 중턱에 산책길을 조성해 휴식을 하거나 운동을 할 수 있는 장소가 있어 야산에 오르게 되었다. 천천히 오르막길을 따라 산책을 하는 사람도 있고 조깅을 즐기는 사람도 보였다. 산책길 한쪽에는 보행 매트가 깔려 있어서 비가 올 때 흙이 튀지 않아서 좋았다. 보행 매트는 천연 재료라 산과 잘 어울리고 흙색과 비슷하여 조화롭게 보였다. 장시간 사용할 때는 낡아서 일부분이 훼손되기도 하지만 그다지 보기에 흉하지는 않았다. 낡아서 해진 매트 위로 까치가 날아와 머리카락이 뭉친 것처럼 생긴 매트 조각을 입으로 물고 나무 위로 올랐다. 아마도 까치집을 짓는 재료로 사용하려는 모양이었다. 그러고 보면 자연에서는 하나도 버릴 것이 없는 것 같다. 산책길의 양쪽으로 철쭉꽃이 심겨 있었다. 작년에는 매일매일 철쭉꽃을 감상하는 행운을 얻어 눈이 즐거웠던 기억이 있다. 올해에는 특별하게 바쁜 일이 있지도 않았는데 철쭉꽃을 볼 기회를 많이 가지질 못한 것 같다. 그래도 가끔은 철쭉꽃을 볼 수 있어 다행이다.

산에서 보는 철쭉꽃의 색과 자동차가 다니는 도로변에서 피는 철쭉꽃의 색은 달라 보였다. 길가에서 피는 꽃의 색도 좋지만 산에서 피는 철쭉꽃의 색은 더욱 맑고 청아하게 느껴지고 감동이 밀려왔다. 어쩌면 이렇게 예쁜 꽃을 만들어 낼 수 있을까 신기하기도 하다. 지금은 5월 말이라 철쭉꽃의 예쁜 자리는 다른 꽃에게 내준다. 하지만 산책길에서 지는 철쭉꽃 사이사이에서 늦게 피는 철쭉꽃이 보였다. 먼저 피는 꽃과 나중에 피는 꽃의 차이점은 시기의 차이다. 분명한 것은, 늦지만 꽃은 반드시 핀다는 것이다. 늦게 핀다고 해서 꽃이 아닌 것은 아니다. 어쩌면 늦게 피는 꽃이 더 예쁘게 보일 때도 있다. 분명히 꽃인 것이다. 꽃을 보면 자연의 이치를 생각하게 된다. 자연의 이치는, 누가 뭐라고 하지 않아도 시간의 차이가 날 뿐이지 일어날 일은 반드시 일어난다는 것이다. 크게 보면 사람도 자연의 일부분인데 어떤 사람의 주장에서는 '사람이 자연을 정복한다'라는 용어를 사용하기도 한다. 분명한 것은 사람도 자연의 일부라는 말에 대부분은 긍정을 한다는 것이다. 누구나 태어나서 20여 년을 보호자의 보호 속에 지내다가 한 사람의 인격체로 성장하게 된다. 물론 자라는 환경에 따라 그 시간이 짧은 경우도 있고 반대로 더 긴 시간을 필요로 하는 사람도 있다.

다만 이는 정해져 있지 않다는 것이다. 경우에 따라 다르고 사람에 따라 다른 것일 뿐이다. 빠르다고 해서 좋고 느리다고 해서 나쁜 것은 아닌 것이다. 상황에 따라 다름을 알고 인정하면 많은 일들이 기쁨으로 다가오지 않을까 생각해 본다. 어릴 때부터 두각을 나타내어 유명세를 타는 사람도 있고 환갑이 넘어서 세상에 이름을 알리게 되는 경우도 있는 것이다. 자연의 흐름을 이해하고 받아들이려는 자세를 가지면 오히려 무거운 짐이라고 생각되는 것들도 한결 가벼워지지 않을까? 요즈음 코로나로 인해 약 3년 이상 전 세계가 움츠리고 있다. 청년들의 생활은 분명히 이전의 시대와는 다르다. 청년들에게 3년은 짧다면 짧은 시간이고 길다면 긴 시간이다. 새롭고 밝은 날을 기다리고 준비하면 언젠가는 철쭉꽃이 피듯이 반드시 좋은 날이 온다는 것은 분명할 것이다. 기다리면서 준비하는 이 땅의 모든 청춘들에게 응원을 보내고 싶다. 어느 누가 "늦게 피는 꽃은 있어도 피지 않는 꽃은 없다"라고 말한 것처럼. 그리고 "아침이 오기 전이 가장 어둡다"라고….

일전에 경상북도 경주시에 있는 어느 식당에서 점심을 먹은 적이 있는데 수수하고 넉넉한 분위기였다. 회덮밥을 주문했고 금방 준비되었다. 반찬으로 같이 나온 된장은 그 맛이 분위기와 어울려 금방 밥그릇의 바닥이 보였다. 즐거운 마음으로 식사를 마치고 나오는데 식당의 벽에는 이런 문귀가 있었다.

"어렵고 힘든 오늘이 힘드시나요? 이 또한 지나가리라."

물론 다른 지역에서도 본 적이 있는 글귀인데 유독 그날따라 눈에 들어오는 이유는 무엇이었을까? 이 땅의 모든 청춘들의 어둠이 속히 사라지고 밝은 날이 오기를 기대해 본다.

발코니에 날아온 새를 보면서

새벽에 눈을 뜨면서 새 소리를 듣게 되었다. 집 앞 발코니에 그릇을 2개 두었다. 하나에는 물을 부어 두고 하나에는 새의 먹이를 준비했다. 새는 주로 새벽에 먹이를 먹으러 와서 전날 저녁에 물과 먹이를 준비하곤 했다. 새벽에 직박구리 새가 와서 "안녕하세요?"라고 말하듯 노래하고, 물만 먹고 주위를 경계하면서 금방 날아갔다. 곧이어 갈색의 날갯짓을 하면서 참새들이 몰려왔다. 조용하던 발코니는 금방 새의 지저귀는 소리로 가득해졌고 즐거운 음악 시간이 되었다. 먹이를 연신 쪼아 먹는 참새와 둔 물그릇 속에 들어가서 날개를 씻는 참새도 있다. 아마 목욕을 하는 것 같다. 또 새끼 참새인지 털이 복슬복슬했고, 털색이 짙은 새가 어린 새에게 먹이를 입으로 넣어 주는 모습을 보았다.

옛 시골집의 처마 밑에서는 제비가 날아와서 제비집을 짓곤 하였는데 흙과 지푸라기가 주재료인 것 같았다. 며칠 지나지 않아서 제비집 속에서는 노란색의 입을 가진 새끼들이 태어났다. 어미 새가 먹이를 물고 날아오면 자기의 머리보다 더 크게 입을 벌렸다. 어미 새는 여러 마리 중 한 새끼 새의 입에 먹이를 넣어 주고 어디론가 날아가서 또 먹이를 구해 왔다. 어느새 제비 새끼는 어미만큼이나 몸집이 커졌다. 몇 번의 비행 연습을 거치면서 둥지를 한 마리씩 떠나자 새끼들로 북적이든 제비집은 어느새 빈집이 되었다. 새는 사람과는 달리 둥지를 한번 떠나면 다시는 옛 둥지에 돌아오지 않고 자연에 환원한다고 한다. 하지만 사람의 경우는 고향 집이 그리워 지키고 싶어 하는데, 이것이 제비와 다른 점인가 보다.

1970년경 시골집 사진

독립이라는 차원에서 보면 사람도 마찬가지이다. 어릴 때부터 부모의 도움을 받아 이느 정도 성장을 하면 부모의 곁을 떠나고 독립을 하게 된다. 부모의 도움을 받는 시간이야 새의 경우보다는 길지만 떠난다는 것은 같을 것이다. 이는 사람에 따라 떠남의 방법과 시기는 다양하다. 어딘가에 취직을 하고 월급을 받으면서 독립하는 경우도 있고 학교를 마치고 바로 결혼하는 경우도 있을 것이다. 새도 그렇듯이 사람도 독립의 과정을 거치면서 성장하게 된다. 그 과정이 힘들고 험난할 수도 있지만 누구나 그치게 되는 과정인 것이다.

발코니에 날아오는 새는 새장에 가두어 키우는 새가 아니라 야생의 새다. 먹이를 주면 새는 날아오지만 새에게 접근하면 다시 날아가 버린다. 그러나 또다시 날아오는 새를 보면서 어쩌면 야생의 새를 키우는 것으로 착각하게 된다. 먹고 남은 음식이나 밥 한 숟가락을 주면 참새는 연신 찾아와 먹는 모습을 보여 주며 지저귀는 소리를 선물한다.

불교에서는 윤회라는 말이 있다. 우리네 인생사는 수레바퀴가 구르듯이 번뇌하게 되고 업을 쌓으면서 산다고 하는데, 죽으면 끝나는 것이 아니라 다시 다른 모습으로 태어나는 것이다. 이번 생에서는 사람으로 태어나서 몸과 입과 마음으로 짓는 선악의 소행에 따라 다음 생에 영향을 주고 같은 사람으로 태어나거나 다른 모습으로 태어날 수도 있다. 혹시 발코니에 찾아오는 새들이 나와 깊은 인연이 있을 수도 있겠다는 생각이 들었다.

인연이 있든 인연이 없든 새에게 먹이를 주는 행동은 계속하고 싶다. 그저 머릿속이 맑아지고 정신이 정화되는 듯한 느낌을 가지는 것만으로도 만족한다. 발코니에 날아온 새를 보다가 생각이 너무 멀리 달려왔나 보다. 오늘 저녁에도 발코니의 방충망을 열고 접시 속에 물을 주고 밥 한 숟갈 먹이를 줄 것이다. 어쩌면 내일도 모레도 그럴 것 같다.

더운 날
작업을 해야 한다면

'말복(末伏)'은 삼복(三伏) 중에서 제일 마지막에 오는데 내일모레가 입추이니 아직도 약 10일이 남았다. 그동안의 더위는 아마 각오를 해야 할 것 같다. 한낮의 땡볕에 나가 보면 채 30분이 되기도 전에 온몸이 땀으로 젖고는 한다. 이 환경에서 일을 하면 아마 사우나에 온 느낌일 것이다. 좋아하는 일이든 싫어하는 일이든 덥다는 것은 인정해야 할 것 같다. 좋아하는 일을 할 경우엔 조금은 위안이 되지만, 싫어하는 일을 할 경우엔 멘털마저 무너질 수 있는 더위였다. 차를 몰고 가다가 길가에서 멀지 않은 곳에서 집을 건축하는 장면을 목격했다. 대부분 건축은 아침 일찍 시작한다. 납기 내에 건축을 마무리해야 하는 경우가 많아서 오전이 지나 점심 즈음에도 계속 일하는 모습을 보게 된다.

기만히 있어도 땀이 날 텐데 기둥을 옮기고 망치질을 하는 모습이 보였다. 이는 아무리 긍정적으로 생각해도 생존을 위한 일임에 틀림없다. 직업에 귀천이 없다고는 하나 '극한 직업'임에는 틀림이 없어 보였다. 더운 날 일을 하다가 열사병으로 사람이 쓰러지는 경우도 발생할 수 있다.

　일전에 TV에서 황토를 사용하여 벽돌을 만드는 작업을 하는 장면을 본 적이 있다. 황토 틀을 만들고 그 속에 삽을 이용하여 흙을 채워 넣었다. 흙벽돌을 말리는 과정 속에 뒤집어 주는 작업이 있다. 무게가 20kg 이상이 될 것으로 보이는 흙벽돌을 들고 움직이는데 몇백 개는 훨씬 넘는 것들을 작업하는 것이었다. 2배속으로 재생하여 장면이 빨리 지나갔지만 실제로는 오랜 시간이 소요될 것으로 보였다. 그 작업을 하는 동안 팔이며 다리, 허리에 하중이 가해져서 그 피곤함이 극에 달할 것으로 생각되었다.

　젊은 시절 서울의 한 아파트 건설 공장에서 '잡부' 일을 해 본 적이 있다. '잡부'는 특별한 기술 없이 흙을 나르거나 못을 빼는 작업, 그리고 건설 현장의 청소를 담당한다. 내가 맡은 일은 건물 1층에 있는 모래를 3층으로 이동시키는 일이었다. 이동을 위해 '질통'(모래나 자갈 등을 져 나르는 도구로 아래 부분으로 개폐가 가능하다)을 사용했다. 한 번 이동을 할 때 짊어져야 하는 모래 무게는 약 30kg 이상이 될 것이다. 같이 일하는 사람들은 현장의 책임자인 '십장(공사 현장에서 일꾼을 직접 관리하고 감독하는 우두머리)'의 눈을 피해 적당히 쉬면서 했는데 정직한 사람들은 모래를 질통에 메고 계속 모래를 옮겼다. 물론 그사이 다리의 근육은 과한 부하를 느끼게 된다. 더운 날엔 열사병에 걸릴 지경일 것이다. 요즈음에는 건설 현장에서 약 1시간의 일을 하면 작업을 하는 도중에 약간의 시간 동안 휴식을 취할 수 있도록 한다고 하는데, 이는 현명한 일이라고 생각한다. 그래야 사고를 미연에 막을 수 있기 때문이다.

더운 날임에도 불구하고 반드시 일을 해야 한다면 새벽이나 저녁 무렵에 하는 지혜가 필요하다. 물론 쉬운 일은 아닌 것이 새벽에 일을 하려면 그만큼 일찍 일어나야 한다. 일어나기가 어려운 사람도 있을 것이지만 한낮의 햇볕을 피하기 위해서는 좋은 방법일 것이다. 한낮에는 그늘에서 휴식을 취하다가 햇살이 꺾이는 오후 4시 이후에 일을 하면 한결 수월하고 건강도 챙길 수 있을 것이다.

농촌에서는 말복 즈음에 고추 따는 작업을 해야 한다. 붉은 고추를 수확하는 것이다. 고추 줄기보다 낮은 자세로, 한 손에는 고추 줄기를 잡고 다른 손으로 고추를 따는 작업은 보기보다 쉬운 일이 아니다. 직사광선과 마주해야 하는 날씨에는 에너지 소모가 많이 들고 작업을 하는 중간중간에 휴식 시간도 필요하다. 기왕에 작업을 하려면 이 또한 새벽에 시작하는 것이 현명할 것이다. 작업의 양에 따라 다르지만 오전에 끝내면 금상첨화일 것이다. 작업이 많거나 적거나 중간중간에 휴식을 취하는 것이 무엇보다 중요하다.

"삼복지간(三伏之間)에는 입술에 붙은 밥알도 무겁다"라는 속담이 있다. 너무나 더운 날에는 입술에 붙은 가벼운 밥알도 무거워 힘이 들 정도이니 사소한 일조차도 힘들게 느껴진다는 의미이다. 너무 더운 날에는 뭔가를 한다는 것보다는 더위에 잘 견디는 것만이라도 대견한 일이라고 생각한다. 너무 덥거나 너무 추운 날에 주변에서 어르신의 부고 소식을 종종 듣게 된다. 더위가 계속될 때는 에너지 소모가 많아 면역력이 약한 어르신에겐 치명적인 일이 될 것이다. 가끔 일사병으로 쓰러지는 사람의 소식을 듣게 된다. 일이라는 것이 사람의 목숨보다 더 소중하지는 않은데 일을 하다 보면 조금 무리하는 경우가 생긴다. 그러나 더 일찍 일을 마치고 싶다는 생각에 무리하다가 다시는 일을 하지 못하는 우를 범할 수도 있다. 이를 모르지는 않았을 텐데 안타까운 일이다. 더위도 견뎌야 하고 일도 해야 하는 상황이 아쉽다. 더울 땐 쉬고 시원할 때 일을 하는 상황이 좋은 것을 모르는 사람이 없을 텐데 말이다.

입추가 지나고 일주일이 지나면 말복이다. 곧 아침저녁으로 바람이 달라짐을 느낄 수 있을 것 같다. 계절의 바뀜이 곧 있게 되듯이 사람의 계절도 머지않아 바뀔 것이다. 지금 유한한 계절이 영원히 지속되지는 않을 것이다. 분명히 한계를 가지고 있는데 영원할 것처럼 생각하고 행동하는 우매함에서 벗어나고 싶다.

아이가 태어나서 성인이 될 즈음에는 기존의 어른은 인생이라는 계절의 종착역에 도달하게 된다. 항상 새로운 계절이 이어질 것 같은 착각을 하는 것이 어찌 나만의 느낌일까?

계절의 종착역에 도달하기 전에 돌아다 볼 수 있는 여유와 남아 있는 일이 무엇인지 아는 지혜가 있으면 좋겠다. 지금의 상황에서 무엇을 해야 할까? 단순히 더위만 이기면 되는 걸까? 더운 날을 보내면서 너무 과한 생각을 하는 우매함을 돌아보게 된다.

어머니의 걱정

'어머니'라는 단어가 가장 절실하게 들릴 때는 군 복무 중이 아닐까 생각한다. 그때 그 시절 군 관련한 TV 프로그램이 있었다. 뽀빠이 이상용 씨가 진행한 것으로 기억되는데 군부대를 방문하여 군 장병을 위로하는 프로그램이었다. 무대 위에 오른 군 장병들과 프로그램에 참여한 모든 분이 "어머니" 하고 크게 외치면 무대 뒤에서 한 장병의 어머니가 나오신다. 어머니와 장병은 뜨거운 포옹을 한다. 그 장면들을 보는 도중에 어느새 눈은 촉촉해지면서 손수건이 눈가로 가게 된다. 모두들 한 마음으로 숙연해지는 분위기가 되고, 어머니를 만난 이 장병은 며칠간의 휴가를 얻게 된다. 나라를 지키기 위해 어머니의 품을 떠나 훈련을 받으면서 어머니라는 단어는 마음속에 깊이 새겨져 그리움 그 자체가 된다. 그때만큼 어머니가 그리운 시절은 없을 것이다. 그 당시엔 손 편지를 보내는 시절 속에 묻어나는 어머니의 보고픔을 적어 보는데 어찌 몇 글자로 그 그리움을 모두 표현할 수 있을까?

군사 우편이 전보다는 줄어들었다고 한다. 왜냐하면 군 내부에서도 컴퓨터를 사용할 수 있어서 이메일을 보내기도 하고 휴대폰으로 카카오톡이나 문자를 보내 소식을 전할 수 있기 때문이다. 손 편지를 보내는 시절엔 몇 달 연락이 없어도 그러려니 했을 텐데 오히려 요즘은 며칠만이라도 연락이 없으면 불안한 마음이 들 때가 있다. 군 생활 중에 훈련을 받을 경우엔 스마트폰 사용이 자유롭지 않아서 연락을 못 할 경우가 있다. 이 사정을 모르는 어머니들은 마냥 아들의 안부를 궁금해한다. 어머니의 사랑과 걱정은 끝이 없고 무한한가 보다. 아들의 나이가 60세가 넘어도 "길 조심해라. 차 조심하거라."라고 어머니는 당부하신다. 아들이 이 마음을 조금이라도 알아주면 좋을 텐데 아들은 말한다.

"내 나이가 몇인데 아직도 이런 말씀을 하시나요?"
어머니는 마음속으로 외치신다.
"네가 몇 살이 되어도 걱정이 되는 것을 어쩌랴."

요즈음 더위가 기승을 부릴 때 농촌에서는 일사병에 걸려서 병원에 실려 가는 경우가 있다.

더운 날 야외에서 일하는 경우 햇볕과 열로 인해 체온이 섭씨 37도에서 40도까지도 올라가는 경우가 있다고 하는데, 이때 의식이 흐려지고 경련이 일어나기도 한다. 적절하게 치료하지 않는 경우, 일사병으로 발전할 수 있다. 이때는 모든 활동을 중단하고 그늘진 곳이나 쉴 수 있는 곳으로 이동을 하는 것이 좋은데 실제로 농촌 등 무더위에서 일하는 환경에서는 쉽지가 않다. 간혹 뉴스를 보면 고추밭에서 일을 하다가 쓰러져서 운명을 달리했다는 소식을 접하게 되는데 안타까운 마음이 든다.

최근 날이 좋아서 그런지 고추는 붉은색으로 잘 익어 갔다. 어머니는 허리와 다리가 아파서 밭에 나가지 못하고 아들만 고추를 따는 경우가 있었다. 아들이 돌아올 시간이 되었는데도 돌아오지 않아 전화를 연신 해 보지만 전화 연결은 되지 않아 어머니의 마음은 타들어 가기만 했다. 주위 사람들에게 아들의 안부를 물어봤지만 각자 할 일이 있어 어머니를 돕지 못했다. 비록 10분의 시간이라도 어머니는 10시간 이상의 시간이 지나는 경험을 하셨을 것이다. 어머니의 애타는 마음을 조금이라도 알아주면 좋을 텐데…. 어머니는 이윽고 아들의 안부를 확인하시고서야 비로소 마음을 놓으셨다. 그 모습이 짠했다. 어머니의 마음은 거룩하고 위대한 것 같다.

이 세상의 모든 어머니의 마음은 높은 산보다 높고 깊은 바다보다 더 깊을 것이다. 대부분의 우리는 ─ 어머니의 그 마음을 생전에 관심을 가지고 더 깊이 교감하면 좋을 텐데 ─ 어머니가 이 세상에 계속 계실 것으로 생각하고 관심을 나중으로 미루기를 밥 먹듯이 한다. 물론 어머니의 마음을 모르기야 하겠는가? 알면서도 여러 가지 핑곗거리를 댄다. 그래서 더 안타까운 것이 아닌가 한다.

1969년 유주용은 김소월 시, 서영은 작곡으로 〈부모〉라는 노래를 발표했다. "낙엽이 우수수 떨어질 때 겨울의 기나긴 밤 어머님하고 둘이 앉아~" 어머니의 마음과 자식의 마음을 잘 표현한 곡으로 보인다. 이 노래를 들으면 떠나신 어머니에 대한 한없는 그리움이 아쉬움과 함께 가슴 저미는 마음으로 느껴지고 어머니가 베푸신 따뜻했던 사랑이 더욱 그리워진다.

필자에겐 '전용대'라고 하는 절친한 고등학교 친구가 있다. 이 친구와 카카오톡으로 여름휴가에 대한 이야기를 나눈 적이 있다. 어떻게 여름휴가를 보냈는지 궁금하여 물어보았는데 부모님을 모시고 서울 잠실에 있는 롯데타워에 다녀왔다고 하면서 사진 몇 장을 보내 주었다. 마스크를 끼고 계셔서 자세히 얼굴을 볼 수는 없었지만 친구의 말에 의하면 건강하시다고 한다. 다행이었다. 친구의 효심에 격려를 보내고, 친구의 부모님이 앞으로도 건강하시길 기원해 본다. 때로는 어르신을 모시는 것이 힘들고 내가 하고자 하는 방향으로 되지 않는 경우가 있겠지만 이 친구에게 고마움과 찬사를 보내고 싶다.

부모님을 생각하면 지난 시절이 그리운 사람도 있고, 현재 부모님을 잘 모시면서 지내는 사람도 있다. 각자 사정이 다르고 상황이 달라 부모님에 대한 어떤 결론을 내릴 수는 없지만 서로 간의 느낌은 존중되어야 하지 않을까 생각한다. 여기서 좀 더 큰 뜻을 향하여 마음을 가지면 어떨까 조심스럽게 생각해 본다.

효는 언젠가처럼 이 시대의 변하지 않는 어떤 진리와도 같은 큰 정신으로 지속되기를 기대한다. 〈부모〉라는 노래에도 "내일 날에 내가 부모 되어서 알아보리라"라는 구절이 있듯이 언제가 되어야 어머니의 큰 뜻을 알게 될까?

폭우 속의 전화

뭔가 창문을 두드리는 소리가 들렸다. 잠깐이 아니라 밤새 들렸다. 어제부터 내리기 시작한 비는 그칠 줄 몰랐다. 소식이 궁금하여 TV를 켜니 대중교통이 일부 마비되고 승용차는 지붕만 보였다. 일부 지역은 비가 300mm까지 내렸다고 한다. 산사태가 일어나서 도로를 지나는 차량은 통행이 쉽지 않았고 지하철 역사에 다량의 물이 들어와 지하철 운행이 마비된 지역이 있다고 한다. 이번 폭우는 80년 만에 처음이라고 한다. 몇 년 전만 해도 여름인데도 비가 오지 않아 큰 나무의 잎이 말라 가는 모습을 본 적이 있는데 이번엔 비가 너무 많이 와서 여기저기서 피해가 늘고 있다.

기상 이변이 지구촌 전체를 강타하고 있다고 하는데 이번 폭우가 끝이기를 바라 본다. 인류의 과학 기술이 상상을 초월할 정도로 발전하고 있지만 자연을 이기기는 역부족일 것이다. 큰 홍수를 과학 기술로 막을 수도 없고, 빙하가 녹는 것과 지구촌 곳곳에서 일어나는 대형 산불을 과학 기술로 막기엔 어려워 보인다. 이번 폭우로 자연의 큰 흐름을 바라보고 어떻게 적응을 해야 하는지 생각하게 되었다. 인근 야산의 산책길 두 군데에서 토사가 유실되는 장면을 보게 되었다. 무너진 토사는 인근의 도로를 덮었고 경사가 진 곳이라 빗물에 토사가 쓸려 내려가 평평한 도로 위에 쌓였다. 크게 무너지지 않아 다행이었지만 피해가 최소화되었으면 좋겠다.

이번 폭우로 일터로 가기 힘든 사람도 있고 지대가 낮아서 폭우로 인해 피해를 많이 입은 사람도 있다고 한다. 물이 빠지고 나면 복구를 해야 할 텐데 약간의 걱정도 된다.

몇 년 전이었던 것으로 기억되는데 서울의 남부 순환로가 산사태로 완전히 막히는 사고가 난 적이 있었다. 산중에 있던 커다란 바위 덩어리가 남부 순환로 건너편에 있는 어느 아파트까지 굴러 내려간 사고였다. 그때 집주인은 아파트 내부 인테리어를 맡기고 여행을 갔다고 한다. 인테리어 업자는 서울의 서쪽 지역에서 사업을 하는 분이셨는데 인테리어를 위해 이 아파트에서 작업을 하고 있었다고 한다. 하필 그날 산사태로 굴러온 큰 바위로 인해 사고가 난 것이다. 집주인은 여행 중이고 인테리어 업자는 작업을 하다가 좋지 않은 일을 당하다니, 여러 가지 생각이 들었다. 서울시에서 복구를 빨리 진행하여 남부 순환로는 정상화가 되었지만 그 아파트에서 작업한 분은 다시는 돌아올 수 없는 길을 건넌 것이다. 다시는 일어나지 않아야 하는 너무나 안타까운 사고로 생각된다.

필자에겐 고등학교 친구이자 환경 분야 전문가인 이동진 박사가 있는데 그 친구한테서 전화가 왔다. 전화기 너머로 반가운 목소리가 들렸다.

"이번 폭우로 피해가 없나 해서…."

특별한 용건으로 전화한 것은 아닌 것 같았다. 뉴스를 보고는 필자가 사는 곳 인근의 피해 상황에 걱정이 되어서 전화했다고 한다. 고마웠다. 특별한 용건이 없어도 걱정되는 마음에 전화를 하는 친구가 있어 행복했다. 만나면 편한 친구와의 통화는 언제나 흐뭇하기만 하다. 이런 친구가 있어 세상은 살 만한가 보다.

언제였던가? 친구의 일터 인근 경인 아라 뱃길 도로변에서 같이 먹던 아메리카노가 생각났다. 그때는 이른 봄이었는데 야외에서 산수유꽃을 같이 감상했다. 개나리꽃보다 색은 연하지만 꽃은 먼저 핀다. 은은한 자태를 뽐내는 기풍이 있는 산수유꽃을 친구와 같이 보면서 소소한 이야기를 나눈 적이 있다. 무더위가 한창인 여름이 지나고 나면 다시 그곳에서 아메리카노 커피를 친구와 함께 마시고 싶다. 친구와의 전화 통화를 마치고 다시 일상으로 돌아왔다. 이번 폭우로 피해를 입으신 분들 모두에게 위로의 말씀을 전하며 속히 안정을 찾고 회복하기를 빌어 본다.

보도블록 사이에서 자라는
풀들을 보면서

   2022년 어느 여름날 비가 오는 다소 습한 날씨 속에 우산을 들고 가방을 메고 걸어가면서 자연스럽게 시선은 길 위로 향했다. 매일매일 밟고 지나가는 보도블록 사이에서 자라는 풀들이 눈에 들어왔다. 생명이 자랄 수 있는 환경이 아닌 것 같은데, 자라는 풀들을 보고 잠시 생각에 잠겨 본다.

   우리나라에서 보도블록은 1982년에 경기도 이천에 있는 한 업체에 의해 생산이 되었는데 국내에서 최초였다. 1985년에 본격적으로 시공이 시작되었다. 1986년 아시안 게임과 1988년 올림픽을 개최하면서 시공이 많이 되었다고 한다. 콘크리트를 재료로 사용하는 경우도 있고, 점토 바닥 벽돌을 사용하기도 한다.

   보도블록은 모양이 다양하다. 정사각형, 직사각형 등 다양하고 색상 또한 여러 가지이다. 회색, 붉은색, 초록색 등…. 보통 차도 옆에 공간을 마련하여 사람이 지나가는 길에는 보도블록을 깔아 비가 와도 신발이 젖지 않는다는 장점이 있다. 미관상으로도 깔끔한 도시를 자랑한다. 1980년대 한창 민주화가 진행될 때에는 보도블록을 깨서 던지는 용도로 사용한 적이 있다고 하는데 이는 어두운 과거 역사의 한 장면이기도 하다. 그래서 어떤 곳은 보도블록을 아스팔트로 교체하는 곳도 있었다. 보도블록을 만들고 사용하는 주체는 모두 사람이다. 대자연 속에서 사는 많은 생물들 중에 사람이 주인이다. 여기서 잠깐 입장을 바꾸어 놓고 바라볼 필요가 있어 보인다.

원래 인도의 주인은 누구인가? 무엇이 먼저 생존을 하고 있느냐의 관점에서 보면 사람은 무단으로 땅을 점유해 '인도'라는 명칭을 붙인 것이다. 이 명칭으로 하여 사람이 위주가 된 것이 아닌가 생각해 본다. 도시에서 사람의 왕래가 많은 보도블록 사이에는 풀이 거의 보이지 않는다. 이는 환경 미화를 위해 잡풀을 뽑아서 보이지 않는 경우도 있지만 사람들의 발자국에 눌려 풀이 자라지 못하는 경우도 있을 것이다.

인적이 드문 곳 인도의 보도블록을 지나는 경우가 있다. 블록과 블록 사이에 어디에서 씨가 날아왔는지 풀들이 자라는 모습이 보인다. 얼핏 보기엔 전혀 영양분이 없을 것 같은 환경인데도 풀들은 뿌리를 내린다. 이윽고 잎을 내밀고 줄기가 자라 심지어 꽃도 피우고 새로운 씨앗도 잉태한다. 블록 위를 사람이 밟는 것은 당연한 일이다. 블록 작업을 할 때는 먼저 흙을 평평하게 고르고, 그 위에 모래를 깐 다음 블록을 순서대로 놓는다. 블록 아래의 모래에는 영양분과 수분이 있을까? 풀들은 이것에 대한 아무런 불만을 품지 않는다. 주어진 환경에서 자신이 해야 할 일에만 집중을 한다. 풀들 사이에는 민들레도 보이고 접시꽃도 보인다. 하지만 때가 되면 예초기로 베이거나 사람의 발밑에 깔려 줄기가 꺾이고 만다. 하지만 블록 사이의 식물들은 다시 생명을 연장한다.

다시 사람에게 생각을 집중해 본다. 사람은 어린 시절과 청년 시절, 장년 시절, 노년 시절의 길고 긴 여정을 가는데, 가는 도중에 많은 역경이 곳곳에 도사리고 있다. 그 역경에 굴복하는 사람도 있지만 무언가를 성취해 내는 사람도 있다. 오히려 좋은 환경에 있었던 사람보다 더 훌륭한 성취를 이루는 경우도 종종 보게 된다.

우리는 대화를 하거나 글을 쓸 때 '~때문에'와 '~임에도 불구하고'라는 용어를 사용하곤 한다. 이는 주위의 환경이나 기타 영향에 의해 이러이러하게 되었다고 말하는 것이다. 전자의 경우는 나의 의지와는 별개로 주위의 환경에 의해 이루지를 못했다고 설명되고, 후자의 경우는 주위의 환경이 기대에 미치지 못했음에도 불구하고 이루고자 하는 부분을 이룬다는 것이다. 이루고자 하는 의지와 용기가 약하면 '~ 때문에'를 사용하게 되고, 주위의 불리한 환경을 극복하고 이뤄 내고자 하는 의지가 강하면 '~임에도 불구하고'를 사용하여 긍정적인 결과를 낳게 된다.

많은 사람들의 경우에 지금까지 살아온 환경을 보면 결코 만만하지 않은 것이 거의 대부분일 것이다. "내가 살아온 여정을 이야기하면 소설책

10권은 족히 될 것이다"라고 이야기를 하는 사람이 많은 것을 보면 만만하지 않은 삶이었을 것으로 보인다. 바라보는 시각에 따라 극복하고 이룰지 아니면 환경에 굴복할지의 여부가 결정된다. 이는 개인의 영역이든 사회 환경의 영역이든 마찬가지일 것이다. 이루고자 하면 주위의 환경을 탓하지 않는 풀처럼 사는 지혜를 가져 보면 어떨까? 보도블록 사이의 좁은 환경은 영양분이 전혀 없고 하물며 사람의 발밑에 깔리는 척박한 환경이지만, 묵묵히 생명을 연장하고 후일을 도모하는 풀처럼 사는 것은 어떨까?

이번에는 보도블록 사이에서 자라는 풀과 보도블록의 관점에서 바라보자. 현재는 단단하고 완성품으로 보이는 보도블록과 그 사이사이에 자라난 풀들 가운데 누가 보더라도 보도블록이 강자이고, 그 사이에서 자라는 풀은 연약한 약자처럼 보인다. 과연 그럴까? 강약으로 구분을 짓기는 좀 그렇지만 긴 시간의 여유를 두고 보면 생각이 좀 더 유연해질 것 같다. 보도블록은 몇십 년 동안 큰 변함이 없이 유지가 될 것이지만 풀은 길어 봐야 1년일 것이다. 하지만 풀은 다음 해 봄에 새로운 생명으로 세상에 얼굴을 내밀고 가을이 되면 수분을 제거하고, 추운 겨울 동안 씨앗들은 다음 해를 준비하고 있을 것이다.

한 해와 한 해가 짧은 기간은 아니지만 어쩌면 풀 입장에서는 햇수로 제한할 수 없을지도 모른다. 풀이 자라서 다음 해에 씨앗이 생명을 연장하므로 어쩌면 사람이 셀 수 없는 영원일지도 모른다. 한 해에 블록과 블록 사이에서 조금씩 뿌리로써 간격을 넓히면 몇 년 후에는 블록 밑에서 위로 들어 올릴지도 모른다. 이와 같은 현상이 더 지속되면 블록은 아마 풀의 밑으로 들어갈지도 모른다. 이렇게 진행된다면 아마 블록과 풀과의 전쟁에서 풀이 승리할지도 모르는 일이다. 아무리 힘없이 보이는 풀이라도 무시하지 못하는 대자연의 힘이 내재해 있는 것이 아닐까?

환경을 탓하지 않으면서 블록과의 전쟁에서 승리까지 한다면 풀은 또 하나의 위대한 자연 속의 스승이 아닌가?
 자연 속의 작은 풀이지만 사람에게 깨우치게 하는 큰 가르침이 있는 것 같다. 올해에도 내년에도 풀은 계속 자랄 것이고 어느 것 하나 불평하지 않을 것이다. 다만 성실하게 싹을 내면서 열심히 또다시 열매를 맺을 것이다. 100년 살기도 힘든 사람에게 큰 교훈을 준다.

예전 아이들이 초등학교에 다니던 시절에 훈화 말씀이라는 것이 있었다. 교장 선생님이 해 주시던 것으로, 학생들이 살아가면서 살이 되고 피가 되는 좋은 말씀을 듣고 바르게 성장하기를 바라는 것이다. 학기 중간 중간에 사회의 각계각층에서 두각을 나타내시는 학부모님들이 초대되어 학생들에게 훈화 말씀을 해 주는 경우도 있다. 학부모님들의 직업이 다양하다 보니 학생들은 다양한 사회의 단면들에 대해 공부할 수 있고 학교 공부를 하는 데도 더욱 도움이 될 것이다. 먼저 살아간 사람들이 미래의 주억이 되는 학생에게 전하는 의미가 있는 말씀들인 것이다. 이는 학교라고 하는 매개체를 통하여 배움이 주어지는 것으로 매우 효과적인 방법이다. 한편으로는 교육을 통하지 않고 자연을 보면서 스스로 깨달음을 알아 가는 즐거움이 있다면 이 또한 행운일 것이다. 우리가 생활하는 사회 속에서 저마다 배움의 장을 열어 공동의 가치를 찾고 이해하면 더욱 밝은 사회가 될 것이고, 이를 위해 노력하는 것이 의미 있는 일일 것이다. 더 넓은 시각으로 보면 자연이라는 커다란 배움터가 있다는 것을 행복한 것으로 알고 그 자연을 잘 지켜 나가는 지혜가 필요할 것으로 보인다.

검은 머리가
파뿌리가 될 때까지

"신랑은 검은 머리가 파뿌리가 될 때까지 신부를 사랑하겠는가?"
"신부는 검은 머리가 파뿌리가 될 때까지 신랑을 사랑하겠는가?"

결혼식장에서 주례사를 하시는 분은 청중 앞에서 상투적으로 신랑 신부에게 사랑 맹세를 하게 한다. 이럴 때 신랑 신부는 조금도 지체를 하지 않고,

신랑은 대답한다.
"예."
신부도 대답한다.
"예."

사람은 유년기에서 시작하여 청년기 중·장년기를 거치면서 노년기에 접어들게 된다. 유년기에는 보호자의 지극한 정성을 받으며, 육체적인 성

장과 정신적으로 좌충우돌 성장한다. 청년기는 육체적으로 가장 왕성한 시기며, 군 복무를 하기도 하고 결혼을 위한 여러 가지 준비와 독립을 위한 여러 가지 고민을 하면서 도전하는 시기이다. 중□장년기에 접어들면 사회에서 본인의 위치를 찾아가게 되고 더욱 자기의 자리를 확고히 하게 된다. 한편으로는 사회적으로 가장 성숙한 단계인데 노년기를 준비하며 서서히 몸의 변화를 겪기 시작한다.

몸속 호르몬의 변화로 정신적으로나 육체적으로 보통 때와는 다른 고민을 하기도 하고, 어깨가 고장이 나서 오십견을 겪기도 하면서 턱걸이를 하기에 망설여지기도 한다. 한편 무릎 관절의 불편함으로 계단을 오르기가 힘이 들고, 100m를 몇 초에 달리던 시절처럼 힘껏 달리기를 하는 것이 왠지 부담스러워진다. 종종 마라톤을 하는 사람을 부러움의 눈빛으로 바라보는 시기이기도 하다. 예전 같았으면 뷔페에서 10그릇을 비웠을 텐데 겨우 1접시만 비우고는 벌써 배가 부르고, 소화가 되지 않아 밤새 뒤척이는 시기인 것이다. 자연을 잘 살펴보면 봄에 새싹이 돋아나고 여름엔 비바람을 견딘다. 가을이 되면 잎이 형형색색으로 변하고 겨울이 되면 다시 원위치인 땅으로 떨어지게 되며, 다음 해를 준비하는 과정을 반복한다. 나뭇잎이 떨어지면 하얀 겨울이 오는데 이는 온 세상이 흰색으로 변하여 깨끗하면서도 왠지 쓸쓸한 기분이 든다. 사람이 노년기에 접어들면서 흰색과 가까워진다고 해도 과언은 아닐 것이다.

필자의 경우는 장년으로 들어서기 전에 이미 머리카락의 색상이 변하기 시작했다. 벌써 노년의 색이 더 어울리는 시기가 된 것인가? 어느 해였는지 정확하게는 기억나지 않지만 문득 거울 앞에 섰는데 낯선 얼굴에 하얀 머리카락을 가진 노인을 발견하게 되었다. 머리를 좌우로 흔들었더니 거울 속 그 노인도 나와 같이 머리를 좌우로 흔들고 있는 것이 아닌가. 익숙한 듯 낯설었다. 나와 동일한 행동을 했다.

'혹시 당신은 누구신가요?'

마음속으로 물어보는데 대답을 하지 않았다.
'어디서 많이 뵌 분인데 머리카락이 왜 이래요?'

여전히 대답하지 않았다.

대답하지 않는 거울과 마주치기가 조금은 낯설어서 거울을 벗어났는데 순간 마음 한구석에 '쾅' 하고 망치로 한 대 얻어맞은 기분이 들었다. 거울이 대답을 하지 않아도 나는 거울 속에 있는 사람이 누구인지 이미 알고 있지 않은가?

이 기분은 시간이 흘러가도 생생하게 나의 뇌리에 박혀 있었다. 한마디로 충격이었다. 어떻게 장년기에 노년기의 색상을 입고 있는가? 물론 40대부터 흰머리가 생기기 시작하여 염색을 하곤 했는데 머릿속에 뭔가 트러블이 생기기 시작했다. 그래서 염색을 하지 않고 지냈는데 어느새 한겨울에 함박눈이 자연을 덮을 때 나의 머리도 온통 눈으로 덮여 버린 것이다. 나는 바쁜 일상 중에 머리카락을 자세하게 볼 여유가 없었는데 어느

날 문득 나의 전체 모습을 보게 된 것이다. 하얀 머리에 대해 누구를 탓할 것인가? 자연스러운 것이다, 라고 스스로 위로를 하기엔 왠지 씁쓸한 느낌을 지울 수가 없었다.

어떤 이는 흰머리가 더 잘 어울린다는 사람이 있기는 하지만 사회생활을 하는 도중에는 왠지 부자연스럽다. 그래서 생각한 방법이 가발을 착용하는 것이었다. 갑자기 검고 풍성한 머리에 주변의 사람들이 놀랐다. 한 10년은 젊어졌다고 한다. 듣기엔 좋은 말이다. 젊어졌다는 것은 그만큼 친근하고 역동적이라는 것이다. 젊어진 만큼 행동도 더 민첩해지기를 바라지만 여전히 느리다.

하얀 겨울이 지나면 또다시 봄은 오겠지만 사람은 겨울 다음이 보장되지 않은 유한한 시간들이다. 하얀 겨울이 왔는데 그냥 시간을 이렇게 아무 일도 없는 것처럼 보낼 것인가? 아니다. 뭔가는 남기고 싶었다. 그러면 뭘 남길 것인가? 돈을 남길 것인가? 명예를 남길 것인가? 이는 갑자기 하기엔 약간의 무리가 따른다. 그러면 뭘 해 볼 것인가를 고민하게 되었다. 학창 시절에 문학을 공부하지도 않았는데, 과연 내가 글을 적을 수 있을까? 자신은 없지만 무작정 시작해 보았다. 글을 쓰는 작가도 아니고 잘 쓴다는 것은 기대하지도 않지만 시도를 하다 보니 작년 봄에 적어 놓은 글들을 엮어 책을 출판하게 되었다. 놀라운 것은 시중에 유통을 하여 이 책을 구입해서 보는 사람이 있다는 것이다. 이참에 지난가을에 책 한 권을 더 출판하게 되었다. 1년에 2권이면 너무 많은 것은 아닌가? 도전을 하는

데에 의미를 부여해 본다. 판매 부수가 많지는 않지만 서로의 생각을 공감하는 차원에서 독자 여러분들이 구입하는 것이 아닌가 생각한다. 앞으로도 글쓰기의 작업은 여건이 허락하는 한 계속할 것이다.

무작정 시작한 글쓰기가 이제는 취미가 되었다. 과거의 생각도 정리가 되고 미래를 설계하며, 현실을 느끼는 시간과 함께 머릿속의 새로운 공간을 확보하게 된 것이 나름은 큰 소득이었다.

현재 내가 추가로 할 수 있는 것이 뭐가 있을까를 고민하다가 유튜버에도 도전해 보았다. 아직은 썸네일 만드는 것이 낯설고 동영상을 편집하는 것이 쉽지만은 않았다. 하지만 하나하나 도전을 해 볼 참이다. 구독자를 늘리는 것도 중요하지만 좋은 동영상으로 서로의 생각을 공유하고 기록으로 남긴다는 것에 의미가 있을 것 같다.

그리고 글을 쓰면서 단편들을 블로그에 올리는 작업도 동시에 했다. 촬영한 동영상도 함께 올렸다. 특별한 기억 장치가 없어도 컴퓨터와 스마트폰만 있으면 할 수 있는 일이었다. 언젠가 시간이 허락된다면 조금 더 세련되고 보람을 느낄 수 있는 놀이터로 만들어 갈 참이다. 혹시 이 작업들을 하는 과정 속에서 파뿌리로 변한 머리카락이 다시 검게 되는 행운을 맞이할 줄 누가 알겠는가? 자연에서 나서 자연으로 돌아가겠지만 그 자연 속에 해답이 있을지도 모르는 것이 아닌가? 흘러가는 세월 속에서 자라나는 의지가 물살을 거슬러 갈 수 있다면 때로는 이 방법도 옳은 것이 아닐까? 하지만 궁극적으로 나도 자연의 일부분임을 명심한다면 물살을 거슬러 오르는 연어가 그렇게 부럽지만은 않다. 의지력과 순리를 동시에 생각하여 본다. 아무리 의지력이 강해도 순리를 이기려고 하면 뭔가 대가를 치를 수도 있다. 의지와 순리 속에서 조화로운 중용을 찾아보는 것이 어떤가 생각해 본다. 사람은 사회적 동물이므로 내가 좋아하는 일도 있겠지만 때로는 남들이 좋아하는 일도 함께해야 한다. 이런 지혜를 얻고 조화롭게 살아가고 싶다. 무엇을 해야 좋은지, 어떤 삶이 좋은지, 어떤 자연을 바라는지, 나의 역할은 무엇인지 등등을 생각해 보게 된다. 할 수 있는 것과 할 수 없는 것을 구분할 수 있는 지혜를 가지고, 할 수 있는 것을 하는 용기를 가졌으면 좋겠다. 모든 것을 다 잘하면서 하고 싶은 것을 모두 다 할 수는 없겠지만 현재 가진 능력으로 뭔가를 해 볼 수 있는 기회를 만들 수 있다면 무엇보다 행복할 것 같다.

이미 만들어진 운명이든 개척해 나가야 하는 운명이든 모두 소중한 시간들 속에서 이루어질 것이다. 만나는 인연들과 만나는 자연들 모두 순탄하기를 염원해 본다. 비록 머리카락의 외부 색상은 파뿌리가 되었지만 머릿속 내부의 색상은 봄의 파릇한 색상으로 남기를 기원해 본다.

참새
밥 줬어?

"참새 밥 줬어?"

햇살이 따스하게 비치는 싱그러운 아침에 아내가 물어보았다.

"응, 밥 줬지."

바로 대답했다. 사실은 어제 저녁을 먹을 때 참새에게도 한 주걱을 퍼서 밥을 준 것이다. 이는 비가 오거나 눈이 오는 날을 제외하고는 거의 매일의 일상이다. 참새를 위해 발코니에 약간의 공간을 마련하여 고추와 가지를 심고 그 사이사이에 화분을 두었다. 그 속에 물그릇과 밥을 먹을 수 있는 공간을 마련했다.

처음엔 음식의 찌꺼기부터 시작해 어느새 곡류를 주기도 하고 묵은 밥을 두기도 했다. 어떻게 알았는지 참새가 날아왔다. 고추와 화분 사이에서 이리저리 왔다 갔다 하면서 "쨱쨱" 소리를 냈다. 조용히 밥을 먹는 법이 없었다. 참새의 부리에 밥풀이 묻으면 뭔가에 부리를 닦았다. 그리고 마시라고 준 그릇 안에서는 멱을 감았다. 그릇 속에 날개를 적시고 몸을 털어 냈다. 물이 주위에 튀었다. 곧 10여 마리 이상이 날아와 한바탕 시장통을 방불케 했다. 가까이에서 참새를 보게 되어 참 좋았다. 집에 있다 보면 발코니로 나갈 일이 있는데 가까이 가면 조금도 지체를 하지 않고 모두 날아가 버린다. 하지만 참새들은 멀리 가지 않았다. 필자가 발코니에서 멀어지면 다시 참새는 화분 사이로 날아들었다.

《흥부전》이라는 우리나라의 고전 소설이 있다. 조선 시대에 지어진 한글 소설인데 작자는 미상이다. 욕심이 많은 형인 놀부와 비록 가난하게 살지만 마음씨가 착한 동생 흥부의 이야기이다.

옛날 옛적에 경상도와 전라도가 맞닿는 어느 마을에 형제가 살았다. 놀부와 흥부는 사이좋게 지냈으나 아버지가 돌아가시고 나서는 마음씨가 고약한 형인 놀부는 착한 마음씨를 가진 흥부를 돈 한 푼도 주지 않고 남의 일만 도와준다는 핑계를 대고 쫓아냈다. 흥부는 처와 이십 명이 넘는 자식들과 함께 찢어질 정도로 가난하게 되어 이 일 저 일 가리지 않고 먹고살기 위해 힘든 날품팔이를 하면서 살아갔다. 심지어는 죄지은 사람을 대신해 곤장을 맞는 매 품팔이도 하면서 생계를 이어 가게 된다. 이 와중에 흥부는 쌀이라도 얻기 위해 놀부네 집에 찾아가는데, 마음씨 고약한 놀부의 아내에게 주걱으로 따귀를 맞았다. 흥부는 따귀에 묻은 밥풀을 먹으며 구걸하다가 다시 집으로 돌아온다.

어느 날 흥부는 집 안에서 제비 한 마리가 구렁이에게 공격당하는 것을 보게 된다. 구렁이를 쫓아내는 도중에 제비 새끼 한 마리가 둥지에서 떨어져 그만 다리가 부러지고 말았다. 흥부는 다리가 부러진 그 제비를 명

태 껍질과 명주실을 구해 와서 정성스럽게 치료해 주었다. 이듬해 봄에 그 제비는 박씨를 물고 와서 흥부네 앞마당에 떨어뜨렸고 흥부는 그 박씨를 정성을 다해 심었다. 시간이 흐르면서 박은 크게 자라났다. 흥부는 그 박을 먹을 생각으로 톱을 이용하여 쪼갰다. 그러자 박 속에서 여러 가지 곡식과 보물 및 사람들이 우르르 나와 웅장한 기와집을 짓게 되고 그 기와집에는 없는 것이 없는 부자가 되었다. 이 소식을 들은 놀부도 잘 지내는 제비의 다리를 일부러 부러뜨리고 민어 껍질을 친친 감아서 치료를 해 주었고 강남으로 돌아간 제비는 동일하게 박씨를 물고 왔다. 그 박도 잘 자라서 여섯 개의 박이 열렸다. 첫째 박을 타자 그 속에서 빚 받으러 온 사람과 거지 떼 등이 나와서 놀부의 재산은 순식간에 없어지게 되었다. 마지막 박에서는 장군이 나와서 놀부의 죄를 일러 주며 목을 부러뜨리겠다고 했다. 이 소식을 들은 흥부가 와서 빌었다. 겨우 목숨을 부지한 놀부는 거지가 되었으나 흥부는 형을 따뜻하게 위로를 하고 자신의 재산을 나누어 가지면서 이후부터는 지난날을 모두 잊고 정답게 잘 살았다는 이야기이다.

　제비가 매개체가 되어 흥부와 놀부의 마음을 이어 준 이야기는 이 시대를 살아가는 현대인에게도 충분히 일어날 수 있는 일이 아닌가 생각해 본다. 이 이야기의 주안점은 착한 일을 하고 고운 마음씨를 가지면 그만큼 좋은 일이 생긴다는 것이다. 흥부네에는 제비가 찾아왔고 현재 필자의 집에는 참새가 찾아오는데 참새에게 밥을 주는 이유는 무엇일까? 호박씨를 얻기 위함은 아닐 것이다. 아무리 작은 동물이라도 생명이 있는 것이다. 내가 가진 것은 비록 적지만 밥이라도 주면 마음이 편해진다. 그리고 마음이 차분해지면서 마치 부자가 된 느낌이 든다. 이것 자체만으로도 큰 소득을 얻는 것이 아닌가 생각해 본다.

일전엔 집 안에 해바라기씨가 있어 참새에게 주었다. 해바라기씨는 참새가 먹기엔 다소 커서 가위를 사용하여 해바라기씨를 잘게 잘라 주었다. 하루 이틀이 지나자 해바라기씨가 보이지 않았다. 아마 참새가 모두 먹은 것 같았다. 참새에게 밥을 주다 보니 자연을 대하는 마음이 달라진 것 같다. 길을 지나가다가 지렁이가 인도 위에 있으면 나무 막대기를 이용하여 지렁이를 길옆 흙 위에 올려놓고 지나간다. 그러면 '최소한 죽지는 않을 것이다'라는 생각에서이다. 그러면 한결 마음이 편해진다.

아무리 작은 동물이라도 생명은 존귀한 것이다. 내가 모르는 사이에 나의 발자국에 눌려 사라지는 생명도 있을 것이지만 일부러 생명을 해하려 들지는 않는다. 그렇다고 너무 지나치게 신경을 쓰지는 않지만 의도를 가지고 해치는 것은 하지 않으려고 한다.

참새에 대한 기억은 어린 시절에도 있다. 집의 울타리가 가시나무로 되어 있었는데 참새는 단체로 가시나무 사이사이에서 왔다 갔다 하면서 지저귀었다. 그저 맑은 소리였다. 한때는 새총을 만들어서 참새를 잡으려고 하였지만 영민한 참새는 이내 날아가고는 했다. 군 생활 중에서도 참새를 잡으려 그물을 이용한 적이 있는데 잡은 참새는 다시 놓아주었다. 그러면 뒤도 돌아보지 않고 저 멀리 날아가고 만다. 도시 생활을 하면서 참새를 가까이에서 보기는 쉽지 않다. 가까이에서 본다고 해도 이내 날아가 버린다.

하지만 이제는 발코니에서 참새를 볼 수가 있어 참 좋다. 이런 기회가 앞으로 얼마나 있을지 모르지만 밥을 주는 동안에는 참새를 가까이 볼 수 있는 행운이 계속될 것으로 생각한다. 아마 오늘은 며칠 만에 볕이 드는 날씨라 참새가 많이 날아와서 밥을 모두 먹지 않을까 생각해 본다. 만약 밥을 모두 먹었다면 저녁에 새 밥을 참새에게 주고 싶다. 아마 참새들끼리 어느 집 몇 호에 가면 밥을 주더라, 라고 소문을 내고 있는지도 모르겠다. 참새들에게는 내비게이션이 있지도 않을 텐데 찾아오는 것을 보면 신기하다. 위치를 찾는데 뛰어난 본능이 있는 것 같다.

이 모든 것이 인연이 될 수도 있을 것이다. 줄 수 있는 밥이 있어 다행이고 그 참새들이 잘 먹어 주어서 고맙다. 곧 찬 바람이 들 텐데 영양 보충을 잘하여 겨울을 잘 나기를 바란다. 추운 겨울에는 밥도 얼고 준 물도 얼겠지만 간간이 나오는 햇볕에 먹을 것이 녹아서 다시 참새가 찾아와 허기진 배를 채운다면 좋겠다. 앞으로도 참새에게 밥 주는 것은 집이 유지가 되는 동안은 계속 진행하였으면 한다.

땅콩을 심는 이유

땅콩은 영양 면에서 우수하다. 고지방 고단백질로 비타민과 무기질의 영양소가 많이 들어 있다. 반찬이나 제과 제빵을 할 때 재료로 많이 사용된다. 삶거나 볶아서 주전부리로 먹기도 한다. 올봄 종묘사에 가서 땅콩 모종 10개를 구입했다. 모종 1개에 500원이라고 하니 5,000원을 지불한 것이다. 손은 지갑으로 가서 돈을 꺼내고 있었지만 마음은 옛 가을 소풍을 갔던 기억 속으로 되돌아갔다. 초등학교 시절 매년 가을 소풍을 갈 때 매번 어머니가 싸 주신 땅콩, 수확을 한 후 조금 건조시켜 솥에 넣어서 삶게 되면 땅콩 속에는 물기가 흐르면서 입안에는 땅콩 고유의 향기가 번진다. 그 맛이 그리운가 보다. 그래서 아무 고민도 하지 않고 땅콩 모종을 구입하게 되었다. 그러나 땅콩을 어떻게 심는지, 농약은 어떻게 치는지, 거름은 어떻게 주는지, 전혀 지식이 없이 일을 저지른 것이다. 어렴풋이 기억나는 것은 옛 선친께서는 땅콩 주위를 발로 몇 번 밟으시고 땅콩 줄기를 잡아 뽑으면 땅콩이 뿌리에 주렁주렁 매달려서 나온다는 것뿐이었다.

그 당시 시골에서는 흙에 모래 성분이 많아 땅콩 농사가 잘됐다. 농사의 '농' 자도 모르면서 우선 비닐 멀칭을 했다. 그 위에 비닐 구멍을 뚫고 그 속에 땅콩 모종을 심었다. 물론 비료나 퇴비도 주질 않았다. 어떻게 주는지 몰랐기 때문이다. 자주 돌보지 못하여 여름이 지났는데도 땅콩의 줄기는 더디게 자랐다. 원래 그런가 보다 생각했다. 땅콩 줄기를 올려 보니 줄기 밑에 뿌리가 나오는 것을 발견했다. 여기서 땅콩이 열리는 걸까? 하지만 그 뿌리는 비닐 위에 있어서 땅콩이 맺히질 않았다. 이제야 알았다. 줄기에서 뿌리가 나올 때는 비닐을 벌려주거나 아니면 비닐을 씌우지 않고 심는 것이 좋을 것 같았다. 늦었지만 비닐을 벗겨 내고 줄기에서 나온 뿌리 부분을 땅으로 향하게 했다. 이것도 너무 늦은 여름의 후반부에 한 것이다. 일주일 후에 다시 관찰하는데 여전히 뿌리는 땅속으로 들어가지 못하고 있었다. 하필 이때 고라니 등 짐승들이 밭에 들어왔는지 땅콩 뿌리를 헤집어 놓았다. 들짐승의 입장에서 보면 산에 먹을 것이 없을 경우 인근의 밭으로 들어온 것인데 사람의 입장에서 보면 내가 지은 농사를 빼앗기는 것이다.

입장의 차이이긴 한데 그다지 기분이 나쁘지는 않았다. 내가 다 먹는다기보다는 자연이 내어 주는 만큼 내가 먹는다고 생각하기 때문에 그런가 보다. 중부 지방에서는 보통 9월 중에 수확을 한다는데 땅콩이 더디게 자라서 수확 시기를 늦추게 되었다. 다음 주는 날씨가 추워진다는 일기 예보를 듣고 이번 주 토요일에 수확을 했다. 수확을 어떻게 하는지 몰라서 우선 삽을 이용하여 땅콩 주위를 파 보았다. 이후에 땅콩 줄기를 모아서 당겨 보았다. 먹을 수 있을 정도의 땅콩이 몇 개가 보였다. 하지만 아직 뿌리엔 땅콩이 덜 자라 있었다.

몇 포기만 땅콩이 났고 나머지는 땅콩이 보이질 않았다. 짐승의 소행도 있겠지만 자주 돌보지 못하여 생육이 더디게 된 것으로 보였다. 몇 개이지만 수확을 하는 기쁨은 있었다. 보통은 말려야 장기 보관을 할 수 있는데 수확한 날 저녁에 바로 물로 땅콩의 겉면을 씻었다. 이내 땅콩을 냄비 속으로 넣었다. 냄비의 뚜껑을 통하여 증기가 계속 나왔다. 그 냄새는 예전 기억을 되살리기에 충분했다. 약 20분 정도가 지나자 냄비 속의 물은 졸여지고 땅콩만 남았다. 성급하게 한 개를 까 보았다. 이 맛이다. 초등학교 소풍 갈 때 먹었던 그 맛이다. 한 개 두 개 먹다 보니 절반 이상은 먹은 것 같다. 땅콩을 먹은 것인지 추억을 먹은 것인지 모르겠다. 그 당시 시골에서는 마땅한 간식이 없어서 어머니는 땅콩을 삶아서 김밥과 함께 싸 주신 것이다.

정말 배불리 먹었는데 그 맛이 고스란히 전달이 되고 지금도 그 맛이 기억나는 것이 신기하기도 하고 고맙기도 했다. 잠시나마 뿌듯하면서 약간은 아린 마음이 느껴졌다. 잠시이지만 추억의 맛은 실로 고소했다. 내년에 기회가 되면 제대로 거름도 주고 고랑을 잘 만들어서 제대로 수확을 할 수 있을 것 같다. 벌써부터 내년의 수확하는 장면을 머릿속에 그려 보는데 입가엔 미소가 지어졌다.

자식의 먹거리를 위해 부모는 정성을 다한다. 부모님의 그 정성을 자식이 알기에는 시간이 많이 소요되는 것 같다. 1년이 될 수도 아니면 10년이 걸릴 수도 30년이 걸릴 수도 있다. 생각하면 생각할수록 그 부모님의 정성은 하늘만큼 커진다. 조금씩 마음이 자라서 부모님의 정성을 헤아리려면 아마도 또 한 세대가 지나고 세월이 지나야 할 것 같다. 다음 해에도 땅콩을 심기 위해 땅콩 몇 개를 남겨서 그대로 말렸다. 아마 내년에 물을 주고 땅에 심으면 땅콩 싹이 나오지 않을까 기대해 본다. 매년 이어지는 행사가 되었으면 한다. 어쩌면 땅콩을 심는 동안 아들이 와서 지켜보기를 바라는지도 모른다. 땅콩으로 하여 부모를 생각하고 세대가 이어진다면 이보다 더 큰 수확이 없을 것으로 생각한다. 올해보다는 내년이, 내년보다는 그다음 해가 더 알찬 수확이 되기를 기대해 본다.

추운 겨울의 긴 터널

"겨울에는 추워야 제맛이지."

흔히 어른들이 하는 이야기이다. 추워야 농촌의 병해충도 없어지고 두꺼운 옷을 장사하는 사람도 판매가 잘되고 난방 기구며 겨울용품을 파는 사람도 제철을 맞아 호황기를 누릴 수 있다. 옛날 우화 중에, 어느 어머니는 짚신 장사와 우산 장사를 하는 아들이 있었다. 비가 오는 날이면 짚신 장사를 하는 아들을 걱정하였고, 해가 드는 날에는 우산 장사하는 아들을 걱정하였다는 이야기가 있다. 어머니의 입장에서는 두 아들이 모두 잘되었으면 좋겠는데 날씨에 영향을 많이 미치는 장사를 아들들이 하기에 항상 걱정을 한다는 이야기다. 반대로 생각하면 비가 오는 날에는 우산을 파는 아들이 있어서 좋고, 해가 드는 날에는 짚신을 파는 아들이 있어 좋다고 생각을 할 수 있을 텐데, 어머니의 입장에서는 잘되는 아들보다는 못되는 아들 걱정이 앞서는 것이다.

이는 또 다른 관점에서 볼 필요가 있다. 장사를 하는 입장에서 보면 사업이 잘되고 못되는 것이 상호 보충을 하여 주기에 리스크 관리가 될 수 있어서 충분히 긍정적으로 생각할 수 있다. 부모의 입장만을 보면 항상 긍정적일 수 있을까 하는 의구심이 든다. 안전하게 모여 있는 99마리의 양보다 길을 잃은 1마리의 양을 걱정하는 예수님처럼, 장사가 되지 않는 아들이 항상 걱정되는 것은 부모로서 지극히 당연하다고 해도 지나치지 않은 것이다.

상업적으로 보면 만사가 이런 것 같다. 추운 겨울에는 겨울 장사가 더운 여름에는 여름 장사가 잘되는 것은 당연한 것이다. 그렇다고 항상 그런 것은 아니다. 우리가 느끼는 날씨가 항상 같게 느껴지는 것은 아니기 때문이다. 추위를 덜 타는 사람도 있고 더위를 별로 느끼지 못하는 사람도 있다. 지난해 겨울은 예년보다 높은 온도로 시작하였는데 어느새 영하 10도보다 낮은 온도가 일주일 넘게 지속이 되어서 갑자기 움츠려진 어깨는 펴지질 않았다. 문틈으로 들어오는 바람은 비닐과 테이프로 막는 작업을 하였는데도 워낙 외부의 온도가 낮다 보니 그래도 찬 바람이 느껴졌다. 에너지 빈곤층들에게는 더욱 혹독한 겨울이 될 것 같다.

난방비가 급증하여 기름과 가스를 아끼려고 가동 시간을 줄이거나 아예 끄는 경우도 있다. 더울 경우엔 탈의를 하면 되지만 추운 경우엔 아무리 옷을 껴입어도 추위를 막기엔 힘이 든다. 어쩌면 생존의 문제에까지 생각이 미친다. 야외에서 털이 있는 동물들도 동사를 많이 할 것으로 생각된다. 하물며 털이 없는 사람의 경우엔 더욱 혹독한 추위가 힘들게 느껴진다.

어느 해 봄이었던가? 아파트 지상 주차장엘 나갔다. 주차장 옆의 이름 모를 붉은 몽우리가 올라오고 있는 것을 목격했다. 영하가 계속되고 있는데 이 꽃은 벌써 봄을 준비하고 있었던 것이다. 겨울의 터널이 2~3달이 되면 점점 마음도 지치고 몸도 힘이 든다. 이때 만나는 봄의 기운이라는 것은 어쩌면 자연이 주는 최고의 선물과도 같다. 살아남은 자의 축복이라고나 할까?

언제나 어김없이 성실하게 계절의 흐름을 보내는 것은 경이롭다. 하지만 이런 흐름을 알고서도 혹독한 겨울이 되면 왠지 힘이 든다. 요즈음에는 패시브 하우스라고 해서 난방이 잘되는 집을 짓기도 하여 겨울을 무색하게 만든다. 외기와 내기를 철저하게 차단하여 외부의 찬 기운을 차단하는 것이다. 특히 신축 아파트는 난방 면에서는 걱정하지 않아도 될 것 같다.

하지만 예전에 지은, 특히 30~40년이 지난 아파트의 경우엔 영하 10도 이하로 기온이 떨어지면 난방에 차질이 생긴다. 온수가 난방 파이프를 통하여 아파트 위층부터 내려오는데 저층은 바닥에 난방이 제대로 되지 않아서 온기가 느껴지지 않는다. 온돌 문화에 익숙해진 우리는 바닥이 차면 집 안의 온도도 서늘하게 느껴지고 어깨도 더욱 움츠러든다. 전기장판을 켜도 하루 종일 켜지 않기 때문에 찬 기운은 쉽게 가시지 않는다. 온풍기가 있다면 아파트 내부 온도를 높이는 데 조금은 도움이 된다. 온풍기를 켜든 전기장판을 켜든 하루 종일 하기는 힘들기 때문에 외기의 온도에 의존을 하는 상황에서 하루 빨리 날씨가 덜 춥기를 바랄 뿐이다.

이 시대의 청년들은 무척이나 더 힘들게 느껴질 것이다.

저성장으로 정체되면서 피부로 와닿는 경제적인 상황과 사회의 현실은 더 혹독하기만 하다. 대학을 졸업해도 마땅한 일자리를 찾기가 힘들고 비록 일자리를 찾았다 하더라도 지속하기는 쉽지 않다. 이런 상황은 과거의 상황과는 너무나 다른데 어떠한 해결책이 있을지 묘연하다. 한 가지 희망을 찾는다면 책을 통해 희망과 생각의 폭을 넓혀 간다면 조금의 힘이라도 도움이 되지 않을까 생각해 본다. 청년의 입장에서 보면 이마저 현실이 어려우니 무지개를 쫓는 행위로밖에 생각되지 않는다. 그래도 10년 후 20년 후를 생각한다면, 한 번쯤 도전해 볼 필요는 있지 않을까 조심스럽게 생각해 본다.

초등학교 시절 미술 시간에 그린 그림이 생각난다. 책을 편 상태를 그린 것인데 책 가운데에 글을 넣었다.
"책 속에 길이 있다."

책 속의 브이로그 (VLOG)

눈 오는 날
나무 심기

어느새 땅 위에 있는 냉이가 고개를 내밀었다. "나 여기 있어요", "내가 다시 살아났어요"라고 속삭이는 듯했다. 봄기운을 만끽하고자 냉이를 한 바구니 캤다. 잎과 뿌리 모두 다치지 않게 조심해서 캤다. 모진 겨울을 이겨 내고 용솟음치는 분수처럼 물줄기가 위로 솟아오르는 기운을 느꼈다. 자연의 위대함을 느끼면서 마냥 기분이 좋아졌다.

나무를 심는 과정을 통해 독자 여러분들과 같이 희망찬 미래를 그려 갈 수 있을 것 같다는 마음으로 나무 주문에서부터 식목을 하는 전 과정에 대해 공유하고자 한다. 한 편의 수채화를 보는 듯할 수도 있고, 한편으로는 나무가 자라서 숲을 이루는 상상을 할 수도 있을 것이다.

2022년 3월 19일, 나무를 심기로 한 날이었다. 묘목 시장이 아침 7시부터 문을 연다고 하여서 집에서 6시 30분경에 나섰다. 비인지 눈인지 무언가 내렸지만 물기가 필요한 나무에게는 오히려 잘된 것인지도 모른다.

며칠 전에 묘목 시장에서 미리 주문한 묘목은 미리 준비되어 있었다. 줄기를 잘라야 하는 묘목과 줄기 그대로 심어야 하는 수종이 있었다. 접목을 한 묘목은 접목 부위를 비닐로 감아 놓았는데, 반드시 비닐을 풀고 심으라고 신신당부를 했다. 그렇지 않으면 줄기가 부러질 수가 있다고 한다.

흙은 접목 부위 정도만 덮으면 된다고 한다. 만약 하루에 나무를 모두 심지 못하면 뿌리 부분을 비닐로 덮어서 습기가 날아가지 않게만 하면 이틀이나 사흘 정도는 견딘다고 한다. 먼저 담쟁이를 넣은 박스를 차량에 실었다. 그 위에 뿌리가 노출된 나무를 비닐봉지에 넣어 싣고, 작약과 목단은 싹이 상하지 않게 제일 나중에 넣었다. 라일락 등 싹이 다치지 않게 조심조심 차에 싣고 고속도로 위를 달렸다. 차량 내부에는 녹색의 희망을 품은 나무가 실려 있었는데, 차량의 외부에는 눈이 내리고 있었다. 도로변의 나무 위로 눈이 쌓여 풍경이 환상적이었다. 겨울과 봄을 동시에 보는 것이 마치 몽환적인 느낌이었다. 약 1시간여 운전해 나무를 심을 장소에 도착했다. 나무를 심어야 하는데 눈이 제법 쌓여 있었다. 약 5cm는 되어 보였다. 눈이 내려서 그런지 주위의 풍경이 아름다웠다. 소나무 위에 살포시 앉은 눈의 모습은 절경이었다. 아무도 밟지 않은 토지에 발을 내딛기가 미안할 정도였다.

식목을 할 계획을 세우면서 물을 줄 위치에서 가장 먼 거리에 심을 수종을 골라서 심기 시작했다. 먼저 담쟁이를 약 30cm 간격으로 호미를 이용하여 흙을 팠는데 흙이 반, 눈이 반이었다. 한 박스에 40개가 들어 있는데 40개를 순식간에 심었다. 이쯤이야 하고 허리를 펴는데 허리가 불편했다. 담쟁이만 해도 5박스나 되는데 어떻게 해야 하나…. 조금은 허리를 펴면서 심어야겠다.

허리도 허리지만 발이 시렸다. 지난주에 구입한 장화를 신었는데도, 물은 차단이 되어 좋으나 발이 시린 것은 어쩔 수 없었다. 이러다 동상에 걸리는 것은 아닐까 생각을 하고 잠시 철수하여 쉬기로 했다. 발가락을 꼼지락거려 보았다. 채 5분이 지나기 전에 발가락의 시린 정도는 가셨다. 다시 담쟁이 심기를 계속했다. 두 번째 박스, 세 번째 박스를 연속으로 심는데 마치 군대에서 눈 속을 뒹굴면서 훈련받는 기분이었다. 그 당시는 젊은 시절이라 견뎠지만 지금은 50대 후반인데 너무 무리를 하는 것은 아닐까?

다시 몸을 달래어 5박스 모두를 심는 데 성공했다. 식목을 하면서 군인정신을 생각하다니…. 사실 발이 무척이나 시린 것이 사실이다. 바로 지하수 수도꼭지에 호스를 연결하고 담쟁이에 물을 주기 시작했다. 한참을 주는데 물이 나오지 않았다. 아마 수도꼭지에서 호스가 빠졌을 것이다. 급히 수도꼭지로 갔다. 그런데 수도꼭지에 호스는 그대로였다. 뭐가 문제지? 호스를 따라 살폈다. 아뿔싸! 호스의 일부분에서 물이 새는 것이었다. 저렴한 호스여서 햇빛의 자외선으로 인해 호스가 경화되어 구멍이 생긴 모양이었다. 과감하게 칼을 이용하여 해당 부위를 절단했다. 다행히 부드러운 호스는 멀쩡했다. 계속 물을 주고 이윽고 200개의 담쟁이에 물을 주는 것을 마쳤다. 개수로 보면 전체에서 거의 50%였지만 지금부터는 뿌리가 있는 나무를 심어야 했다. 시간을 보니 벌써 점심시간이었다. 도시락의 김치와 연어 요리가 맛있었다. 연어를 입에 무는 순간 고양이가 "야

옹" 하고 옆에 다가왔다. 주위엔 아무것도 없었는데 놀랬다. 고양이는 배가 고픈 것 같았다. 조금 맵기는 하지만 연어 한 조각을 잘라 고양이에게 주었다.

낯선 사람이 뭔가를 던지니 놀라 몇 걸음 물러나다가 이내 다가와서 연어를 한입에 삼켰다. 배가 많이 고팠나 보다. 다시 식사를 계속하는데 고양이가 옆을 지키고 있었다. 다시 연어 한 조각을 더 던져 주었다. 금방 삼켰는지 연어는 눈에 보이지 않았다. 연어를 먹고 발라 놓은 가시도 고양이에게 주었는데 이것 또한 금방 먹고 말았다. 이제 고양이와 친구가 된 것인가? 고양이 옆에 가도 도망가질 않는다. 혹시 다음에도 고양이를 보면 먹이를 주고 싶다. 혼자 먹을 줄 알았던 점심시간에 동행자가 생겨서 맛있게 먹은 것 같다.

2차 과업을 하러 묘목 근처에 갔다. 메타세쿼이아 80그루가 기다리고 있었다. 묶음을 풀고 약 1.5m 간격으로 놓는데, 한 줄에 약 35그루를 심으면 되었다. 곧 물을 듬뿍 주었다. 묘목 시장의 사장님의 당부는 흙을 덮고 나서 뿌리의 활착이 잘되게 하기 위해 충분히 물을 주라고 한 것이었다.

흙과 나무뿌리에 빈 공간이 생기지 않도록 하기 위해 충분히 물을 주면 흙은 물로 인해 나무뿌리 사이사이의 공간을 메꾼다는 것이다. 이렇게 물을 주니 진도가 잘 나가지 않았다. 그래도 나무가 잘 자라게 하기 위해 충분히 물을 줬다. 메타세쿼이아를 지그재그로 하여 2줄로 나머지 35개를 놓고 삽을 이용하여 구덩이를 파면서 하나씩 심어 나갔다. 허리가 아팠다. 하지만 하늘을 보니 눈 또는 비가 올 것 같아 약간은 서두르게 되었다.

다음 순서는 언덕에 심을 자작나무다. 자작나무는 약하게 보이는 수종이라 정성껏 심어야 한다. 이번에는 심을 장소가 언덕이라 작업 환경이 쉽지는 않았다. 어린 묘목이라 구덩이를 많이 파지 않아도 되어 쉽게 심을 수 있었다.

다음은 회화나무다. 악귀를 물리친다는 회화나무는 콩과의 활엽수종이다. 우리나라의 5대 수종으로 높이가 30m까지 자란다고 한다. 수백 년 전에 심어진 나무는 창경궁의 선인문 안쪽에서 볼 수 있는데 줄기가 휘어져서 옆으로 향하고 있어 받침대로 지지하고 있다. 나무에 구멍이 있어 속을 보면 썩은 것으로 보이지만 봄이면 싹이 돋아나는 나무이다. 살아 있는 것이 신기할 정도이다. 역사를 생각하면서 회화나무 3그루를 심기 위해 장소를 물색했다. 충분히 심을 장소가 있어서 다행이었다. 구덩이를 파고 심는 데는 많은 시간이 소요되지 않았다.

전라북도 순창군 회문산에는 1933년에 심은 왕벚나무가 있는데 꽃이 참 예쁘다. 원래 원산지가 우리나라라고 하니 더욱 정감이 가는 나무이다. 수명이 약 60년이라고 하니 2세대는 충분히 자랄 것으로 기대하며 왕벚나무 10그루를 준비했다. 봄에 벚꽃이 피면 장관이 될 것을 상상하면서 삽으로 축대 밑에 구덩이를 팠다. 모두 심었다고 생각하고 호스로 물을 주려고 하는데 묘목 하나가 누락이 되었던 모양이다. 다시 구덩이를 파고 누락된 1그루를 마저 심었다. 물을 충분히 주기 위해 시간을 많이 확보했다.

복숭아는 중국이 원산지다. 실크 로드를 통하여 서양으로 전해졌다고 한다. '디지털충주문화대전' 복숭아 편을 보면 재미있는 이야기가 있다. 중국의 한무제는 하늘로부터 복숭아 30개를 선물받았다고 한다. 그중에는 한 개만 먹어도 천 년을 산다는 '반도' 복숭아가 세 개가 포함되어 있었는데 그의 신하인 동방삭이 세 개 모두를 먹고 삼천 년을 살고, 한무제는 일반 복숭아 27개를 모두 먹어 70년을 살았다는 재미있는 이야기이다. 묘목 시장에서 '거반도' 복숭아(납작한 모양) 묘종을 3그루 구입하게 되었다. 이것이 불로장생의 복숭아인지는 확인할 수가 없지만 기분은 좋았다. 아울러 '신비'라는 이름의 천도복숭아 품종을 준비하여 금방 6그루를 심었다. 천도복숭아는 어릴 때 선친께서 복숭아 과수원을 하셨을 때는 없던 품종으로, 천도복숭아가 먹고 싶어서 옆 과수원에서 몇 개를 따서 먹었던 기억이 있다.

사과도 3그루 심고, 왜성 체리 3그루, 접목 호두 3그루, 켐벨 포도 3그루, 샤인머스캣 포도도 3그루, 엄나무 10그루를 심었다. 아직은 묘목이라 서로 잘 구분되지 않았다.

접목 호두는 줄기가 약간 초록색이고 왜성 체리는 약간 붉은색이다. 심은 위치를 잘 기억해야겠다. 물론 묘목 시장에서 나무에 라벨을 붙여서 주었는데 나무가 자라면서 줄기 속으로 철사가 파고 들어갈까 봐서 미리 제거한 것이다. 뿌리가 노출되어 있는 나무는 모과와 사과 대추 앵두이다.

그리고 단풍나무 10그루, 쥐똥나무 20그루, 배롱나무 5그루 심을 것을 준비했다. 이것만 심는다면 오늘의 과업은 마무리되는 것이다. 그런데 모과를 심을 땅은 자갈이 많았다. 삽이 잘 들어가지 않아서 괭이로 땅을 팠다. 몇 번이나 휘둘러 괭이로 땅을 파니 금방 허리가 아팠다. 평소 농업에 종사하지 않기에 힘이 드는 것은 사실이다. 사실 묘목 시장 사장님은 혼자서 심기 힘들면 근처의 인력 사무소에 연락을 하여 도움을 구하라고 하였다, 인력 사무소 3곳에 연락을 하였는데 식목을 하는 날 눈이 오는 바람에 어쩔 수 없이 혼자 심게 된 것이다.

 나머지 나무를 모두 심고 충분히 물을 주었다. 흙이 붙어 있는 나무인 블루베리와 작약, 목단 그리고 라일락은 내일 심기로 하고 남은 메타세쿼이아도 같이 비닐하우스에 묘목을 넣어 두었다.
 내일 다시 여기에 올 수가 있을까, 라는 생각과 함께 피곤이 몰려왔다. 이때 둘째 딸에게서 전화가 왔다. 나무 약 370그루를 심었다고 말한다. 딸의 목소리를 들으니 힘이 났다. 벌써 시간은 저녁 6시 30분이었다. 집으로 향하는 길이 마냥 가벼웠다.
 다음 날 아침에도 집을 나섰다. 아내도 같이 가고 싶다고 한다. 동행인이 있어서 좋다. 가는 길에 농자재 파는 가게에서 대파 모종을 구입했다. 아내와 의견이 맞아 1판에 8,000원을 지불하고 차에 실었다. 나무 심을 장소에 도착을 하자마자 어제 심지 못한 나무를 차례대로 심었다. 아내가 물을 주는 역할을 맡아서 시간이 한결 절약되었다.

 대파는 아내가 심었는데 눈이 와서 그런지 흙이 젖어 장화를 신어도 발이 푹푹 빠졌다. 아내가 원하는 곳에 심기로 하고 괭이로 고랑을 냈다. 물기가 많아 물은 주지 않아도 될 것 같았다. 몸은 고되지만 아내와 하는 작업이 마냥 즐거웠다.

　원래 작약은 바위가 있는 정원에 심기로 하였는데 다시 보니 햇빛이 잘 드는 다른 곳에 심기로 했다. 그런데 벽돌이 흙 속에 있었다. 약 10여 개의 벽돌을 캐내니 좋은 흙이 나왔다. 반가웠다. 햇빛을 잘 받아서 목단과 작약이 잘 자라기를 바라 본다. 2일간의 400그루 나무 심기 대장정은 이렇게 하여 막을 내리게 되었다.

　힘은 들지만 메타세쿼이아가 잘 자라서 옹벽을 가릴 수 있으면 좋겠고 담쟁이도 삭막한 벽을 타고 올라가 푸른색을 선사하였으면 한다. 나무가 잘 자라서 사라진 새들이 다시 날아와서 노래를 부르는 날이 빨리 오기를 바란다. 최소 2~3년 아마 5년 정도면 새로운 숲이 생길 것으로 기대한다. 몸은 힘들지만 마음은 한결 가볍다. 새들이 다시 오면 새집도 만들고 새들의 먹이도 줄 생각이다.
　"새들아, 그때 다시 만나자."
　나무를 심는 것은 미래를 심는 것이다. 나무 묘목에서 큰 나무가 되기엔 많은 시간을 기다려야 하겠지만 흐르는 시간 속에 나무와 같이 성장하는 모습을 기대해 본다. 틈틈이 물을 주면 나무는 하루가 다르게 자랄 것이다. 나무가 한 뼘 자라면 나의 마음도 한 뼘만큼 자라기를 소망해 본다.

에필로그

일상을 살아가면서 그때그때의 생각을 정리하는 차원에서 단편으로 작성한 글들이 어느새 출간할 정도의 양이 되었다. 그때 그 상황들은 시간이 지나면 모두 잊히겠지만 글로써 기록한 것은 그대로 남아 있어 소중하게 간직할 수 있을 것이다. 다양한 생각들을 글로 미리 작성하고 나니 제목을 정하기가 무척이나 난감했다. 일상생활 속 많은 부분의 이야기를 엮다 보니 그랬다. 이 생각들을 하나의 단어로 묶기 위해 고민하다가 공감이라는 단어를 떠올렸다. 이 단어를 두고 다시 고민했다. 독자 여러분들이 공감할 수 있는 부분도 있고 아닐 수도 있을 텐데, 일방적으로 공감을 강요할 수는 없기 때문이다. 하지만 최선보다는 차선이라도 선택해야 한다는 믿음으로 그대로 공감이라고 정하게 되었다.

생각들을 한곳에 묶어 두지 않고 열어 둔다면, 새로운 것을 기꺼이 배우고 받아들일 수 있을 것이다. 과거와 현재, 미래에 대해 정확하게 선을 그어 구분할 수는 없겠지만 얽매여 있던 과거를 놓아주고 아름다운 이별을 고하자. 그리고 현재와 미래에 대해 더 집중한다면 보다 밝은 사회가 될 것이다. 현재까지 살아오면서 내가 만든 사각형의 굴레에 대해 생각해 보았다. 다양성을 인정하고 배려하는 마음으로 타인을 대한다면, 사각형의 형태가 다른 타인도 서로 인정할 수 있게 될 것이다. 이 또한 바람직한 사회상으로 기억될 것이다. 이것의 단초는 서로를 공감하고 이해하려는 노력이 있을 때 더욱 알차고 활기찬 사회가 될 것으로 본다. 그리고 독자님들 중 한 분이라도 이 글을 읽고 공감하고 한 가지 내용이라도 고개를 끄떡이면서 새로운 희망과 기쁨을 누릴 수가 있다면 이보다 더한 기쁨은 없을 것 같다.

이 책이 만들어지기까지 먼 하늘에서 아들을 지켜보고 계실 부모님의 미소를 그려 보며, 항상 곁에서 많은 도움을 주시는 장인어른과 장모님께 감사하고, 정성스러운 마음으로 위안과 힘을 주는 사랑하는 아내 홍성희 님과 딸 수연이, 예지, 아들 민수에게 고마움을 표하고 싶다. 지식과감성# 출판사 장길수 대표님과 교정을 열심히 하여 주신 김지원 님과 디자인 및 편집을 정성껏 하여 주신 정윤솔 님에게도 감사함을 표하고 싶고, 마지막으로 나를 아는 모든 분과 이 기쁨을 나누고 싶다.

2023년 봄
새로운 희망을 맞이하는 어느 날에

진동식 씀